龍樹

【新装版】

Nāgārjuna

ナーガールジュナ

瓜生津 隆真

空の論理と菩薩の道

大法輪閣

龍樹――空の論理と菩薩の道

目次

装丁……クリエイティブ・コンセプト　松田　晴夫

序章

大乗菩薩としてのナーガールジュナ

親鸞《しんらん》と「龍樹《りゅうじゅ》菩薩」

ナーガールジュナ（Nāgārjuna 龍樹　一五〇～二五〇頃）は大乗仏教の大成者であり、インド仏教においては釈尊につぐ最大の論師《ろんじ》として尊敬されている。ナーガールジュナは原名であり、中国・日本では龍樹といわれる。また龍猛《りゅうみょう》と訳すこともある。わが国では「八宗《はっしゅう》の祖《そ》」と称されているが、「八宗の祖」とは日本仏教のすべての宗派の祖ということで、いずれの宗派も祖師として仰いでいるのである。しかし歴史的人物としての実像は、伝承や伝説はともかくとして、意外にもほとんど知られていない。

ナーガールジュナが南インドの出身であることは、諸伝が一致しているのでほぼ確実と考えてよいであろう。しかし生没年代については中国に伝わる諸伝によっておおよその推定をしているに過ぎず、正確にはわからない。後に論じるが、著述や諸伝の内容、さらに考古学の資料などから、その活躍は二世紀後半から三世紀前半にかけてであったと思われる。

浄土真宗の開祖親鸞（一一七三～一二六二）は、浄土真宗成立までの思想的系譜として、インド・中国・日本の三国《さんごく》にまたがって七人の高僧たちをあげ、そのはじめに龍樹菩薩をおいている。七人の高僧とは、龍樹・天親《てんじん》（世親《せしん》。以上インド）・曇鸞《どんらん》・道綽《どうしゃく》・善導《ぜんどう》（以上中国）・源信《げんしん》・源空《げんくう》（法然《ほうねん》。以上日本）であり、「七高僧《しちこうそう》」と称している。親鸞は『高僧《こうそう》和讃《わさん》』を作り、これらの高僧たちを順次取り上げてその遺徳をたたえ、それぞれ浄土の教えを発揮・顕彰している、とその要点をまとめている。そのなかでまず龍樹菩薩について十首《しゅ》の和讃を作り、そこで次のように讃仰《さんごう》している。

南天竺《なんてんじく》に比丘《びく》あらん　龍樹菩薩となづくべし
有無《うむ》の邪見《じゃけん》を破《は》すべしと　世尊《せそん》はかねてときたまふ

本師《ほんじ》龍樹菩薩は　大乗無上《むじょう》の法をとき
歓喜地《かんぎじ》を証《しょう》してぞ　ひとへに念仏すすめける

龍樹大士《だいし》世にいでて　難行易行《なんぎょういぎょう》のみちをしへ
流転輪廻《るてんりんね》のわれらをば　弘誓《ぐぜい》のふねにのせたまふ

生死《しょうじ》の苦海《くかい》ほとりなし　ひさしくしづめるわれらをば
弥陀《みだ》弘誓のふねのみぞ　のせてかならずわたしける

これらを見ると、大乗最高の論師といわれるナーガールジュナが自ら「ひさしく生死の苦海にしづむ」われらの自覚に立って、阿弥陀仏の救いに深い帰依《きえ》を示していたことが推測され、親鸞自身がその龍樹菩薩にいかに帰依《きえ》を表明していたかがよくわかる。これらの和讃は、他の和讃についてもいえることであるが、親鸞自身の全くの創作ではない。いずれも経典や論書《ろんしょ》にその根拠があって、上記の和讃のうちはじめの二首は『楞伽経《りょうがきょう》』巻九に「南天《なんてん》の国中《くにじゅう》において、大徳《だいとく》の比丘あらん。龍樹菩薩と名づけん。よく有無の見《けん》を破り、

親鸞

人のために我が乗《じょう》、大乗無上の法を説き、歓喜地を証得《しょうとく》して安楽国《あんらくこく》に往生《おうじょう》せん」とあるのにより、次の和讃は『十住毘婆《じゅうじゅうびば》沙論《しゃろん》』「易行品《いぎょうほん》」第九の所説《しょせつ》、第四首目は同じく『十住毘婆沙論』「序品《じょぼん》」と「易行品」との記述をうけたものである。親鸞のこれらの和讃は、凡夫《ぼんぶ》往生の救いの道を説く浄土教の立場からのナーガールジュナのとらえ方をよく示しているといえよう。

親鸞は若いとき、比叡山での厳しい難行修行を通して、愛欲をはじめ人間の煩悩の断ちがたいことを知り、妄念妄執《もうじゅう》の虜《とりこ》である自己に深く悩んだという。その体験は、ナーガールジュナが青年時代に友人たちとともに王宮に忍び込んで愛欲をほしいままにし、そのために友人たちは命を失い、自らも危うく一命を失うところであった、と伝記が伝える出家の動機と比較して見るとき、対照的でありつつも一脈通じるものがあり、その点から次の和讃が大いに注目されるであろう。

一切《いっさい》菩薩ののたまはく　われら因地《いんじ》にありしとき
無量劫《むりょうこう》をへめぐりて　万善諸行《まんぜんしょぎょう》を修《しゅ》せしかど
恩愛《おんない》はなはだたちがたく　生死《しょうじ》はなはだつきがたし

念仏三昧行《ねんぶつざんまいぎょう》じてぞ　罪障《ざいしょう》を滅《めっ》し度脱《どだつ》せし

無上の悟りを目指す求道者（菩薩）たちがいわれるのに、自分たちがまだ不退《ふたい》の位に達していないとき、はかり知れない長い期間にわたってあらゆる善、あらゆる行《ぎょう》を修め、煩悩を滅《めっ》しようとつとめたけれども、夫婦や親子などの人間の情愛を断ち切ることができず、そのために生死の迷いを超えることができなかった。しかし、わがはからいを捨て称名《しょうみょう》念仏の教えに帰《き》してはじめて罪障を脱し、生死の苦海《くかい》を渡ることができた、というのである。自己（人間）の力ではどうにもできない苦の人生、その現実の苦悩を自らも人間として担いながら歩み、その苦を深く究めるなかから凡夫の救いの道を求めた菩薩であった、と龍樹論師のことをたたえる親鸞に特に注目したい。

ナーガールジュナ

ちなみに、この二首の和讃は、道綽禅師《ぜんじ》の『安楽集《あんらくしゅう》』巻下に引かれている『大智度論《だいちどろん》』の「諸《もろもろ》の菩薩ありて復《ま》たこの言《ごん》を作《な》す、われ因地に於いて悪知識《あくちしき》に遇《あ》い般若《はんにゃ》を誹謗《ひぼう》して悪道《あくどう》に堕《だ》し、無量劫を経《へ》たり。餘行《よぎょう》を修すといえども未《いま》だ出《いず》ること能《あた》わず。後《のち》に一時《いちじ》に於いて善知識《ぜんじしき》の辺《へん》に依るに、われを教えて念仏三昧を行ぜしむ。其《そ》の時に即ち諸障《しょしょう》を併《あわ》せ遣《や》り、方《まさ》に解脱《げだつ》を得たり」ということばによっている。

「空《くう》の哲学」の誕生

もう随分以前になるが、中外日報に「ナーガールジュナ研究への一視点」と題する一文を、前後九回にわたって連載したことがある。それは一九八一年九月のことである。その後、一九八九年十一月には、『藤田宏達博士還暦記念論集　インド哲学と仏教』（平楽寺書店）が刊行され、そのなかに「大乗の菩薩としてのナーガールジュナ」の拙文も収録された。以下にそれらから要点を取り上げることにする。私のナーガールジュナを見る視点は今も変わっていないし、またナーガールジュナは何よりも大乗仏教の実践者である菩薩として、その生涯を全うした宗教者であったと考えるからである。

ナーガールジュナが仏陀釈尊の宗教的精神の再認識に立って、以前からの伝統である出家中心の学問・修行によって阿羅漢《あらかん》（聖者）の悟りを目指すアビダルマ仏教（部派《ぶは》仏教ともいう）とは思想の立場を異にする「空性《くうしょう》の立場」に立って、大乗仏教の思想の基盤を確立したということは、すでに多くの研究によって明らかにされている。「空性」（śūnyatā 空とも訳す）とは、『般若経《はんにゃきょう》』をはじめとする初期大乗仏教の経典が特に強調したもので、『般若経』はその思想に立つ仏教を「新しい道」と呼んでいる。このことはこの道によって仏陀の教えの真意が明らかになり、仏教が新たによみがえる、ということを意味するのであって、仏陀の教えとは異なる新しい仏教を説くというものでは決してなかった。

もちろん、仏陀の滅後《めつご》すでに数百年以上も経過した当時にあっては、歴史的にも社会的にも著しく変化し、それに伴って、思想や実践の面においても新しい考えや活動が求められていた。宗教や哲学などの思想界では、仏陀の時代とは異なった新しい課題が生じ、また問題もあった。こうした状況にあって、ナーガールジュナは、基本的には仏陀の精神に帰るという立場を取り、新たな思想や実践の課題に応えようとしたのであって、単に仏陀の教えを忠実に継承し、それを再現するというものではなかった。

たとえば、主著と目される『中論《ちゅうろん》』第二四章に「縁起《えんぎ》なるものが空性である」と説いていることが、そのことを明瞭に示している。このことについては後に項を改めて取り上げることにするが、縁起とは仏陀が悟って説き示したもので、存在の真理を明らかにする根本の思想であった。縁起ということばの意味は「相関性あるいは関係性においてものは成立する」ということである。またすでに諸学者が指摘していることであるが（三枝充悳『増補新版　龍樹・親鸞ノート』法蔵館、一九九七年、一四〇～一四一ページ）、同じく『中論』第一五章の次のことばがその好個の一例といえよう。

　『カートヤーヤナの教え』において、「それはある」ということと「それはない」ということの両者が、ともに存在と非存在を知る世尊《せそん》によって否定された。

この偈頌は、『中論』四百四十五偈《げ》のなかで、原始仏典の出典を明示している唯一の箇所であって、それだけに特に注意される。しかもこの教えは、仏陀最初の説法として知られる『初転法輪経《しょてんぼうりんきょう》』のなかの中道《ちゅうどう》に深く関係している。「ものがある」というのは、有《う》の立場であり、常住論《じょうじゅうろん》（実在論）に堕す。一方、「ものがない」というのは無の立場であって、断滅論《だんめつろん》（虚無論）に陥る。この有と無とがともに否定され、「中《ちゅう》」（または中道《ちゅうどう》）の立場からものの真のあり方を説いているのがこの教えであって、そこにこの「中」の立場から縁起の思想が説かれているのである。縁起が空性であるということは、「中の立場」から縁起は説かれたという仏陀の教えを再確認するためであったと見ることができる。このようなナーガールジュナの縁起理解の立場は、チャンドラキールティ（Candrakīrti 月称《げっしょう》 七世紀頃）によっても特に注目されていて、仏陀からナーガールジュナへと継承され発展していることが強調されているのである。

ナーガールジュナが活躍した地域は、主として南インドのアンドラ地方であったと考えられる。そのことは彼の著作からもうかがえるが、さらに旅行記や考古学上の資料からも推測することができる。それはさておき、当時のインドの思想界を一瞥《いちべつ》すると、仏教内においては、西北インドを中心にアビダルマ仏教の実在と認識に関する理論が体系化され、また一方、仏教外部には、観念論的二元論の哲学を説く初期サーンキャ哲学をはじめ、ニヤーヤ学派の論理学も形成されつつあり、また多元論を展開し、後にヴァイシェーシカ哲学に見られるような自然哲学も存在していた。そこでナーガールジュナは、これらの哲学思想との対決から、仏陀の実践的な教えを理論的に根拠づけようとし、そのために「空の論理」をもって仏教思想を基礎づけていくという新しい課題を担うことになった。

このようにして、ナーガールジュナの「空の哲学」が生まれたが、徹底して他の宗教や哲学の思想的立場を批判し否定する空の論理は、仏陀の教えに新たな意味づけを与えるとともに、その思想を豊かに内容づけていくという成果をもたらすことになった。

世界的な哲学者

それでは、空の論理とか空の哲学という場合、「空」とは一体何か、その意味がまず問われるであろう。しかし、これに答えることは決して容易ではない。詳しくは拙稿「空の思想と実践」(『大法輪』二〇〇〇年七月号特集に初出。『仏教思想を読む』大法輪閣、二〇〇一年に再録)を参照していただきたいが、ナーガールジュナは『般若経』の空の思想をうけて、その思想に論理的基礎を与えたのである。「すべてのものは空である」というだけでは人は納得しないし、また思想としても意味のある表現ではない。誰でも受け入れることができるように説明する必要がある。ナーガールジュナはこの課題に応えようとしたのである。

空の論理とは、一口にいうと否定の論理であり、否定論証である。また空の哲学とは否定の哲学であり、批判哲学である。何らかの主義があり主張があれば、それはそれとして理解しやすいが、空にはよるべき主義があるのでもなく、また自己の主張があるのでもない。そのためであろうか、『中論』をはじめとする彼の理論的・論理的な諸著作を見ると、きわめて難解な論理的記述にぶつかる。ナーガールジュナの哲学を理解するためには、どうしても彼の用いた否定の論理について、その構造を明らかにしなくてはならないのである。

五世紀以降、『中論』の思想解明を中心とする学派が形成され、中観《ちゅうがん》学派(Mādhyamika)と呼ばれたが、この中観学派の論師(哲学者)たちは、特に空の論理的解明に主眼をおいていた。近代から現代にかけても、研究者の多くは主としてナーガールジュナの哲学思想における論理構造を明らかにすることを目指している。

わが国においても、宇井伯壽、山口益、山内得立、長尾雅人、中村元、三枝充悳、梶山雄一などの諸学者によって研究が進められ、着実にその成果が生まれている。

ナーガールジュナの哲学者としての評価は、今日では単に仏教のなかに留まるものではない。一九四四年、アフマドナガルの獄中で書かれたJ・ネルーの名著『インドの発見』（辻直四郎他訳、岩波書店、一九五三年、上巻二二三ページ）には、「インドの生んだ最大の人物の一人としてぬきんでている。……彼の思想の力強さと大胆さとは注目すべきものである」とたたえている。また現代最大の哲学者といわれるK・ヤスパースは大著『偉大な哲学者たち』のなかで、仏教からは仏陀とナーガールジュナの二人を選び、ナーガールジュナについては、パルメニデース、ヘーラクレイトス、プロティノスなどとともに、「思想のヴィジョンにとみ、根源から思索した形《けい》而《じ》上《じょう》学者」と高く評価している（峰島旭雄訳『佛陀と龍樹』理想社、一九六〇年、解説二〜八ページ）。

また近年、比較思想研究が進められるようになって、ナーガールジュナの思考と論理の特徴がブラッドレーやヘーゲルと対比して論じられたり、絶対の認識において否定的方法を用いた点では、クザーヌスやブルーノーなどと類似していることが指摘されている。さらにナーガールジュナの空《くう》観《がん》弁《べん》証《しょう》法《ほう》の思考とウィトゲンシュタインの哲学的分析の方法とに、形式的類似があることも指摘されている。

このようにナーガールジュナが仏教の論師としての枠のなかに留まることなく、世界の偉大な哲学者の一人として一般に評価されるようになってきたことは大いに注目されることであって、彼の思想や哲学的立場を解明する場合、新たな問題点を提供するものとして十分に考慮されてしかるべきであろう。

菩薩の実践

このようなナーガールジュナの哲学や思想の特色を明らかにすることは、確かに重要な課題であり、また非常に興味深いものがあることはいうまでもないが、ナーガールジュナは菩薩（悟りの智慧を求める者）、あるいは大士《だいし》（利他《りた》の大心《だいしん》に邁進《まいしん》する人）と尊称されるように、大乗仏教の求道者であり、実践者であったのである。換言すると、彼は仏教哲学者であった以上に、大乗仏教の真髄を究め、それを生き抜いた求道者であり、慈悲の実践者として仏教の新生面を開拓した真の仏教者であったということである。

もちろん、中観学派の論師たちが、大乗の悟りに到る実践面のことを疎《おろそ》かにしていたわけではない。そのことは、たとえば大乗仏教の実践を体系的に論じているチャンドラキールティの『入中論《にゅうちゅうろん》（中への入門）』やシャーンティデーヴァ（Śāntideva 寂天《じゃくてん》 七～八世紀）の『入菩提行論《にゅうぼだいぎょうろん》（悟りへの実践入門）』などの著作があることによっても知りうるが、論師たちが特に、菩薩の実践を空性の思想によって基礎づけているナーガールジュナの哲学に関心を寄せていたことは否定できない。また四～五世紀以降、インド論理学、特に仏教論理学が盛んとなり、また諸学派の哲学の体系化が進むなど、インド思想史の状況が大きく影響したことも無視できないであろう。

しかしナーガールジュナの哲学や論理は、大乗仏教の求道者である菩薩の実践と不可分に結びついている。

シャーンティデーヴァ

このことは彼の著作からも明らかであって、たとえば大乗仏教の倫理的・宗教的実践を説き示している『宝行王正論《ほうぎょうおうしょうろん》』、『勧誡王頌《かんかいおうじゅ》』、『菩提資糧論《ぼだいしりょうろん》』などの著作があることからもおのずから明らかであろう。これらの著述からも知られるように、大乗仏教は、仏陀への清浄《しょうじょう》な信仰にもとづいて、般若の智慧を体得し、すべてのものに及ぶ慈悲の精神に根ざした純粋利他《りた》の行《ぎょう》につとめる菩薩の生（歩み）を説いている。高踏的な出家主義を批判して、広く在家者の宗教意識を吸収した万人の悟りの道を示し、誰でもこの道によって仏となることができると説いたのである。

ナーガールジュナは、この智慧と慈悲の求道者として、菩薩の理想を実現することを目指すとともに、その実践によって実現される理想の本質的意味を明らかにした。そのことによって彼は大乗仏教の最大の論師としての地位を獲得したのである。

「不二《ふに》」なる道

ところで大乗仏教の経典を見ると、「不二」ということばがよく出てくる。不二とは、二すなわち相対や対立の否定で、相対を絶するということから絶対を意味し、また対立を超えていることから平等を示している。そこで不二絶対とか、あるいは不二平等というように用いている。

不二はまた相対的に区別し、対立にとらわれるわれわれの分別《ふんべつ》（はからい）を否定する。この分別を否定するから、これを無分別智《むふんべつち》といい、この分別を超える智慧そのものも不二であり、結局、空ということにほかならない。われわれの分別は、たとえば自と他、善と悪、生死《しょうじ》と涅槃《ねはん》、煩悩と菩提《ぼだい》（悟り）、世間《せけん》と出世間《しゅっせけん》（俗と聖）というように、それぞれを二に分けて区別し対立的にとらえている。この分別を超え否定したところに開かれる世界が不二であって、この不二においては在家と出家、世間と出世間、自己と他己《たこ》などということにおいて本質的に区別されるものは何もない。

したがって、世間における世俗倫理と、出世間における宗教的な行（実践）とは、不二の道理に立脚している菩薩の生においては、出家しているにせよ、あるいは在家にあるにせよ、本質的な違いがあるのでなく、見事に一つとなって調和している。世俗倫理は、不二すなわち空性という道理に目覚めるなら、そのまま純化されて宗教実践となるのである。たとえば布施《ふせ》（施し）という慈善の行為が、最高の徳目としての悟りの行（これを波羅蜜《はらみつ》 pāramitā という）となりうるのは、この不二の思想原理によるのである。

したがって大乗仏教においては、菩薩の実践（行）には、世俗倫理（これを福徳《ふくとく》という）から宗教実践に至るあらゆる善が包括されている。そうしてそれらの善が、すべて悟りの行としての意味を持つようになるのは、不二の道理を知る智慧を体得することによる。この智慧が般若の智慧といわれるのであり、それに導かれてはじめて、あらゆる福徳すなわち善が、悟りの資糧《しりょう》（因）となりうるのである。そこで何よりもまず、不二を知る智慧を体得することが、菩薩の第一の課題となる。

そこでこの智慧を修めようとする菩薩は、さまざまな善を行ない、福徳を積み、さらに心を調《ととの》えて清浄にし、精神を統一していく禅定《ぜんじょう》を修める。しかしこれらの行は、アビダルマ仏教（部派仏教）における修行のように、高度に専門化され、あるいは体系化された修行ではない。複雑煩瑣《はんさ》な段階的な行でもなく、また世俗社会から全く隔離されたところでなされる超俗的な行でもない。世俗にありながら世俗に埋没することなく、人間のあらゆる苦悩を背負いながら、すべての者の救いを願い、ひたすら利他のためにつとめる行である。

いいかえると菩薩は、あらゆる人々の利益《りやく》をひたすら願い、人々の苦悩を自ら担って、その救済を目指しながら、世界の浄化のためにあらゆる努力を傾けるのであって、そこに展開される倫理的・宗教的実践の行なのである。したがって大乗の菩薩は、たとえ出家していても、決して世俗の社会から隔絶した別のところにいるのではない。菩薩は出世間の行を、世俗のなかに求めたのである。

この大乗菩薩の生は、そのままナーガールジュナにあてはまる。なぜなら彼自身が、大乗菩薩としてその道を歩んだ人であったからである。

第一章

その生涯

資料と歴史的背景

ナーガールジュナ・コーンダの遺跡

インド史を代表する人物のほとんどがそうであるように、ナーガールジュナもまた、その人物像と生涯を知ることのできる確実な資料は何一つ存在しない。伝記としては一応、鳩摩羅什《くまらじゅう》（クマーラジーヴァ Kumārajīva 三五〇～四〇九、一説には三四四～四一三）訳の『龍樹菩薩伝《りゅうじゅぼさつでん》』が現存する。しかし、後に触れるように史伝にはほど遠く、伝承の域を出ないものである。その他、『大方等無想経《だいほうどうむそうきょう》』、『摩訶摩耶経《まかまやきょう》』、『入楞伽経《にゅうりょうがきょう》』などにも彼についての伝承が散見できるが、史実を物語るものは何一つ存在しない。また『大《だい》唐西域記《とうさいいきき》』や『南海寄帰内法伝《なんかいききないほうでん》』などの旅行記に断片的ではあるが、ナーガールジュナに関する記事が見られる。しかし、そのほとんどが伝承か伝説である。

ナーガールジュナが活躍した舞台は、主として南インドのアンドラ地方であることが推定されている。そのことは発掘調査による考古学上の資料や彼自身の著作からも、ある程度裏づけられる。一九二七年頃から発掘調査が行なわれ、多くの遺品や考古学的資料が収集されたアンドラ・プラデーシュ州のナーガールジュナ・コーンダ（ナーガールジュナの丘）の遺跡は特に注目され、ナーガールジュナとのつながりや関連が議論されている。現在ナーガールジュナ・コーンダは、クリシュナー河の中流に造られたダムでできた人造湖ナーガールジュナ・サガルに浮かぶ島である。ダム工事は約十年近くかけて完成した。一九六一年、中村元博士がここを訪れたときには、工事はかなり進んでいたようである。

　電力発電のために建設されたナーガールジュナ人造湖は州都ハイデラバードから南東へ約九〇マイルのところで、クリシュナー河をせき止めて造られた。ナーガールジュナ・コーンダの遺跡は、ダムからさらに一〇マイルの奥にある。この地の古名はヴィジャヤプリーで、昔は南インド第一の港町であった。河に沿って船がここまで来たといい、セイロン人などもここにやって来たことが碑文からも知られている。

人造湖を望むナーガールジュナ・コーンダの復元された遺跡

　ちなみに、ナーガールジュナの後継者であるアールヤデーヴァ（Āryadeva 聖提婆《しょうだいば》とも聖天《しょうてん》とも訳す）は南インドのバラモンの生まれとも、あるいはセイロンの人とも伝えられている。もしセイロン出身であるとすると、ナーガールジュナのことを聞き伝え、ヴィジャヤプリーのあたりにやって来たのかもしれない。彼については『四百論《しひゃくろん》』その他のわずかな著作のほか、外教者《げきょうしゃ》との激しい論争や異教徒に殺されるという悲劇的な最期が伝えられているのみで、詳しいことは何もわかっていないので、あくまでもこれは私の憶測にすぎない。

　それはともかく、ダム工事のためあたり一帯を調査をしていたところ一つの塔の遺跡が発掘され、この河に沿って存在する仏教遺跡のこと

ナーガールジュナ・コーンダ出土の浮彫
（降魔成道、同博物館）

が明らかになった。その数は三十余り、大精舎《だいしょうじゃ》や大塔の遺跡も発掘されている。これらの仏教遺跡は、イクシュヴァーク王朝（三〜四世紀）のときに作られたもので、この王朝はもとサータヴァーハナ（シャータヴァーハナ）王朝に従属し、その属国であった。特に王侯貴族の夫人たちに仏教信者が多く、そのことは碑文から知ることができる。このあたりはイクシュヴァーク王朝の都ヴィジャヤプリーのあったところで、現在も近くにヴィジャヤプリの地名がある。またこの古名は、サータヴァーハナ王ヴィジャヤ・シャータカルニ（三世紀）に由来するという。遺跡や遺構がそのまま水没してしまうので、発掘調査が行なわれ、人造湖のなかにできた島に建てられた考古学博物館に、その出土品がすべて収められた。ナーガールジュナの丘が島となったのであるが、残念ながら面積二十三平方キロに及ぶナーガールジュナ・コーンダの渓谷一帯は湖底に沈んでしまったのである。

ところで、この地名に出るナーガールジュナが仏教最大の論師《ろんじ》と関係があるかどうかというと、確実なことは何一つわかっていない。碑文などに決定的な証拠となるものはいまだ見あたらないのである。しかしナーガールジュナが晩年住《じゅう》したと伝える吉祥山《きちじょうせん》（シュリー・パルヴァタ）とヴィジャヤプリーとは関係があったといわれ、また玄奘《げんじょう》のインド旅行記『大唐西域記』には、コーサラ国（南コーサラ国のこと）に関する条のなかに、ナーガールジュナゆかりのブラーマラギリ（Bhrāmaragiri）のことを記し、サータヴァーハナ王がナーガールジュナのためこの山を削って建てた壮大な伽藍のことを紹介している。ブラーマラギリとは「黒い峰の山（黒峰山《こくぶせん》）」という意味で、現在この地方では、この山を「黒い山」と呼んでいるという。

これらのことがナーガールジュナとの関係をどの程度まで明らかにするのか、確実なことは何もいえないが、年代と活躍の地に関して一つの推測を可能にしてくれるであろう。特にアンドラ地方を中心に南インドに覇《は》を唱えたサータヴァーハナ王との関係が著作（『宝行王正論《ほうぎょうおうしょうろん》』と『勧誡王頌《かんかいおうじゅ》』）からも明らかであって、その王が誰であるか具体的にはいまだ不明であるとはいえ、幾分かはナーガールジュナの実像を伝えてくれるであろう。漢訳には「禅陀迦《ぜんだか》（ジェータカ）王」の名をあげ、チベットのプトンの『仏教史』にはウダヤナの名を出し、またインドの学者はガウタミープトラ・シャータカルニ、あるいはヤジュナシュリーなどに比定するものもあるが、いずれも推測の域を出ない。

ナーガールジュナの伝記資料

ナーガールジュナの伝記には、鳩摩羅什の訳と伝える『龍樹菩薩伝』一巻と、チベット資料のなかにあるプトン（Bu-ston　一二九〇～一三六四）の『仏教史』、およびターラナータ（Tāranātha　一五七五～一六一六）の『仏教史』に出ている伝記がある。そのほか、『付法蔵因縁伝《ふほうぞういんねんでん》』巻五には、『龍樹菩薩伝』を基礎資料として書き直したと見られるナーガールジュナ伝があり、六六八年に道世律師《どうせりっし》が編集した『法苑珠林《ほうおんじゅりん》』巻五十三にも、上記の二書によって龍樹菩薩の伝記を載せており、また玄奘と同時代にインドに二度使節として赴《おもむ》いた王玄策《おうげんさく》の『西域志《さいいきし》』に紹介するナーガールジュナの事蹟についても所々に引用している。上記の『龍樹菩薩伝』とチベット史料に載せる二つのナーガールジュナ伝については、その全訳が中村元『人類の知的遺産13　ナーガールジュナ』（講談社、一九八〇年。後に『龍樹』講談社学術文庫、講談社、二〇〇三年として再刊）に収録されているので、詳しくはそれを参照していただきたい。しかし、これらの伝記はいずれも伝説に満ち、到底史実を伝えるものとはいえない。

中村博士は上記の著書のなかで、共通している点を次のように整理してまとめている（『人類の知的遺産13　ナーガールジュナ』三三〜三四ページ）。

一．かれは南インドと関係があった。そうして南インドのシャータヴァーハナ王朝と何らかの関係があったのではないか、と想像されている。南インドのアンドラ・プラデーシュ州にあるナーガールジュナ・コーンダという古代港市の遺跡では多数の仏教寺院の遺跡が発見されているが、しかし大乗仏教の哲学者ナーガールジュナと関係があったかどうかは不明である。古碑銘にも何ら証跡はない。そうしてその地で発見された古碑銘によると、そこに栄えていたのは、伝統的・保守的仏教、いわゆる小乗仏教であったことが知られている。

二．かれは〔南インドの〕バラモンの生まれであった。

三．博学であって、（特にバラモンの）種々の学問を修めた。だから、かれの哲学思想にバラモン教の哲学思想の影響があったという可能性は充分に考えられる。

四．かれは一種の錬金術を体得していた。ところで、インドでは錬金術をシヴァ教の一派の水銀派なるものが昔から行なっていた。この水銀派の開祖をやはりナーガールジュナという。

ナーガールジュナについては、その生涯は詳《つまび》らかでないが、この四つの項目を土台において、また伝記や伝承の伝えるところを加味して、その生涯を推測すると、おおよそ次のようにその概略をまとめることができよう。

ナーガールジュナは南インドのヴィダルバ（Vidarbha／現在のベラール Berar ?）の裕福なバラモンの家に生まれた。天性聡明で、若くしてヴェーダをはじめバラモンの諸学問に通じ名声を馳せたが、愛欲や名利《みょうり》にとらわれる心の恐ろしさを知ってやがて出家受戒《じゅかい》し、仏教教団に入った。はじめ小乗仏教の教えを学んだが、それに満足せず、大乗経典を求めて各地を遍歴、東北インドからヒマラヤにまで到って多くの大乗経典を得、大乗の真理を体得するとともに、当時のインドの諸哲学思想をも究めた。そうしてついに独自の空観《くうがん》にもとづく大乗仏教の哲学体系を完成した。晩年は南インドに帰り、サータヴァーハナ王の帰依《きえ》と保護を受け、主としてクリシュナー河中流のブラーマラギリ（ナーガールジュナ・コーンダの近く）に住して、大乗を宣揚した。また国王を誡《いまし》めて教化し、その地で没した。彼はまた、小乗有部《うぶ》系の哲学やインド諸派の哲学思想を批判し論破する多くの著作を残している。重複するところがあるが、以下に『大乗仏典14　龍樹論集』（梶山雄一・瓜生津隆真訳、中央公論社、一九七四年）の「解説」から、鳩摩羅什訳『龍樹菩薩伝』の内容を要約したところを掲げることにする。

ナーガールジュナは南インドのバラモンの家に生れた。バラモンとしてのあらゆる教養を身につけ、若くして学識の誉れが高かった。彼は三人の友とともに魔術を学び、隠身《おんしん》の秘術を習得し、しばしば王宮に忍びこんで婦女を誘惑した。事があらわれて三人の友は斬られたが、ナーガールジュナひとり王の傍らに身を避けた。彼は愛欲が苦悩と不幸の原因であることに目ざめ、もし自分が王宮を逃れ出て生き永らえるならば出家しようと誓った。事実、逃走に成功した彼は、山上のストゥパー（塔）を訪ね受戒出家した。小乗の仏典を学び、さらに別種の経典を探しているうちに、彼はヒマーラヤ山中の老比丘《びく》からいくらかの大乗経典を授けられた。これを学んだ後、彼はインド中を遍歴し、仏教・非仏教の遊行《ゆぎょう》者《しゃ》や論師《ろんじ》と対論してこれを打ち破った。彼は、仏法は微妙であるが論理になお欠けるところがあると思い、みずから一学派を創立しようとした。マハーナーガ（大龍《だいりゅう》）菩薩が彼を哀れんで海底の龍宮に導き大乗経典を与えた。彼はこれを学んで深い意味を悟った。マハーナーガは彼を南インドに連れ帰った。彼はそこで国王を教化し、非仏教者を論破し、多くの著作を行なった。ナーガールジュナの死後百年、南インドの人々は廟《びょう》を建てて彼を仏陀と同じように崇めている。

鳩摩羅什訳の伝記は、個々の事蹟についてはフィクションに満ちたものであるが、ナーガールジュナの死後百余年の作品であるだけに、全体としてナーガールジュナの人間像を彷彿《ほうふつ》させるものがある。天性聡明であったが、青年時代の激情的性格と仏教への回心、バラモン教や小乗仏教から大乗仏教へと歩んだ思想遍歴、鋭い独自の論理をもって相手を論破する論争の物語、国王をはじめ広く人々を巧みに導く教化などは、『般若経』をはじめ初期大乗経典の思想と実践を受け継いだ大乗菩薩としてのナーガールジュナの姿にふさわしいものがあるばかりでなく、先の発掘による調査や旅行記に出る伝承、さらに彼の著作から受ける印象とあまり異ならない。

晩年のナーガールジュナの活躍は、その舞台が南インドであり、またそこで没したことは諸種の資料が一致して伝えるところで、疑いはないが、年代に関しては、彼と親交があったというサータヴァーハナ王が誰であったか確定できない現在、『龍樹菩薩伝』にある「ナーガールジュナ滅後《めつご》百年を過ぐ……」という記述、鳩摩羅什と同時代の人であった慧遠《えおん》、僧肇《そうじょう》、僧叡《そうえい》などもナーガールジュナの年代について論じていること、さらにナーガールジュナ・コーンダの古名がヴィジャヤプリーで、この名が、ヴィジャヤ・シャータカルニ(三世紀頃)に由来するということ、などから、おおよそ二世紀から三世紀の人ではなかったかと推測できる。わが国の学者の多くは、その年代を一五〇〜二五〇年頃としている(宇井伯壽「三論解題《さんろんかいだい》」『宇井伯壽著作選集　第四巻』大東出版社、一九六六年参照)。

ナーガールジュナが、『般若経《はんにゃきょう》』をはじめ初期大乗経典の説く大乗菩薩道《ぼさつどう》について、「空《くう》の思想」を根底にその理論と実践を説いていることは、すでに指摘した。大乗仏教の興起についてはいまだ明確にできないが、ナーガールジュナが活躍したと思われる二〜三世紀には、すでにかなりの大乗経典が成立していたことが推測できる。このことは、特に『十地経《じゅうじきょう》』を中心に、初期大乗経典から大乗菩薩の思想と実践を説く主要な箇所を抜き出し、それらを注解している『十住毘婆沙論《じゅうじゅうびばしゃろん》』（従来『十地経』の注釈とされる）という論書《ろんしょ》があり、その著者がナーガールジュナに帰せられていることによっても知られるのである。この論書については後に詳しく取り上げることにするが、私は、少なくとも、偈頌《げじゅ》（韻文の部分）と長行《じょうごう》（散文の部分）とのうち、偈頌はナーガールジュナの作と考えてよいと思う。そこに取り上げられている大乗経典を列記すると、以下の通りである。

『十地経』、『如来智印経《にょらいちいんきょう》』、『集一切福徳三昧経《しゅういっさいふくとくざんまいきょう》』、『大宝積経《だいほうしゃくきょう》』「普明菩薩会《ふみょうぼさつえ》」、『同』「郁伽長者会《いくがちょうじゃえ》」、『小《しょう》品《ぼん》般若経』、『宝月童子所問経《ほうがつどうじしょもんきょう》』、『般舟三昧経《はんじゅざんまいきょう》』、『菩薩蔵経《ぼさつぞうきょう》（舎利弗悔過経《しゃりほつけかきょう》）』、『大集経《だいじっきょう》』「無尽意菩薩品《むじんにぼさつぼん》」、『決定王経《けつじょうおうきょう》』など。

しかし現存の『十住毘婆沙論』の漢訳は未完であって、菩薩の十地《じゅうじ》のうち第二地《じ》までで終わっている、という。もしこれが事実であって完訳されたとするなら、経典の数はさらにもっと多くなると思われる。

興亡する諸王朝

マウリヤ王朝が紀元前一八〇年頃滅亡すると、シュンガ王朝のプシャミトラ王がパータリプトラを中心に中インドを統治、仏教を排斥してバラモン教を信奉、保護する。ほぼ時を同じくして、デカン高原に新たにヴィダルバ国が成立、シュンガ王朝に敵対する。一方西北インドには、ギリシャ系の王が支配し、シュンガ王朝と対抗するようになる。それとともに特に西北インドにギリシャ文化の影響が顕著に見られるようになった。仏像の誕生はその一つの表われであるといえるが、そのほか東西の思想的交流も見られるようになり、『ミリンダ王の問い（那先比丘経《なせんびくきょう》）』がその顕著な例であるといえよう。

ところでマウリヤ王朝の衰微とともに、南インドにおいてアンドラ王朝（サータヴァーハナ王朝）の勢力が急激に増大することになった。もともと微々たる勢力に過ぎなかったが、紀元前二〇〇年頃に急激に発展し、紀元後三世紀まで存続する。その勢力はナルマダー河を越えてマールワに達し、紀元二世紀には、その領域はデカン高原全体に広がり西海岸にまで達している。

アンドラ王朝は南インドに大王国を建設したが、その発祥地に関しては異説が多く確定しがたい。首都はクリシュナー河河岸のダーニヤカタカ（アマラーヴァティー）であったという。本来の故郷は現在のマドラス州のベッラリであったという推測が有力で、おそらく西インドから南インドへ進出したのであろう。この王朝は紀元後二世紀に全盛に達する。そのときの王がガウタミープトラ・シャータカルニであった。インドの仏教学者V・ラマナン博士は、ナーガールジュナと親交のあったのは、この王であった、と推測している。しかし確証があるわけではない。この王朝の王はみなシャータカルニ（サータカルニ）と呼ばれているが、これは第三代および第六代の王の名であったのが、後にこの王朝全体の名となったのである。王家はバラモンであり、ナーガ族の血が少し混じっていたらしい。

ガウタミープトラ・シャータカルニは、プラーナ文献の伝承によると、第二十三代の王で、碑文には「サータヴァーハナ家の名声を回復した」武勇の士であったという。また「大王」と呼ばれ、ほぼデカンの全体を支配していた。理想の政治を行なったと讃美され、武勇とバラモン文化が彼の人格を支える二大支柱であった。王の母は敬虔な仏教信仰を持っていたことが碑文から知られる。すなわち仏教教団に窟院《くついん》を寄進し、賢冑部《けんちゅうぶ》の所有としている。中村元博士は、当時の国家と宗教との関係について次の二点に要約して、その特質をまとめられている（『中村元選集第六巻　インド古代史　下』春秋社、一九六六年、二二一ページ）。

一．アンドラ王朝はバラモン教を国教としていた。しかしそれにもかかわらず他の宗教を圧迫することがなかった。王室の婦人が個人的に仏教に帰依することは、王室全体が少しも妨げなかったのみならず、むしろ積極的に承認し援助している。

二．バラモン教的な碑文の文句は、仏教の窟院に刻せられている。バラモン教讃美の文句が仏教寺院のうちに刻せられることを、仏教教団は拒否しなかった。仏教教団が国家権力に対して抗争的ではなかった。

南インドにおける仏教の性格が垣間見られて大変興味深いものがあるが、このことについては、後に国王への教誡《きょうかい》として書き与えた書簡体の著作『宝行王正論』や『勧誡王頌』の内容を紹介・解説するとき、再び取り上げることにしたい。仏教からの政治倫理や世俗倫理に対する取り組み方を見る上においても、有益な示唆を与えてくれるからである。

インド史は北方では、これに少し先立ってクシャーナ王朝による帝国時代を迎える。中国文献では、クシャーナ族（貴霜《きそう》）のことを「月氏《げっし》」または「大夏《だいか》」といって伝えている。インドにおいてはクシャーナと呼ばれる支配者たちは二つの系統に分かれる。一つはカドフィセース一世と同二世を出し、もう一つはカニシカ王から始まり、ほぼ一世紀にわたってインドの大部分を支配した。そこで両カドフィセースを第一王朝、カニシカ王以後を第二王朝とも呼んでいる。月氏はもと遊牧民であったが、大夏を征服し定住するようになって富み栄え、強力となって近隣を征服、インドに侵入した。

西北インドを支配した時代になると、ローマとの交通が活発になり、商業活動が盛んになった。当時、水路の旅行も盛んに行なわれたようである。クシャーナ帝国の商人はローマとの交易を開き、絹・香料・宝石・染料などを売ってローマの黄金を獲得し、大量の金がインドに移入されたのである。貨幣をはじめ、装身具などの遺品に如実にそれが表われている。まさしくクシャーナ時代は黄金の文化につつまれていたのである。そうしてそれは、大乗仏教経典に反映し、たとえば浄土の記述を見ると、黄金につつまれ、黄金に飾られたまばゆい情景に満ちている。

カニシカ王はコータンの出身であったらしい。そのことは漢訳仏典や中国文献からも確かめられるが、インドに一大帝国を形成すると、カニシカ王並びにその一族はアーリヤ人で日種《にっしゅ》（太陽の子孫）と見られたのである。カニシカの年代については、主として中国文献の資料が参考になるが、その統治年代はカニシカ紀元制定後二十三年または二十四年の間、王位にあったことが碑文から知られている。そこでその統治年代は、およそ西暦一二九年～一五二年頃と推定される。しかし依然としてカニシカの年代は不明である。

王の本拠は西北インドで、居城はペーシャワルであったと伝えている。カニシカ王は第一王朝の版図をさらに広げ、東トルキスタン西半部、アフガニスタン東半部からビハール、デカンにわたる非常に広い範囲を統治した。そうしてその統治期間にクシャーナ朝は最も勢威が高まり、文化が栄えたのである。

大乗仏教の興起と形成は、ちょうどその頃と相前後すると考えられ、カニシカ王は積極的に仏教を保護し援護したのである。このことは仏典にも伝えられ、有名な事実である。仏教詩人アシュヴァゴーシャ（Aśvaghoṣa 馬鳴《めみょう》）が活躍したのもこの頃で、師はカニシカにとって特に精神的な師であった。また他の伝承によると、王は諸方を征服して多くの人間を殺戮《さつりく》したので、自己の罪業《ざいごう》を悔い、仏教に深く帰依したが、アシヴァゴーシャは王のために広く清浄《しょうじょう》なる法を説いたという。

仏典のなかに説かれているこの伝承は、実際の遺品によっても確かめられている。ペーシャワルの近くにカニシカが建てた壮大なストゥーパがあったことは中国の巡礼僧が記しているが、二十世紀初の発掘によってそれが確かめられたのである。その基底から舎利壺《しゃりつぼ》が発見され、その壺に仏と梵天《ぼんてん》と帝釈天《たいしゃくてん》との像が刻されていた。壺の主部には、三体の坐仏の像とそれを礼拝している信徒の像があり、さらにカニシカ王が日と月との間に立っている像を彫り出している。またカニシカ王のときになって、

カニシカ王の舎利容器（右側の面・下中央に王の像が見られる。ペーシャワル博物館）

はじめて仏像が刻出されるに至ったのである。

仏像の制作に関しては、ナーガールジュナは『勧誡王頌』に記していて、すでに仏像が礼拝の対象となっていたことがわかる。サータヴァーハナ王に対して教誡を述べたナーガールジュナの行為は、決して珍しいことではなく、仏教者として当然の務めであったのであろう。

このようにナーガールジュナが登場するまでのインドの政治的な時代背景は、インド史全体を見渡すとき、きわめて流動的であったのである。

『付法蔵因縁伝《ふほうぞういんねんでん》』のナーガールジュナ伝

伝説・伝承の意義

ナーガールジュナは釈尊についでインドを代表する偉大な仏教者であり、周知の通りインド大乗仏教最大の師と称されている。ところがインドには師のことを伝える文献は皆無といっても過言でない。先に述べたようにわずかに中国やチベットに伝承されたものが現存するが、それらは史実を伝えるものとはいいがたい。たとえば鳩摩羅什訳と伝える『龍樹菩薩伝』は唯一の伝記といってよいが、全体として伝説とフィクションに満ち、ナーガールジュナの実像を伝えるものとは到底いえない。しかし師の没後百年余りに著わされたと思われ、また簡潔にまとめられているので、ナーガールジュナの人物像を彷彿《ほうふつ》させるものがあり、『付法蔵因縁伝』をはじめとする以後の中国文献（『大正新修大蔵経《たいしょうしんしゅうだいぞうきょう》』「史伝部《しでんぶ》」に所収）に見られるナーガールジュナ伝は、ほぼこれを基本として記述している。

これらのナーガールジュナ伝に関する中国文献も、またプトンやターラナータの『仏教史』などチベットに伝える文献も、ナーガールジュナの生涯と行実を明らかにするものとはいえない。したがって、史実は依然として神秘のヴェールにつつまれているというほかはない。しかし、これらの文献が伝える伝説や伝承はその反面、人々がナーガールジュナをどのように見ていたか、またナーガールジュナはどのような考えや生き方をした人であったのか、その人物像を推測する一つの手掛かりを与えてくれる。その点で、これらの文献が伝える伝説や伝承、さらに断片的であっても『大唐西域記』などのインド見聞録が伝えるナーガールジュナに関する伝説・伝承が、きわめて重要な意義を持ってくるであろう。そこで以下に、できる限りそれらの文献について概観し、まとめておきたい。

なお『龍樹菩薩伝』、およびプトンやターラナータの『仏教史』の伝える「ナーガールジュナの生涯」についてては、すでに中村元博士の『人類の知的遺産13　ナーガールジュナ』に現代語訳して解説されているので、ここでは省略する。

比羅《びら》からナーガールジュナへの付法《ふほう》

まず、『付法蔵因縁伝』に伝えるナーガールジュナの生涯について取り上げることにする。北魏《ほくぎ》の延興《えんこう》二年（四七二）、吉迦夜《きっかや》（キンカラ Kinkara）と曇曜《どんよう》との共著で六巻からなる。『大正新修大蔵経』五〇巻所収。

本書は仏滅後、インド仏教が相承《そうじょう》された次第と因縁《いんねん》を記したもので、第五巻に龍樹の伝記を載せている。なお巻六には迦那提婆《かなだいば》（カーナデーヴァ Kāṇadeva）、すなわちアールヤデーヴァの伝記を収めている。

その内容は、表現や記述の順序に多少の違いがあるが、『龍樹菩薩伝』とほとんど同じである。おそらく本書編纂のとき、『龍樹菩薩伝』を基礎資料としてそれを書き直したものであろう。ただしナーガールジュナ伝の前に、本書には馬鳴（アシュヴァゴーシャ）から比羅（迦毘摩羅《かびまら》／カピマラ Kapimala）へ、比羅から龍樹へと仏法が伝えられた付法のこと――後には龍樹から提婆への付法について述べる――を載せている。これはいうまでもなく、本書編纂の目的が付法の因縁を伝えるためであったからである。まずはじめに、この付法のところを和訳しておく。

馬鳴菩薩は命終わるとき、比羅（迦毘摩羅）に告げられた、「長老よ、仏法は清浄《しょうじょう》で煩悩の垢《く》をよく除く。汝は後に流布《るふ》し供養せよ」と。比羅は答えた、「承知しました。これから以後、広く正法《しょうぼう》を宣布《せんぷ》いたします」と。比羅比丘《びく》は妙《たえ》なる功徳《くどく》をもって自らを飾り、巧みにことばを説き、智慧深く、外道《げどう》の邪論をことごとく打ち破り、南インドに大いに利益《りやく》を与えた。『無我論《むがろん》』の句一百偈《げ》を造り、この論をもって至るところで対論者を打ち破り、なびかせた。それはあたかも金剛石のようであった。

比羅は終わりに臨み、法蔵《ほうぞう》を龍樹菩薩に付与して命を終えた。龍樹はその後広く衆生《しゅじょう》のためにすぐれた眼を伝え、妙なる功徳をもって自らを荘厳《しょうごん》した。天性聡明で、理解力がすばらしく〔一度聞いたことを」再度問うことがなかった。仏法のはたぼこを立てて異道《いどう》を折伏《しゃくぶく》するなど、このような功徳ははかり知れなかった。今それに順じてその因縁を著わそう。

波瀾《はらん》の生涯と、提婆への付法

次に、本書が伝える龍樹伝の全文を和訳しておく。なお和訳にあたっては、中村元博士の『龍樹菩薩伝』の現代語訳を参考にした。

生まれてはじめは南インドにあった。バラモンの出身で、家は大変裕福であった。誕生は樹の下であり、龍（ナーガ）に導かれて悟りを完成したので、「龍樹」と呼ばれるようになったのである。

幼にして聡明で、その学才は世に超えていた。まだ襁《むつき》の幼児であったとき、バラモンたちが四つのヴェーダ聖典――それぞれ四万の偈（詩句）があり、一つの偈は三十二シラブルからなる――を誦《じゅ》するのを聞いて、直ちにことごとく口にし偈の意味を理解した。若年にしてその名を馳せ、ほしいままに各地を歩いた。天文・地理・星宿《せいしゅく》をはじめもろもろの道術《どうじゅつ》において、すべて体得しないものはなかった。

友が三人あり、みな容姿すぐれ傑出していた。彼らは互いに相談した。「天下のことがらで、心を啓蒙し深い道理を開発して智慧を増長させるほどのものは、われらはことごとく究め尽くした。今後はどの面で自ら楽しむことにしようか。また世間《せけん》は、ただ好色のみを追究している。情をほしいままにして欲を究めることが、人生の最高の快楽である。しかしバラモンや修行者は自在者《じざいしゃ》ではない。奇策を用いなければこの楽しみは手に入れがたい。ともに隠身《おんしん》の薬を求めようではないか。もしその薬が得られるなら、この願いは必ず成就するであろう」と語りあった。みな「それはよい」とその言《ごん》を快《こころよ》しとし、隠身の術者《じゅつしゃ》の家に至って、隠身の法を求めた。

術師は心に思った、――この四人のバラモンたちは才知が高くすぐれ、大いにそれを誇り慢心して、人々を草や芥《あくた》のように見なしている。今はこの隠身の法を得たいために、屈辱を忍んでわれに就こうとしている。このバラモンたちは世に並びない博識で、知らないのはただこの隠身の賎しい法だけである。もし隠身の法を授けたなら、われを永く見捨てるであろう。しばらくは薬を与えて術は教えないでおこう。薬がなくなれば必ず来て、われを永く師とするであろう――。

そこで青薬《しょうやく》を一丸ずつ与えて、彼らに告げていった、「汝らはこの薬を砕いて水で溶かし瞼《まぶた》に塗ったなら、姿を隠すことができよう。」術師の教えを受けてみなこの薬を粉々にしたが、龍樹はその香りをかいで直ちにこれが何であるかを知って、分量の多少、ごくわずかな重さまで誤まることがなかった。師のもとに帰って、いった、「この薬は七十種のものが混じっています。」その名前も数量も師が処方した通りであった。

師は聞いて驚き、そのわけを問うた。龍樹は答えていった、「すべて薬には香気があります。これによってわかります。怪しむことではありません。」師はこれを聞いて感服し、心に思った、――このよ

侍者を連れた貴婦人（アジャンター石窟壁画）

うな人は聞くのさえ難しい。まして親しく会うことはなおさらである。どうしてこの術を惜しもうか――と。そこで隠身の法をつぶさに四人に授けたのである。

四人はこの薬を調合して身を隠し、自由に遊び回り、相謀《あいはか》って王の後宮に入り、宮中の美女をみな犯してしまった。百日余りして懐妊するものが多く、王のもとへ行き告白して処罰の赦しを願った。王は聞いて大いに不快となり、「どうしてこんな奇怪なことがあるのか」と、智慧ある臣下たちを召して相謀った。そのとき、一人の大臣が王にいった、「およそこれには二つの事が考えられます。一つは鬼魅《きみ》が取りついたか、もう一つは誰かが方術《ほうじゅつ》を行なっているかでしょう。細かな砂をすべての門のなかに播《ま》き、守衛に守らせて人の出入りを断ちましょう。もし方術であるなら、足跡が残ります。もし鬼魅であるなら、入っても跡が残りません。人なら兵をもって除くことができるし、鬼魅なら呪《じゅ》によって滅ぼすことができます。」

王はその計を用い策を講じて備えていたところ、四人の足跡が門からなかへと続いているのを見て、守衛は急いで王に奏聞《そうもん》した。王は勇士数百名を率《ひき》いて刀を空中に揮《ふる》わせ、三人の首を斬った。王の周り七尺は刀が及ぶことが禁じられていたので、龍樹は身を縮め息をひそめて王のそばにいた。ここではじめて愛欲は苦の本《もと》であり、背徳は身を危うくし梵行《ぼんぎょう》（清らかな正道）を汚《けが》し辱《はずかし》めるものであることを悟り、自ら誓っていった、「われもし脱することを得てこの厄難を免れるなら、沙門《しゃもん》（行者）をたずね出家の法を受けよう」と。

逃れることのできた龍樹は、山に入り一仏塔に至って欲愛を捨て出家した。九十日間、世に伝わるすべての経論《きょうろん》を読み、ことごとく理解した。さらに別の経典を求めたが得られず、ついに雪山《せっせん》（ヒマラヤ）に向かい、一人の比丘に会って、大乗の教えを授かった。これを読んで親しみ敬い、その意味をよく理解したけれども、いまだその道を証《しょう》（体得）するには至らなかった。

仏塔の門を守る神として表現されたヤクシャ
（バールフト出土、カルカッタ博物館）

〔龍樹の〕弁舌は尽きることなく言論をよくし、ために外道の修行者や論師たちはみなことごとく論破され、龍樹に師となることを請うた。龍樹は自ら「一切を知る者（一切智者《いっさいちしゃ》）」といい、心に大いに高慢を生じて、往《い》って瞿曇《くどん》（ゴータマ、釈尊）の門から入ろうとした。そのとき、門を守る神がいった、「今、汝の智慧はあたかも蚊や虻《あぶ》のようなもので、如来と比べてとても能弁とはいえない。蛍火《ほたるび》が日月とその輝きが斉《ひと》しいとするのと異ならないし、また須弥山《しゅみせん》がナズナ（の高さ）と等しいとするようなものである。われが見るところ、汝は、一切を知る者ではない。どうしてこの門から入ろうとするのか。」これを聞いて龍樹は顔を赤くし恥じ入った。

そのとき、弟子が龍樹にいった、「師は常に自ら一切を知る者という。今来《きた》りて屈して仏弟子《ぶつでし》となる。弟子の道とは師に諮《はか》って承《うけたまわ》ることである。諮って承るのは不足しているのであって、一切を知る者ではない」と。

ときに龍樹はことばに窮し心に屈辱を感じて、自ら心のなかに思った、——世界で説かれている教えのなかには、道が無量にある。仏の経典はことばは絶妙であるけれども〔理は〕いまだ尽くされていない。われはさらにこれをしかるべく敷延《ふえん》し、後学《こうがく》の者を開悟《かいご》して衆生に利益《りやく》を与えよう——。このように考えて、そのために師自身の教えと戒《いまし》めを立て、さらに〔独自の〕衣服を造って、仏教であっても少し違いをつけたものにしたがわせた。人々の迷いの心を除こうとして、不受学《ふじゅがく》（戒を受けていない者）に日や時を選んで戒を受けるようにと示し、独り静かな室の水晶の房のなかにいた。

大龍《だいりゅう》（マハーナーガ）菩薩は、このことを大いにあわれみ、神通力《じんずうりき》をもって直ちに彼を伴って大海に入り、宮殿に赴いて七宝《しっぽう》の函《はこ》を開き、もろもろの方等《ほうどう》（大乗）の深奥《しんおう》の経典、無量《むりょう》の妙法《みょうほう》を龍樹に与えた。読むこと九十日、内容に通じ理解するところが非常に多かった。その心は深く経典のなかに入り、真の利益《りやく》を得たのである。

大龍はナーガールジュナの心を知って、問うていった、「汝は今、経をみな見られたか否か。」龍樹は答えていった、「汝の経は無量であって、見尽くすことはできません。私がここで読んだのは、閻浮提《えんぶだい》（人間の住む世界）で読んだのを超えること十倍に及びます。」龍王はいった、「忉利天《とうりてん》にいる天王《てんのう》（インドラ神）が所有する経典はこの宮殿の経典を超えること百千万倍で、このように諸処《しょしょ》にあって、ここと比べても数えることができないのだ。」

そのとき龍樹は諸経を得て、心ひろびろと一相《いっそう》（一如《いちにょ》）の理を了解《りょうげ》し無生法忍《むしょうぼうにん》（すべては空であると知る智慧）を得て、悟りの道を完成した。龍王は龍樹が道を悟ったのを知って、宮殿を出て送り帰したのである。

ときに南天竺《てんじく》王は邪見《じゃけん》はなはだしく、外道につかえて正法を壊し謗《そし》った。龍樹菩薩は彼を教化するために自ら赤幡《しゃくばん》（赤いはたぼこ）を持ち、王の先頭に立つこと七年、王は怪しんで問うた、「汝は何《なん》人《びと》か、わが先頭にあって行くや。」龍樹は答えた、「われは一切智人《いっさいちにん》なり。」王はこれを聞いて大いに驚き、問うた、「一切智人とはきわめて稀有《けう》なり。汝は自らこれをいう。何をもってその験《げん》（しるし）とするや。」龍樹は答えていった、「王よ、知りたいと欲《ねが》われるなら、よろしく見て問われるがよい。〔われが〕先に説いたことを、後でよく確かめることができるでしょう。〔王よ、どうぞお問いください。〕」

王はこれを聞いて心に思った、――われが智慧の主、大論議師《だいろんぎし》となって、彼を問い詰め屈服させても立派ということにはならない。もし彼に及ばなかったら、損失はきわめて大きい。もし黙っていわなかったら、これもまた理に合わない——。このように思案し、なかなか決しなかった。しかし王はせっぱ詰まって、やむなく龍樹に問うた、「天の神々は今、何をしているのか。」龍樹は答えていった、「大王よ、天の神々は今、阿修羅《あしゅら》と戦っています。」

王はこれを聞いても、たとえば人が何か喉《のど》につまって、吐くこともできないし、また飲み込むこともできないのと同じであった。その言《ごん》を否定しようとしても、それを証明するものがなく、また彼の説を受け入れようとしても、それを確証することが難しかったからである。

そこで龍樹はいった、「これは虚言ではない。王よ、しばらくまたれよ。すぐにその験がありましょう。」いい終わるや、空中から刀剣が落下し、矛《ほこ》や盾などが舞い落ちてきた。王はいった、「干戈《かんか》や矛は闘う兵器で、どうしてこれらが阿修羅神のものであろうか。」龍樹はいった、「嘘と思われるなら、事実が証してくれるでしょう。」いい終わるや、阿修羅の耳や鼻が空から降ってきた。王は驚いて敬礼し、恭《うやうや》しく尊び、師の導きを受けた。宮殿にいた一万のバラモンたちは、師の徳をいまだかつてなしとたたえ、髪を切って出家した。

ときに外道たちはこのことを聞き、来って雲集《うんしゅう》し怒りを含み、妬みを抱き、対論を求めた。そこで龍樹はすぐれた智慧と方便《ほうべん》のことばをもって外道たちと広く対論した。愚かな者は一言で屈し、少し智慧ある者も二日でことばも理論も尽きた。龍樹はみな論破し、髪を切って出家させた。このようにして外道で受戒した者は数知れず、王家は常に十車の衣鉢《えはつ》を送ったが、ついに一ヶ月ですっかりなくなった。こうしてくり返し送られた衣鉢は、数えきれないほどであった。

広く大乗の教義を考究し、優婆提舎《うばだいしゃ》十万偈、『荘厳仏道論《しょうごんぶつどうろん》』、『大慈方便論《だいじほうべんろん》』などの論各々五千偈を造って、大乗を世に広め、『無畏論《むいろん》』十万偈を造った。『中論《ちゅうろん》』は『無畏論』のなかに出ている。およそ五百偈、述べるところ教義は深遠で、あらゆる外道たちをなびかせ屈服させた。

ときにインドに一人のバラモンがいた。邪見《じゃけん》に燃えて、呪術をよく知る自己の能力をもって龍樹と名を競おうとして、彼の王にいった、「ただ願わくは大王よ、哀れみを垂れ彼の沙門《しゃもん》と道力《どうりき》を争うことを許したまえ。もし彼がわれに勝てば、われ彼にしたがう。われもし勝てば、彼はわれにしたがう。」王はいった、「大徳《だいとく》よ、汝は愚かなり。この菩薩は聡明であることは日月に等しく、知識はもろもろの聖者と等しい。汝は凡庸でどうして比べられよう。蓮糸《れんし》を須弥山に懸け、牛跡《ごしゃく》（牛の足跡）の水と大海との量を等しくしようとするようなものである。今、汝を見るに、それと同じである。くれぐれも自らよく考えて、高徳を失うことがないように」と。

バラモンはいった、「王は智者であり、すべてをよく見られることは、月日が照らさないものがないのと同じです。わが言の虚実を、どうして理をもって験《ため》そうとされないのか。大王よ、逆さに見ていて、どうして軽蔑を凌《しの》げましょうや。」王はそれはもっともであると考え、往駕《おうが》して龍樹に請うた、「明日の朝、一緒に正徳殿《しょうとくでん》に参りましょう」と。

ときにバラモンは直ちに呪力でもって大きな池を作り出し、広く長くて清浄な池のなかに千葉《せんよう》の蓮華を現出《げんしゅつ》して自らその上に坐し龍樹にいった、「汝は地にあって畜生《ちくしょう》と同じだ。われは花の上にいて智慧は清浄《しょうじょう》、何であえてわれと抗して議論を交わそうとするや。」

そのとき龍樹は、呪力でもって白象《びゃくぞう》を作り出した。象には六牙《ろくげ》があり、金銀が交絡《こうらく》していた。ゆっくりと池に進み、花の座に赴《おもむ》いて鼻でバラモンを絞めあげ、高くあげて地にたたきつけた。バラモンは背中を傷つけうずくまり、龍樹に打ち破られて帰伏《きふく》した。「私は身の程《ほど》を知らないで、偉大な師を侮蔑《ぶべつ》しました。どうか私を哀れんで、過ちを悔いることをお許しください。」龍樹は慈しみをもって戒を授けて、出家させた。

このとき、一人の小乗の法師《ほっし》がいて、龍樹の高名を見て常に怒りと妬みを懐いていた。龍樹菩薩はなすべきことをすでになし終え、この土《ど》（世界）を去ろうとしていた。法師に問うていわれた、「汝は今、われがこの世に永くいることを願うや否や。」答えていった、「願わず。」そこで誰もいない室に入り、日を経ても出てこなかった。彼の弟子が戸を破ってなかを見たところ、師は蝉《せみ》の脱殻《ぬけがら》のようになって世を去っていた。

インドの各地で龍樹菩薩のために廟《びょう》を立て、種々に供養し敬いつかえていることは、仏のごとくである。

ついで巻六には、弟子である提婆《だいば》（アールヤデーヴァ）への付法について次のように述べている。アールヤデーヴァはここで迦那提婆《かなだいば》と呼ばれているが、「迦那（Kāṇa）」とは片目の意味で、はじめ片方の目を神に差し出したという故事による。『提婆菩薩伝』によると、南インドのバラモンの出で、博識にして多才、弁舌絶倫《ぜつりん》であり、広くその名が知られていた、という。

龍樹菩薩はこの世を去るに臨んで、大弟子・迦那提婆に告げられた、「汝善男子《ぜんなんし》よ、聴きなさい。仏は大慈悲をもって衆生を哀み、甘露《かんろ》の味を演《の》べて来世《らいせ》を利益《りやく》される。次第に〔法を〕相伝《あいつた》えて、われに至った。われは世を去ろうとしているが、汝に〔法を〕委《ゆだ》ねる。汝はまさに流布《るふ》し、至心《ししん》に受持《じゅじ》しなさい。」提婆は敬って承諾した、「まさに尊い教えを承りましょう」と。

ここに〔提婆は〕真実の宝蔵《ほうぞう》を宣説《せんぜつ》し、智慧の力をもって異学《いがく》を論破した。……

いくつかの問題点

龍樹菩薩による弟子・提婆への付法については、『大唐西域記』巻十にも出ている。禅問答のような付法の伝承が記されていて、大変興味深いものがあるが、これについては後に触れることにする。ここで二、三コメントをしておく。

まずナーガールジュナが南インドの出身であるということは、『龍樹菩薩伝』をはじめ諸本のナーガールジュナ伝の多くが共通しているが、『景徳伝灯録《けいとくでんとうろく》』巻一や『伝法正宗記《でんぽうしょうしゅうき》』巻三には「西天竺国（西インド）の人」と伝えている。『大唐西域記』には、「南インドに龍樹菩薩あり、幼にして雅誉《がよ》を伝え……」（巻八）とあり、一方では「東に馬鳴、南に提婆、西に龍猛《りゅうみょう》、北に童受《どうじゅ》あり」といい、この四人を世を照らす「四日光《しにっこう》」と号した、と伝え（巻十二）、龍猛とは龍樹のことであるから、ナーガールジュナを西インドの出としている。これは南インドと西インドとの境界を、旅行者はそれほど厳密に意識していなかったことによるのであろうか。あるいは当時、人によって南インドとも西インドともいっていたのかもしれない。

プトンの『仏教史』が伝えるナーガールジュナ伝には、彼は南方のヴィダルバ（Vidarbha）国の裕福なバラモンの家に生まれたという。ヴィダルバはデカン高原の南西部あたりと考えられ、南インドの西部にあった国だったのだろう。そこで南インドとも、あるいは西インドともいわれたのではなかったかとも思われるのである。

次にナーガールジュナは天性聡明で、幼にしてヴェーダを暗記していたという。彼がバラモン教の伝統のなかで育ち、その教養知識を身につけていたことは大いに注目されるところで、それは彼の思想形成にも反映しているのではないかと考えられる。また文藻《ぶんそう》豊かな詩句でもってサータヴァーハナ王を教化しているにもかかわらず、そのことに伝記は一切触れていないのはどうしてだろうか、いささか疑問を感じる。

そのほか、ナーガールジュナ伝を彩るいくつかの物語、たとえば⑴青年時代激情にかられて隠身の術をもって王宮に忍び込み、美女を犯し、危うく一命を落としかけたことが出家の動機となった物語、⑵一仏塔での出家学道《がくどう》に始まり、ヒマラヤで老比丘から大乗の教えを受け、さらに大龍に連れられて龍宮《りゅうぐう》に入り、無数の大乗経典の存在を知った思想遍歴の物語、⑶南方の国王を邪道から正道に導いた物語、⑷外道との術くらべの物語、(5)自ら空室で蝉の脱殻のように命終《みょうじゅう》した物語など、フィクションであっても興味深いものがあるが、なぜか物語の順序に『龍樹菩薩伝』と比べて多少の違いがある。

また付法の次第について、馬鳴から比羅へ、比羅から龍樹へ、龍樹から提婆へという順序を立てているが、これは伝法《でんぽう》を重視するようになった中国仏教の影響ではないかと思われる。

経典や旅行記などの伝承

経典における言及

中国・日本に伝わるナーガールジュナについての伝記が、鳩摩羅什訳と伝える『龍樹菩薩伝』を基本としていることは先に述べた通りであるが、彼の生涯や事蹟に触れるとき、経論や旅行記が伝える記録も、たとえその伝承が断片的であっても、決して看過してはならないであろう。そこで以下できるだけそれらの伝承を拾い上げ、検討しておこう。

まず経典では、『摩訶摩耶経《まかまやきょう》』にナーガールジュナのことが次のように出てくる。

仏滅後七百年、龍樹という比丘が現われ、よく教えの要《かなめ》を説いて邪見《じゃけん》を滅し、正法《しょうぼう》の灯火《ともしび》を燃やすであろう。

本経は五世紀末頃、斉《せい》の曇景《どんけい》が訳出《やくしゅつ》したと伝える。盛りだくさんの内容で、日本でも広く流布した経である。巻末に仏滅後の仏教の流伝《るでん》と衰亡のことが記されていて注目されるが、仏滅七百年というとちょうど

パータリプトラのアショーカ王宮殿跡（パトナ）

二～三世紀頃になり、龍樹の年代とほぼ一致する。なお八百年後になると比丘が華美を好み、遊びを楽しんで仏教は衰えていくと説いている。

次に『入楞《にゅうりょう》伽《が》経《きょう》』には、龍樹についての仏の懸記《けんき》（予言）が出てくる。このことについては序章に述べたので、省略する。

ナーガールジュナと提婆との出会い

『大唐西域記』には、ナーガールジュナとその弟子・提婆との間にあったエピソードを二つ、さらにサータヴァーハナ王がナーガールジュナのために伽藍《がらん》を立てて寄進したことを伝えている。七世紀に見聞した旅行記であるので、ナーガールジュナからはすでに数百年近く時は経っているが、伝承の内容は興味深いものがあり、ナーガールジュナの生涯の行跡を考える上で看過できないであろう。

まず巻八には、ナーガールジュナと提婆との師弟の間にあった出来事を、次のように伝えている。

ときに南インドに龍樹という菩薩があり、幼《おさなき》よりして才能の誉れ高く、長じてはその高名は鳴り響いた。欲愛を捨て離れて出家修学《しゅがく》し、深く妙理を究め、位は菩薩の初地《しょじ》に登った。すぐれた弟子に提婆があり、智慧は明敏にして機智鋭く、物事をすぐ悟った。

〔提婆は〕師の龍樹に申し出ていった、「パータリプトラの学道の僧徒たちは問答において外教者《げきょうしゃ》たちに屈して、揵稚《けんち》（ghāṇṭa 鐸《たく》）を打つことができず、月日が流れて十二年になった。あえて邪見の山を摧《くだ》いて正法の炬《ともしび》を灯したいと思います」と。龍樹はいった、「パータリプトラの外教者は博学であって、汝はその〔外教者を論破できる〕類ではない。われが行こう」と。提婆はいった、「草を摧《くだ》こうとするのに、どうして山を傾ける必要がありましょう。あえて指南を受けて、諸異学《いがく》を退けることにしましょう。師は外道の義を立ててください。そうすれば私はそれを順次に論破し、その優劣を詳かにして、行くことを図りましょう」と。

龍樹はそこで外道〔の主張〕を擁立したが、提婆は順次その主張の道理を論破し、七日後に至って龍樹は外道を援護できる主張を失った。龍樹は歎じていった、「誤った主張はことばを失いやすく、邪《よこしま》な教義は扶《たす》けがたい。汝は行くがよい。必ず外教者を摧くであろう」と。このようにして提婆菩薩は、すみやかにその高名が行き渡ったのである。……

このエピソードは、その発端としてパータリプトラ（現在のパトナ）の鶏園寺《けいおんじ》（クックタ・アーラーマ）で十二年間仏法の講義が行なわれず、仏教が衰退していたことを伝え、続いてナーガールジュナの弟子・提婆がパータリプトラの外教者たちを論破し、再び仏教の講義が行なわれるようになったことを述べている。すなわち、

パータリプトラに、アショーカ王が寄進した鶏園寺（大精舎《だいしょうじゃ》）があった。僧徒多く学業につとめて

いたが、時が経ちやがて修学《しゅがく》を怠り、堕落した。そのため論争で外道の諸師が勝ち、王はその求めを入れて、僧徒が揵稚を打って衆を集めることを禁じた。揵稚とは、大衆を集めるために打ち鳴らす、合図の鐘のことである。こうして十二年間合図の鐘は鳴らず、仏法は行なわれなかった。

提婆はひそかに精舎に入り、早朝鐘を打ったので、人々は驚き、ついに王の前で異教の学徒との論戦が行なわれることになった。提婆はことごとく異道《いどう》を打ち破り、国王大臣はみな彼の徳を称嘆したという。

巻十には、もう一つのエピソードを次のように伝えている。

憍薩羅《きょうさら》（南コーサラ）国は、周りが六千里、山嶺《さんれい》が国境をめぐり、林藪《りんそう》が連《つら》なり接《まじ》わっている。国の大都城は、周りが四十余里。土壌は膏腴《こうゆ》（肥沃）にして、地の利益は多く盛大である。邑里《ゆうり》（村里）は相望《あいのぞ》み、人戸は満ち溢れている。身は大きく、色は黒い。風俗は剛猛《ごうもう》で、性質は勇烈である。邪正《じゃしょう》を兼ねて信じ学芸は高明《こうめい》、王は刹帝利《せっていり》（クシャトリヤ）で、仏法を崇敬《すうけい》して慈しみ深い。伽藍は百余所、僧徒はほぼ一万人、すべてみな大乗の教えを習学している。天祠《てんし》（神々を祠る寺院）は七十余所あって、異道が雑居している。

城の南の方、遠くないところに古い伽藍があり、傍らに卒堵波《そとば》（仏塔）がある。無憂《むう》（アショーカ）王が建てたものである。……後に龍樹菩薩が出て、この伽藍に止住《しじゅう》されたという。ときにこの国の王をサータヴァーハナ――唐に引正《いんしょう》という――と号する。龍樹菩薩をとりわけ敬い、守衛を派遣して楼門を守護せしめた。

ときに提婆菩薩は執獅子国《しゅうじしこく》（セイロン）より来て論議を求め、守衛に申し出た。「願わくは通して、師に謁《えっ》せしめよ」と。守衛はその由《よし》を師に伝えた。龍樹は早くから提婆の名を知っていたので、鉢に満々と水を盛り、弟子に「この水を持っていって、彼に見せよ」と命じた。提婆は水を見て、黙って針を投げ入れた。弟子は疑いを懐いて、鉢を持ち戻った。

提婆

龍樹はいった、「彼は何かいったか。」弟子は答えた、「黙して何もいわず、ただ針を水に投げただけです。」龍樹は嘆じていった、「この人は何と智者であることよ、知ることほとんど神のようだ。機微《きび》を察することは聖につぐ。このようなすばらしい徳の人ならば、すみやかになかに入れて通せ。」
弟子は訝《いぶか》っていった、「これは何のいわれか。無言の妙弁《みょうべん》とはこれにあるのか。」師はいわれた、「それ水は器《うつわ》に随《したが》って方円《ほうえん》を現わし、物を逐《お》うて清濁《せいだく》を呈《てい》し、彌漫《びまん》して間《へだて》なく、澄湛《ちょうたん》にして測《はかり》なし。今、鉢に水を満たして示したのは、わが学の智が周《あまね》きことに比したのである。そこで彼が針をなかに投じたのは、遂にその極みを究めるといったのである。この人は常人ではない、よろしくすみやかに召し進めよ」と。

玄奘

ところで龍樹の風儀《ふうぎ》（教化の仕方）は〔人が〕畏れて慎み、ことばを交して論じ合う者はみな、伏して首《こうべ》を抑《おさ》えた。提婆はもとより風徽《ふうき》（良風）を汲んで久しく請益《しょうやく》（教示）を希《ねが》った。……龍樹はいった、「われは衰耄《すいもう》したけれども、この俊秀に会い、法灯《ほうとう》を伝えるに人を得た。教法《きょうほう》を広め宣揚《せんよう》するには、この人が頼りである。願わくは席に進まれよ。われは深い奥義《おうぎ》を語ろう」と。

提婆はこの命《めい》を聞き、心ひそかに自負して、大いに弁論を振るおうと思い、辞端《じたん》を開いて師を仰ぎ見たとき、たちまちに師の威厳に打たれて、ついにそのいわんとするところを失い、ただ「教えたまえ」というほかなかった。このとき、師は「われは汝に至真《ししん》の妙理《みょうり》、法王の教誡《きょうかい》を授けるであろう。謹んで受けよ」と仰せになった。提婆は五体《ごたい》を地に投げて、一心に帰依していった、「私は今より後、謹んで教命《きょうめい》を承るでしょう」と。

こうして智者・提婆は、ついに師の門に帰入《きにゅう》したのである。

玄奘三蔵《げんじょうさんぞう》の伝記『大唐大慈恩寺三蔵法師伝《だいとうだいじおんじさんぞうほっしでん》』巻四にも、ナーガールジュナと提婆との出会いについて、ほぼ同じことを伝えている。おそらく両書は、玄奘の同一のメモを参照したからではないかと思われる。重複の煩を恐れず、理解の便を考えて、この『三蔵法師伝』の記述を現代語に要約しておく。

これより西北に行くこと千八百余里、南喬薩羅《きょうさら》（南コーサラ）国に至る。王は刹帝利《せっていり》（クシャトリヤ）で、仏法を崇敬し、学芸を愛尚《あいしょう》している。僧伽羅《そうぎゃら》（僧院）は百所、僧徒は一万人、天祠や外道の徒も多く混在している。

城の南遠くないところに古い伽藍があり、傍らにアショーカ王が建てた塔がある。昔、如来はここで大神変《だいじんぺん》を現わし、外道を降伏《ごうぶく》されたという。後、龍樹菩薩はこの伽藍に止住《しじゅう》されたが、ときのサータヴァーハナ王は菩薩をことに尊敬し、あつく供養した。

ときに提婆菩薩はセイロンから来て論争を求め、門を通すよう請うた。門番はそこで、師にその由を告げた。龍樹はすでにその名を知っており、鉢にいっぱい水を盛り、弟子に持たせてこれを示させた。提婆は鉢の水を見て、黙って針を一本水に投じた。弟子はそれを持って帰った。

龍樹はそれを見て大いに喜び、感嘆していった、「水が澄んで満ちているのは、わが徳のこと、彼が来て針を投じたのは、その根底を究めたということである。このようなすぐれた人は、ともに深い真理を論じ、道について議し、伝灯《でんとう》を伝えるべき人である。」そして直ちに門内に入れた。

ともに坐して議論往復し、互いに喜ぶことは、魚が水を得たようであった。龍樹はいった、「われは衰えが進んだ。智慧の日を輝かすは汝である」と。提婆は席から退き、龍樹の足を礼していった、「私に力がなくとも、あえてこの慈しみ深い教えを受け継ぎましょう。」

ちなみに、鉢の水に針を投じたという伝承は、後にも注目され、中国編纂の仏教史伝である『仏祖統記《ぶっそとうき》』、『景徳伝灯録』、『伝法正宗記』などにも引かれている。

サータヴァーハナ王の帰依

『大唐西域記』巻十には、サータヴァーハナ王（引正王）は深くナーガールジュナに帰依し、師のために伽藍を造り寄進したという、大変興味深い見聞が載っている。すでに古くアショーカ王が仏教教団（比丘サンガ）のため僧院を造り、寄進したことが碑文にも出ており、やがて各地に壮大な僧院（伽藍）が建てられるようになる。その記述を見てみよう。

国の西南三百余里にブラーマラギリ山――唐に黒峰《こくぶ》という――という山がある。特に高くそびえ、峰の巌《いわお》は険しくて崖や谷がなく、あたかも山全体が石のようである。

引正王は龍樹菩薩のために、この山をうがって伽藍を建立した。山を去ること十数里のところより孔道をうがち開き、山の下に突きあたり、上に向いて石をうがち刻んでいる。そのなかは長廊・歩簷《ほえん》（ひさしの通路）・崇台《すうだい》（高い台）・重閣《じゅうかく》がある。閣は五層からなり、各層には四院《しいん》がある。みな精舎を建てて、各々に黄金で仏像を鋳造し安置している。大きさは仏と等身で、実に精巧に造られている。その他の荘厳も、ただ金のみで飾られている。山の高い峰から臨んで飛泉が注ぎ、重閣を周り流れて広い廊下と帯状に交わっている。寮の外に窓穴をあけて明りをとり、部屋の内側を照らしている。

王はこの伽藍を建て始めたが、その規模が宏壮であり、そのために人は疲れ力は尽き、宝庫は空になった。しかし工事は半ばにも達せず、王は心を痛め非常に憂慮したが、いかんともできなかった。龍樹は王の心を問い、いわれた、「大王は、なぜにこのように憂慮されるのか。」王はいった、「われはもっぱら大心《だいしん》を運《めぐ》らしてあえてすぐれた福徳《ふくとく》を樹《う》え（すなわち伽藍を建て）、永く破壊することなく弥勒出《しゅっ》世《せ》のときまで続くことを期待した。しかるに功がまだ成らないのに、資財がすでに尽きた。われは日夜このことを憂い、恨みながら朝を待っている」と。

龍樹はいわれた、「憂うることなかれ、三宝《さんぼう》を崇信する福徳《ふくとく》は、その窮まりがない。この弘願《ぐがん》を興すことこそすぐれた功徳であり、ゆめゆめその功が成らないことを憂うることなかれ。今日は宮に還られたら、歓楽の宴を催してお心を安んじ、明朝、また出遊《しゅつゆう》して山野を歴覧《れきらん》し、ここに来て造営の事をおもむろに議《はか》りたまえ」と。王は師のさとしを受け、宮に還帰《かんき》された。

龍樹菩薩は神妙の薬をもってもろもろの大石に滴《たら》されると、みな変じて金となった。翌朝王は出遊し、金を見て驚き喜び、駕《が》（乗り物）を廻《めぐ》らして龍樹のところに来ていった、「今日狩に出たところ、鬼神の惑わすところか、山林のなかに思いがけず金の塊を見た。」師はいわれた、「鬼神の惑わすところにあらず、至誠《しせい》に感ずるゆえに、この金がある。よろしく金を取り、それを用いてこの大事業を完成したまえ」と。

かくて再び伽藍造営の工事は進み、ついに工事が完成したが、金はなお余りがあった。そこで五層のなかに各々四体の大きな金像を鋳造した。それでもなお余るところ多く、貨財は蔵に満ち溢れた。

工成って王は一千の僧を招き、この伽藍のなかに止住《しじゅう》させ、礼拝《らいはい》・読誦《どくじゅ》など厳かに供養を行なわせた。龍樹菩薩は、釈迦仏が宣教された法、および諸菩薩が演述《えんじゅつ》された論を集め、それぞれ伽藍のなかに収められた。かくて、この大伽藍の最上の第一の層には仏像と、およびもろもろの経論《きょうろん》をおき、最下の第五の層には浄人《じょうにん》（僧院ではたらく給仕者のこと）と資産・什物《じゅうもつ》をおき、中間の三層は僧徒の宿坊にあてられた。

伝え聞くところによると、この大伽藍を造営のとき、工人の食用した塩の価を計ったところ九億の金銭を用いたという。

なお、この大伽藍も後、僧徒たちの間に争いが起こり、凶人によって破壊されたという。そのために僧徒はいなくなり、遠くから山を見ることはあっても、伽藍に至る道を知る者もいなくなったと伝えている。

このように旅行記の伝える見聞によると、サータヴァーハナ王が龍樹のために建造した窟院は実に壮大な大伽藍で、黄金で荘厳《しょうごん》され、あたかも極楽浄土のようであった。その規模も、造営に携わった工人の食用のための塩の値が計算すると九億の金銭になるというから、それによっても大きさが想像できる。

また金の仏像が鋳造されたことを伝えているが、仏像の制作については、ナーガールジュナの著『勧誡王頌』にも「智者はたとえ木で造られていても、善逝《ぜんぜい》（仏）の像を敬うように……」と述べていることによって、すでにナーガールジュナの頃には仏像の制作が盛んであったことが知られる。本書は韻文で書かれているが、サータヴァーハナ王に宛てた書簡形式の著作であり、それだけになお一層興味深いものがある。

また同じくナーガールジュナの著である『菩提資糧論《ぼだいしりょうろん》』には、懺悔《さんげ》・勧請《かんじょう》・随喜《ずいき》・廻向《えこう》の四法《しほう》（あるいは四悔《しけ》ともいう）のことが説かれ、これらは明らかに仏の前で行なわれる礼拝《らいはい》し仏名《ぶつみょう》を称する恭敬《くぎょう》の行儀《ぎょうぎ》を前提としているから、仏像が安置されて、その仏に礼拝し、自己の罪業《ざいごう》を懺悔していたのであろう。そのことは、同じく書簡形式のナーガールジュナの著作である『宝行王正論』に「菩薩の誓願《せいがん》二十頌《じゅ》」が説かれ、これを仏像や仏塔の前で、毎日三度誦えるように勧めていることからも明らかである。

また先にも触れたように『大唐西域記』巻十二には、ナーガールジュナの頃に彼を含めて四人の偉大な論師がいたことをあげ、次のように伝えている。

童受《どうじゅ》（クマーララータ）論師は……すなわち経部《きょうぶ》の本師《ほんし》であり、当時、東に馬鳴《めみょう》、南に提婆、西に龍猛《りゅうみょう》（ナーガールジュナ）、北に童受がいた。これを称して、四つの日（光）が世を照らすといった。

次に義浄《ぎじょう》の『南海寄帰内法伝《なんかいききないほうでん》』巻四には『勧誡王頌』のことに触れ、その要旨について次のように述べている。『勧誡王頌』については第五章で詳しく取り上げるが、今はその意訳のみをあげておく。

ナーガールジュナ・コーンダ出土の仏陀立像
（同博物館）

龍樹菩薩は詩句にまとめて、書物に代えている。それが『スフリッレーカ』であり「友への手紙」と訳する。古《いにしえ》の仏教信者、南インドの大国王でサータヴァーハナと号し、ジェータカ（?）という名の王に宛てている。秀でた文藻《ぶんそう》をもってねんごろに誡《いまし》め教え、正しく中道《ちゅうどう》を示し、親しさは肉親を越えている。とりわけその趣旨は意味が多い。

三尊《さんぞん》（仏）を敬い、父母につかえ、戒をたもって悪を捨て、人を選んで交わり、財色を不浄と見て溺《おぼ》れることなく、家族をよく考えて無常を心に思い、広く餓鬼《がき》・畜生《ちくしょう》のことを述べ、また盛んに人《にん》・天《てん》や地獄のことに触れ、頭上に降り注ぐ火を払い除くように休むことなく、縁起《えんぎ》の道理に心を運んでひたすら解脱《げだつ》を求め、聞《もん》・思《し》・修《しゅ》の三慧《さんね》の実践につとめて八聖道《はっしょうどう》を明らかにし、四諦《したい》の教えを学んで完全に固まった自利利他《じりりた》の悟りを得るように、と勧めていることは、あたかも観自在《かんじざい》菩薩が敵・味方を分けへだてされず、また阿弥陀仏が常に浄土におられるのと同じである。

中インドにおける造塔伝説

『法苑珠林《ほうおんじゅりん》』百巻のなかにも、わずかではあるがナーガールジュナについての伝承を載せている。本書は唐の道世《どうせ》（?～六八三年）が六六八年に編集したものである。諸経論等から豊富に引用しながら、仏教における思想・術語をはじめ、あらゆる項目にわたって解説し、いわば仏教百科全書ともいうべき書で、項目は百篇・六百六十八部、引用した経論は実に四百数十種にも及んでいる。このなかの巻三十八と巻五十三にナーガールジュナについての伝承を載せている。

前者は「敬塔篇《きょうとうへん》」のなかにあり、王玄策《おうげんさく》の『西域志《さいいきし》』から引いたものである。王玄策は玄奘と同時代にインドへ二度使節として赴いており、そのときの見聞を記している。後者は「機弁篇《きべんへん》」のなかの「菩薩部」に出る解説で、馬鳴とナーガールジュナの伝記を収めている。ただしこのナーガールジュナ伝は、『龍樹菩薩伝』と『付法蔵因縁伝』とによってまとめたものであるので、省略する。

舎衛城の遺跡（サヘート・マヘート）

『西域志』にいわく、波斯匿王《はしのくおう》の都城の東、百里の大海のあたりに大塔がある。大塔のなかに小塔がある。高さ一丈二尺、衆宝《しゅほう》を装ってこれを飾る。夜中ごとに光輝くこと、大いなる火のごとくである。いわく、仏が涅槃《ねはん》に入られて五百年後、龍樹菩薩は大海に入り、龍王を教化した。龍王はこの宝塔《ほうとう》をもって、龍樹に奉献した。龍樹は受けた後に、この国に施した。王は、すなわち大塔を起こし、もってその上を覆った。昔より以来、人あって願い求める者は、皆頭を地に着けて焼香《しょうこう》し、華蓋《けがい》を奉献する。その華蓋は地面よりおのずから起きて徘徊《はいかい》し、ようやく上る。まさに塔の直上より空中に至り、一宿《いっしゅく》（星）を経て変滅し、所在を知らない。
『西域志』にいわく、龍樹菩薩は波羅奈国《ばらなこく》において、塔七百所を造る。それ以外の凡聖《ぼんしょう》にして〔塔を〕造る者は、はかり知れない。直ちに尼連禅河《にれんぜんが》の上において、塔千有余所を建てた。五年に一度、無遮大会《むしゃだいえ》を設ける。

これはナーガールジュナの造塔についての伝説を記したもので、その物語ははなはだ奇怪で、到底このままでは受け入れがたい。しかし、そのなかにはナーガールジュナの行跡《ぎょうせき》の一端を伝えると思われるものがあり、その点が注目されよう。

波斯匿王の都城とは舎衛城《しゃえいじょう》であり、龍樹菩薩が龍王より受け取ったという宝塔は舎衛城の東の水辺にあることを、王玄策は中インドを旅行中に見聞したのであろう。また波羅奈はヴァラナシーで中インドにあり、この周囲にも多くの古塔があって、龍樹菩薩の建立《こんりゅう》であるといい伝えていたと思われる。このことは中インドの諸処で、その行化《ぎょうけ》の跡を遺《のこ》されたことを反映しているのではないかと考えられる。

第二章

著作の概要

伝承の検討

伝承される多くの著作

ナーガールジュナには、『中論《ちゅうろん》』をはじめとして、かなり多くの著作が伝えられている。多くの著述があったという点では、約二百年後に出た瑜伽行唯識《ゆがぎょうゆいしき》学派の大成者である世親《せしん》（Vasubandhu ヴァスバンドゥ）と双璧《そうへき》をなし、ともにインド大乗仏教を代表する論師《ろんじ》といっても過言ではない。ちなみに世親は「千部の論師」と称されている。

ナーガールジュナの著作の多くは、漢訳およびチベット訳として残っている。サンスクリット原典（梵本《ぼんぽん》）が伝わっているものはわずかであって、『中論』（偈頌《げじゅ》）ほか数点にすぎない。なかには断片的なものもあり、また後に詳しく論じるが、主著と目される『中論』（偈頌）は中観《ちゅうがん》学派のチャンドラキールティによる注釈書『プラサンナパダー（清らかなことば）』に引かれているものによって知られるのである。

著述の真偽はともかくとして、漢訳には二十余部、チベット訳には実に九十余部（ただし、別人と考えられる密教者としてのナーガールジュナの著作が多い）を数えることができる。しかし、これらの著述のなかには真偽未詳のものや、明らかに偽作と考えられるものもあって、それらをすべてナーガールジュナの真作とすることはできない。またサンスクリット原典が伝わっているものであっても、たとえば『大乗二十頌《だいじょうにじゅうじゅ》論《ろん》』のように真作とはいまだ認められていないものも存在する。

鳩摩羅什《くまらじゅう》の伝承

これら今日伝わる諸著作について概観する前に、ナーガールジュナ伝が伝える著述のことについて、鳩摩羅什の『龍樹菩薩伝《りゅうじゅぼさつでん》』、およびプトンの『仏教史』の記述を参照しながら、少し触れておこう。

まず、前者によると、ナーガールジュナは広く大乗仏教を明かして、論義《ろんぎ》（優婆提舎《うばだいしゃ》）として十万偈《げ》を作り、また『荘厳仏道論《しょうごんぶつどうろん》』五千偈、『大慈方便論《だいじほうべんろん》』五千偈、『中論』五百偈を作って、大乗の教えが大いにインドに行なわれるようになったという。さらに『無畏論《むいろん》』十万偈を作ったが、『中論』をそのなかに出したともいう。このなか『中論』五百偈は、現行本（ただし、偈頌は四百四十五偈）に相当すると思われるが、『無畏論』は十万偈というからチベット訳に現存する同名の著作とは別本であろう。他の著述については不明である。

『仏祖統記《ぶっそとうき》』巻五には、荊渓大師堪然《けいけいだいしたんねん》の言として「『大慈方便論』は天文・地理・作宝《さほう》・作薬《さやく》を明《あ》かし、『大荘厳論』はあらゆる功徳《くどく》を修める教えを明かし、『無畏論』は絶対の意味（第《だい》一義《いちぎ》）を明かし、『中論』はその一章（一品《いっぽん》）で、すなわち『大智度論《だいちどろん》』である」と伝えている。

鳩摩羅什

プトンの伝承

次にプトンの『仏教史』の伝えるナーガールジュナ伝は、ナーガールジュナの著述活動を次のように伝えている。大変興味深いものがあるので、煩をいとわず、中村元著『人類の知的遺産13 ナーガールジュナ』（二二一〜二二三ページ）から引用することにする。なお、（ ）内の書名は、私の補足である。

内明《ないみょう》（形而上学《けいじじょうがく》）におけるかれの主要著作は……両極端を避けて、中観の哲学体系を主要論題としているものであり、それらは、

一 中観讃頌《さんじゅ》の集成であり、聖典にしたがって教えが述べられている。

二 （六つの）基本的な中観論書《ろんしょ》であり、論理的な方法によって教えが論述されている。

教えの実践面に専念している諸書は「諸経集成（スートラ・サムッチャヤ）」で、聖典にしたがって論述してある。

「夢の如意珠《にょいしゅ》の物語」――論理的方法によって〔真理を〕証明し、大乗の人々の心を浄め、小乗の修行者たち（声聞《しょうもん》）の種姓《ゴートラ》（修行者たるべき本性）を発揮するものである。

世俗人の行ないの原則を論述している書は『親友への手紙（勧誡王頌《かんかいおうじゅ》）』であり、修行僧の行ないを主に論じている書は『悟りの群れ（菩提資糧論《ぼだいしりょうろん》）』である。

タントラの部門におけるかれの著作は『タントラ集成』――〔タントラの〕理論的、実際的両面の簡潔な解説である。

『さとりの心の解明』——理論が明晰に解明されている。

『要約された修行』——新たに発心《ほっしん》して修行を進める次第が簡潔に述べられている。

『諸経の融成』

『マンダラ儀規《ぎき》』——二十の詩句より成る。

『五次第《ごしだい》』——究極の成就《じょうじゅ》を論述している。以上などである。

さらに『ヨーガ百篇』などの医学書をも、かれは著した。世俗の処世の学問においては、『人間養成概論』をかれは著した。それは目下の人々に対して〈どう扱うかという〉訓戒を含んでいる。

『知慧百篇』——大臣たちに対して教えを述べている。

さらに『宝石の連列（宝行王正論《ほうぎょうおうしょうろん》）』においては、大乗仏教の教えの理論面と実践面とが国王たちの実修のために説かれている。

さらにかれは『縁起の輪』『浄化ヨーガの宝石の連列』、錬金術の諸書などを著した。以上、これらはすべて独立の論書である。

他の典籍に対するかれの諸註解としては、『グヒヤサマージャ・タントラ註解』『稲幹経頌《とうかんぎょうじゅ》』などがある。『四印決定《しいんけつじょう》』に関しては、それはナーガールジュナの著ではないと『聖典の花房』の中で説か

プトン

れている。またナーガールジュナ師は同様に『戒律綱要』を著したと、『さとりの行ないへの入門（入《にゅう》菩提行論《ぼだいぎょうろん》）』に対する註のなかで、プラジニャーカラマティが述べている。

この所伝は大乗仏教の教えの理論と実践を説き、空《くう》思想の論理を明らかにした『中論』（偈頌）の著者であるナーガールジュナとタントラ仏教の師であるナーガールジュナ（七世紀？）とを同一視しているが（というより、タントラ仏教では、ナーガールジュナはタントラの師として転生《てんしょう》し、六百年以上生き続けて、教えのために活動しているとする）、ナーガールジュナの著作としてあげているもののなかには、今日現存しないものもいくつか見られ、また内容も多岐にわたっている。

たとえば、論理的な方法で教えを論述している五部の書である「五部正理論《ごぶしょうりろん》」（中村博士は「六つの基本的な中観論書」という）に対して、教えの実践面を説くことに専念している書として、『諸経集成（諸経要集）』があげられている。その原名は「スートラ・サムッチャヤ（Sūtra-samuccaya）」であって、ナーガールジュナにこの著述があったことは、チャンドラキールティの『中論』の注釈である『プラサンナパダー』の末尾にある「中論讃《ちゅうろんさん》（Madhyamaka-śāstrastuti）」によって知られる。すなわちそこにチャンドラキールティは自身が学んだナーガールジュナの諸著作を列挙し、五部正理論のほか『スートラ・サムッチャヤ』、『宝行王正論《ほうぎょうおうしょうろん》』、『四讃歌《しさんか》』等をあげているからである。五部正理論とは、『中論』、『六十頌如理論《ろくじゅうじゅにょりろん》』、『空七十論《くうしちじゅうろん》』、『廻諍論《えじょうろん》』、『ヴァイダルヤ論』の五つの書のことである。

『スートラ・サムッチャヤ』とは「経典の集成（要集）」という意味で、これは私の大胆な推定にすぎないが、

『十住毘婆沙論《じゅうじゅうびばしゃろん》』（以下『十住論』という）の偈頌のことを指しているのではないかと思う。これもまた後に改めて検討することにしたいが、『十住論』は偈頌（経説の要約）と散文（偈頌の解説）との部分からなり、その原名は「ダシャブーミカ・ヴィバーシャー（Daśabhūmika-vibhāṣā）」（またはダシャブーミ・ヴィバーシャー Daśabhūmi-vibhāṣā）であったと考えられている。「十住」は菩薩の「十地《じゅうじ》」で、大乗菩薩道における十の階梯《かいてい》（段階）、「毘婆沙」は広説《こうせつ》あるいは解説ということであるから、この題名は、自利利他《じりりた》の最高の悟りを目指して菩薩が修行し、進行していく道を十段階に分け、広く諸経典からその所説を集めて、要点を解説したものがこの論であることを示している。

あるいはこの題名はまた、『十地経《じゅうじきょう》』の解説という意味に取ることもできる。実際に内容を検討すると『十地経』の所説を多く取り上げ、それらの要点を解説しているから、賢首大師法蔵《げんじゅだいしほうぞう》がいうように、この論は『十地経』の注釈であると見ることもできよう。

詳しくは改めて検討することにして、今は『十住論』は「スートラ・サムッチャヤ（諸経要集）」としてまとめられたものではなかったのか、また「十住毘婆沙論」という題名は漢訳者である鳩摩羅什がつけたのではないか、という大胆な推測を述べるに止《とど》めておく。

プトンの『仏教史』が伝えるナーガールジュナの著述についての記述を見ると、大乗仏教の根本である空・無我《むが》と中道《ちゅうどう》の教えを述べるなかに、その教えの本質を論理的に解明することを目指すものと、経典にしたがって教えの実践面を解き明かそうとするものとがあることを指摘し、それぞれに収まる著述をあげている。そ

法輪に供養する在家信者（ブッダガヤー）

のなかで特に注目されるのは、『友への手紙（勧誡王頌）』と『悟りの群れ（菩提資糧論）』との二書のことで、前者は世俗人の行ないについての基本、すなわち世俗における仏教倫理を論じており、後者は出家者の行ないについての原則、すなわち出世《しゅっせ》間《けん》における実践修行の道を述べているということである。

一般に、世俗倫理と宗教の実践原理とがいかに関わりがあるかという課題は、時代や社会の世俗化という著しい移り変わりとともにその内容も大きく変化し、容易にその答えを出しがたいほど複雑化してきているが、上記の二書を並べて見ると、ある種の回答が得られるかもしれない。この課題については、『宝石の連列（宝行王正論）』にも論じられ、特に第一章のはじめに世俗における繁栄の法と出世間における至福（解脱《げだつ》）の法として説き示されている。

すでに『勧誡王頌』については、第一章で義浄《ぎじょう》の『南海寄帰内法伝《なんかいききないほうでん》』に取り上げられていることに触れたので、『菩提資糧論』について少し付言しておこう。

本書は隋《ずい》の大業《たいぎょう》五年（六〇九）に達摩笈多《だるまぎゅうた》が訳したという漢訳一本のみが現存している。これには偈頌のほか、比丘自在《びくじざい》の注釈（散文）がついていて、偈頌はわずかに百六十六偈であるが、ナーガールジュナ作と見てよい。『十住論』の散文注解のところには、「助菩提《じょぼだい》の中に説く」「助道法《じょどうほう》の中に説く」「助道《じょどう》にいわく」

といって、偈頌がしばしば引用され、さらにまたチャンドラキールティの『四百論《しひゃくろん》』注のなかや『弥勒菩《みろくぼ》薩所問経論《さつしょもんきょうろん》』にも引用され、古くからナーガールジュナ作として知られていたと思われるからである。

『菩提資糧論』は主として、いまだ「あらゆるものは実体がなく空である」と知る無生法忍《むしょうぼうにん》の智慧を得ていない出家の菩薩のために説かれたもので、彼らが実践する悟りの資糧《しりょう》、すなわち慈悲と智慧を中心とする菩薩行《ぼさつぎょう》を取り上げている。その所論は経典のなかによりどころがあり、特に菩薩の悟りのための実践を要約していて、大乗仏教の研究にきわめて重要な書であるといえよう。ちなみにプトンの『仏教史』の英訳者オーヴァーミラーは、書名をBodhi-gaṇa（悟りの群れ）としているが、これはBodhi-saṃbhāra（悟りへの糧《かて》＝菩提資糧）とするべきであろう。

その他、タントラ仏教に関する論書や経典注釈、さらに医学書や世俗の学問についての書物、錬金術の諸書などがあったと伝え、このようにナーガールジュナには大乗仏教のみならず、種々の学問領域に及ぶ著述があったことを伝えているのである。

現存する著作

ナーガールジュナの真作と、主な伝承著作

しかし、このような所伝がはたしてどこまで事実を伝えているかということになると、はなはだ疑問が多く、さらなる文献研究が求められるであろう。今日までの検討の結果、ほぼナーガールジュナの真作と考え

てよいものは、以下の諸著作である。
①『中論』(偈頌)……梵本、チベット訳、漢訳
②『六十頌如理論』(偈頌)……チベット訳、漢訳
③『空七十論』(偈頌と自注)……チベット訳
④『廻諍論』(偈頌と自注)……梵本、チベット訳、漢訳
⑤『ヴァイダルヤ論』(経《きょう》〔スートラ〕と自注)……チベット訳
——以上、「五部正理論」
⑥『宝行王正論』(偈頌)……梵本(一部欠)、チベット訳、漢訳
⑦『勧誡王頌』(偈頌)……チベット訳、漢訳
⑧『四讃歌』(偈頌)……梵本(断片)、チベット訳、漢訳(一部)
⑨『大乗破有論《だいじょうはうろん》』(散文論書)……チベット訳、漢訳
⑩『菩提資糧論』(偈頌)……漢訳
⑪『因縁心論《いんねんしんろん》』(偈頌と散文論書)……梵本、チベット訳、漢訳
これらのほか、なおいまだナーガールジュナの真偽問題が未解決であるが、彼の思想を研究する上での重要な資料として、
⑫『十二門論《じゅうにもんろん》』(偈頌と自注)……漢訳

⑬『大乗二十頌論』（偈頌）……梵本、チベット訳、漢訳
⑭『大智度論』（散文注釈）……漢訳
⑮『十住毘婆沙論』（偈頌と注解）……漢訳
がある。

代表的な著作の内容

さて、以上の諸著述のなか、主著というべきものは『中論』である。比較的初期の作品と考えられるが、この『中論』については、後に詳しく述べることにする。以下に、梶山雄一・瓜生津隆真訳『大乗仏典14 龍樹論集』の末尾にある「解説」のなかに、上記の諸著作のうち②から⑦と、⑪および⑬について簡単に解説しているので、これに多少補正を加えながら引用しておく。

②『六十頌如理論』　「如理」とは「空性《くうしょう》」、すなわち「縁起《えんぎ》」の道理ということで、この真理を六十の偈頌に述べたのが、本書である。「空性」とは「ものはすべて空である」という存在の真理を指し、これが「縁起」の真意を明確にすることを主題としているのである。注釈書を著わしたチャンドラキールティは、その点から本書を『中論』と同列に位置づけている。

ものの実在性を主張する有部《うぶ》（アビダルマ哲学）では、縁起を実体としてのもの（存在）の間における関

係性として理解するが、ナーガールジュナは、ものが実体として存在しないこと、すなわち空であることによって縁起が成り立つという独自の解釈を与える。そこには仏陀の精神が、これによってよみがえるという彼の確信を見ることができる。

③『空七十論』「七十偈頌からなる空性論」という意味で、空性の思想を七十偈頌（現存するチベット訳では七十三偈頌）にまとめて説いている。ナーガールジュナの自注があり、『中論』を理解するのに大いに役立つ。本書のなかのかなりの偈頌は『中論』の偈頌と一致し、内容も同一と見られるものも多いからである。チャンドラキールティによると、『中論』（七・三四）に「生起も持続も消滅も幻のごとく、夢のごとく、蜃気楼《しんきろう》のごとし、とたとえられる」とある内容を、論理的に展開したものが本書である、という。

この「空の論理」についての主題を、物体、自我、因果《いんが》、知覚などの個々のテーマを取り上げて検討していくが、その論述は、まず対論者たちの空に対する論難をあげ、それに答えるという形式を取っている。これによって、存在や事象を実体としてとらえる執着や無知を明らかにし、ものを実体ととらえず虚妄と見る空の智慧を説き明かす。

④『廻諍論』　本書の原題は「論争を遮止《しゃし》する（否定し、止《とど》める）書」という意味で、アールヤー韻律《いんりつ》による七十の偈頌と、いちいちの偈頌についての散文による自注とからなる。はじめの二十の偈頌には、存在には本体（実体）があるとする対論者の主張が展開され、第二一以下の偈頌は、ナーガールジュナのそれに対する批判となっている。

実在論を代表する対論者には二種あり、ニヤーヤ学派（第一～六偈）とアビダルマ哲学者（第七～二〇偈）であることがわかる。ナーガールジュナは第二一以下の偈頌において、ニヤーヤ学派の知識論とアビダルマ哲学の範疇《はんちゅう》論《ろん》的実在論を逐一《ちくいち》批判し、それらの理論の基礎にある本体（実体）の概念を空の論理によって否定する。

⑤『ヴァイダルヤ論』　本書は、七十二の簡潔な散文のスートラ（経）である綱要書と、その自注とからなる。題名の「ヴァイダルヤ」という語は「広破論《こうはろん》」と訳されることがあるが、問題がある。むしろ「断片批判の書」、つまり「ニヤーヤ十六範疇批判の書」と解するほうがよいと思われる。

ニヤーヤ学派は、本書の冒頭に列挙される十六の範疇をもって、その体系を総括する。『ニヤーヤ・スートラ（正理経《しょうりきょう》）』第一章は十六範疇の説明である。ナーガールジュナはこれらの範疇を、ニヤーヤ学派の定義をかなり引用しながら、いちいち批判している。また、その議論の仕方は、『ニヤーヤ・スートラ』第五章にある論議法を逆用したあとが見られる。本書はナーガールジュナの空の論理が、ニヤーヤ学派のいわゆる詭弁《きべん》や誤難《ごなん》を逆用することによって成立してきたことを示唆している。

⑥『宝行王正論』　本書は、⑦『勧誡王頌』とともに、詩句をもって書簡に代え、親交のあったと思われる南インドのサータヴァーハナ国王に宛てたものである。

内容は、副題の「王への教訓」が示すように、大乗仏教の思想と実践に立って、国王のために政道論を述べているところに特色がある。また「この法（教え）は、ただ王のみに説かれるのみならず、他の人々にも道理に合わせて説かれるのである」（五・九九）というように、世俗の事柄を受け入れつつ、倫理的・宗教的実践につとめ、一切衆生《しゅじょう》の救済のために仏の智慧と慈悲の完成を目指す大乗菩薩の人間像を、格調高く謳《うた》っている。このように、広く大乗菩薩道の思想と実践を王に語りかけているのである。『勧誡王頌』は特に原始仏典からも多くの箴言《しんげん》詩や教訓詩を引用し、哲学的文辞をできるだけ省いて、平明なすぐれた宗教詩となっている。

先に述べたように義浄は、『南海寄帰内法伝』でこの書について触れる。またナーガールジュナのバラモン的教養の一端をうかがわせる偈頌も多く、その他、地獄・餓鬼《がき》・畜生《ちくしょう》のいわゆる三悪道《さんあくどう》についての生々しい描写もあって、読む者の心に強く訴えるものがある。従来、あまり知られていなかったナーガールジュナの一面に接することができ、大変興味深い。

⑪『因縁心論』　本書の題名は「縁起の精要《せいよう》」という意味で、わずかに七偈頌からなる小作品である。これには「注釈」があり、チベット訳も漢訳もともに作者をナーガールジュナとする。チャンドラキールティは『中論』の注釈のなかに第五偈をナーガールジュナ作として引用するので、少なくとも偈頌の部分は彼の真作と見てよい。

原始仏教において仏陀の教えの中心的な内容の一つをなす「十二支縁起《じゅうにしえんぎ》」を、煩悩（惑《わく》）・業《ごう》・苦《く》の三者の関係において解説し、輪廻《りんね》の存在の苦の姿と、その止滅《しめつ》を明らかにする。『中論』第二六章と、内容に深い関係が見られる。

⑬『大乗二十頌論』 本書は、題名「大乗についての二十偈頌」が示す通り、大乗の中心思想を二十の偈頌にまとめたものである。著者については、梵本の跋《ばっ》(奥書き)に「ナーガールジュナ尊師の作」とあり、チベット訳(二本)と漢訳(一本)もナーガールジュナに帰している。しかし、『中論』の著者と同一人物なのかどうか、いまだ確定していない。

内容は、迷いと悟りとの世界が心を中心に展開することを説いていて、『十地経』との関係を考えさせるものがある。ナーガールジュナの他の著作と比較しても、特に矛盾すると思われるところは見られない。

ナーガールジュナ

主著『中論《ちゅうろん》』

『中論』の偈頌について

『中論』はナーガールジュナの主著である。というより『中論』の著者がナーガールジュナであるといった方がよい。というのは、『中論』を著わした人がナーガールジュナと呼ばれているのであって、『中論』の所説《しょせつ》と矛盾しているものは、たとえナーガールジュナの著作とされていても、彼の作とは認められないからである。

『中論』という書名は鳩摩羅什が「龍樹菩薩造《りゅうじゅぼさつぞう》、梵志青目釈《ぼんししょうもくしゃく》」の論書を漢訳した際に名づけたものであって、ナーガールジュナはその偈頌のみを著わした。それがサンスクリット文で書かれていたことはほぼ疑いがないが、そのテキストは今日に伝わっていない。元来、暗記に便利なように工夫して作られたと考えられ、「中《ちゅう》」の思想を学ぶ格好のテキストであったといえる。「中」とはすなわち「空《くう》」のことであるが、両極端を離れ、とらわれを捨て去ることである。端的には有無《うむ》のとらわれを離れることで、親鸞《しんらん》もナーガールジュナをたたえて「有無の邪《じゃ》見《けん》を破《は》す」と述べており、このことは本書の序章で述べた通りである。

ナーガールジュナ以後、大乗仏教の論師《ろんじ》たちは、この偈頌の注釈を書き、特にそこに示されている「空の論理」の解明に意を注いだ。このことはナーガールジュナの場合にのみ見られるのではなく、広くインドにおいては、諸学派に見られる通例であって、テキストの理解・解釈をめぐって互いに議論し、学説を競い合ったのである。なかでもチャンドラキールティ（月称《げっしょう》）の注釈『プラサンナパダー』は現存する唯一のサンスクリットのテキストであるが、そこでは偈頌は「マディヤマカ・カーリカー（Madhyamaka-kārikā 中についての偈頌）」と呼ばれている。チャンドラキールティは中観《ちゅうがん》学派を代表する論師の一人で、七世紀前半頃に活躍したと思われ、この注釈では仏教内外の諸学派の思想を取り上げ、それらの思想を論理的に批判しながら、ナーガールジュナの空の思想の正当性を明らかにし顕彰しようとしている。

かつて私は、梶山雄一教授と一緒に『大乗仏典14　龍樹論集』としてナーガールジュナの諸著作を和訳し、刊行したことがある。しかしこのなかには『中論』の偈頌は収めていない。その理由については、同書の「解説」に次のように述べている。

主著『中論』は彼の比較的初期の作品と考えられる。二十七章、四四九詩頌《しじゅ》からなる本書は、さまざまの個別的な教義を問題としながら「空」と「縁起」に関するナーガールジュナの見解をあますところなく伝えている。ただ、諸種の注釈書によってテキストに異同があり、テキストの確定になお時日を要すること、詩頌のみを訳出《やくしゅつ》しても十分に理解できないこと、後日すぐれた注釈とともに訳出する意図のあることなどの理由で、本巻には収めていない。

これは梶山教授が書かれた部分で、教授は別のところでも、ほぼ同趣旨のことを述べられているが（『講座大乗仏教7　中観思想』春秋社、一九八二年、七ページ）、テキストの確定と、すぐれた注釈書とともに訳出するという意図はいまだ実現していない。その課題は今後に残されている。

また筑波大学教授であった三枝充悳博士は、『中論』のテキストの読み下しを綿密な注とともにまとめて刊行され、『中論』偈頌との対照も合わせて載せられた（『中論——縁起・空・中の思想』上・中・下、レグルス文庫、第三文明社、一九八四年）。同書上巻のはじめにある「解題」には『中論』について詳細に解説されていて、これ以上つけ加えるものはないと思われる。『中論』について詳しく知りたい人は、ぜひ同書を参照していただくことにして、ここでは要点だけを紹介しておく。

まず偈頌の数は諸注釈によってわずかの違いがあり、漢訳『中論』では四百四十五偈、チベット訳『無畏論』も同じであるが、『プラサンナパダー』では四百四十八偈（異本では四百四十七偈）である。先に引用した『大乗仏典14　龍樹論集』の「解題」には四百四十九偈（詩頌）とあり、これは『プラサンナパダー』

の四百四十八偈より一偈多いが、これはその偈を彼のものと見るか、それとも対論者のものと見るかによっての異同である。

さらに三枝博士は、偈頌全体を二つのグループに大別する。⑴ナーガールジュナ自らの説を述べるもの、⑵反駁《はんばく》すべき（反対者の側の）説をそこに一応おいているもの——という二種である。そうして博士は、次のように指摘する。

……『中論』は、龍樹がみずからの思想と論理を表明するにさいして、それを直接おこなっている偈頌（上述の⑴）が大部分であるほかに、まず反駁しようとする意見・考え・説を、巧みにまたは明確に偈頌にまとめて、それを提示する（上述の⑵）。そのあとから、それを反駁し、ときには包摂《ほうせつ》して行くなかに、龍樹自身の議論を展開している。後者の偈の数もかなり多く、計三五偈以上に及ぶ。……この⑵に属するものを、反対者ないし敵者《じゃくしゃ》の偈と呼んで行こう。

このように解説し、さらに続いて次のように述べている。

しかしながら、すでに再三述べたように、龍樹は『中論』偈頌だけを残したために、その偈頌の理解・解釈において、或る偈を、上述の⑴と見るか、⑵と見るかの相違が、どうしても生じてくる。いわば注釈者により、⑴と⑵との区別がくいちがうという偈が、計八偈あり、……

と、三枝博士は偈頌を分類・整理し、さらに偈頌の配列にも触れて、諸テキストともほぼ統一されているが、若干の異同があると指摘している。

いずれにせよ諸注釈のなかに含まれている偈頌を抽出してテキストを確定しなければならないが、唯一のサンスクリット文の注釈である『プラサンナパダー』から抽出しても、それがはたしてナーガールジュナのものと同じであるかというと、否定的な意見が強いから、それは容易ではない。以上のことをもってしてもわかるように、『中論』偈頌のテキスト確定は決して容易ではなく、今後の偈頌についての詳しい検討をまって、はじめてそれは可能となるであろう。

『中論』の注釈書

また注釈書であるが、以下のものが現存する。

① 青目《しょうもく》釈『中論』（漢訳）
② 釈者不明『無畏論《むいろん》』（チベット訳）
③ 無着《むじゃく》述『順中論《じゅんちゅうろん》』（漢訳）
④ 安慧《あんね》釈『大乗中観釈論《だいじょうちゅうがんしゃくろん》』（漢訳）
⑤ 仏護《ぶつご》釈『根本中論注《こんぽんちゅうろんちゅう》』（チベット訳）
⑥ 清弁《しょうべん》釈『般若燈論《はんにゃとうろん》』（漢訳、チベット訳）
⑦ 月称釈『プラサンナパダー』（梵本、チベット訳）

このうち、②以下の注釈書については、三枝教授の前掲書、一二〇ページ以下に簡潔な解説がある。ただし『順

無着

中論』は、厳密な意味では、注釈書とはいえない。本書は無着（Asanga アサンガ）が『中論』偈頌を媒介にして『般若経《はんにゃきょう》』の説く「空の思想」を考究し、自らの思索を述べたもので、むしろ彼独自の『中論』観を展開したものである。

なお、『大乗中観釈論』は、仏護《ぶつご》（Buddhapālita ブッダパーリタ）や清弁（Bhāvaviveka バーヴァヴィヴェーカ、または Bhavya バヴィヤ）よりやや遅れて、瑜伽行唯識《ゆがぎょうゆいしき》学派の論師であった安慧（Sthiramati スティラマティ）が『中論』偈頌を注釈したもので、チベット文献に本書が引用されていたことから、『根本中解深密釈《こんぽんちゅうげじんみつしゃく》』という書名であったことが明らかになった。大部な注釈であるが、訳文が晦《かい》渋《じゅう》であるためか、ほとんど研究されず、検討は今後の課題になっている。

『大智度論《だいちどろん》』と『十住毘婆沙論《じゅうじゅうびばしゃろん》』

『大智度論』とナーガールジュナ二人説

次に『大智度論』（以下『大論《だいろん》』という）と『十住毘婆沙論』（以下『十住論』という）の著者についての問題を取り上げることにする。前者は『大品般若経《だいぼんはんにゃきょう》』の、後者は『十地経《じゅうじきょう》』の、それぞれの注釈で、ともにナーガールジュナの作と伝え、漢訳のみが現存する。『大論』は百巻、『十住論』は十七巻で、ともに大部な著述である。漢訳文献の伝承においてナーガールジュナの著作に疑問を出したものはないが、文献研究の進んだ近年になって、ともにはたしてナーガールジュナが著者であるかどうかということの問題が提起され、特に漢訳のみに伝わるテキストについては慎重な取り扱いが求められている。そしてこの両者の著者については問題提起に留まり、未確定のまま今日に至っている。

このうち『十住論』に関しては、すでに伝承や構成など個別的に取り上げて触れてきた。しかし多少重複のきらいがあっても、それらもまとめて全体的に検討し、『十住論』の、少なくともその偈頌はナーガールジュナの作であるという結論を出しておく。なお『大論』については、三枝充悳著『増補新版　龍樹・親鸞ノート』六〇ページ以下の「大智度論入門」に詳しく、ここではその要点を取り上げることにする。

『大論』のナーガールジュナ著者説に対する異論には、⑴サンスクリット本もチベット訳もなく、漢訳一本（鳩摩羅什訳）が現存するにすぎないこと、⑵他のサンスクリット本やチベット訳の諸テキストに、この書物への言及が全く見あたらないこと、⑶ナーガールジュナの流れを汲む中観学派の人々も、本書に一言も触れていないこと、⑷鳩摩羅什は訳出にあたって全訳を控え、恣意《しい》に抄訳していること、などがあげられている。また現存『大論』がそのまますべてナーガールジュナの作とは考えられず、なかには明らかに訳者の言と思われるものが含まれていることも指摘されている。

詳細な注を付して『大論』のフランス語訳を刊行しているラモット博士は、その第三冊目の序文に、『大論』

の原名を「摩訶般若波羅蜜釈論《まかはんにゃはらみつしゃくろん》」であったと検証し、さらに『大論』の作者は南インド出身のナーガールジュナではなく、西北インドの出身であり、おそらくはじめ説一切有部《せついっさいうぶ》で出家した学僧で、後に大乗に転向、『大論』は彼によって四世紀初頭に著わされたものであろう、と推定した。しかしこの推定は、必ずしも賛同を得ていない。

『大論』の多岐にわたる内容は仏教の百科全書ともいえ、おそらく特に説一切有部の教義に詳しいことから、ナーガールジュナ二人説を考えられたのであろうが、この推定は仮定の域を出ていない。そのような伝承はインドではもちろんのこと、中国でも知られず、羅什をはじめ誰も触れていない。

現存の『大論』が羅什の抄訳であるというのは、『大品般若経』の初品《しょぼん》を釈するのに最初の三十四巻を要し、そのため九十品《ほん》ある経典の注釈を全部漢訳すると膨大な量になるので、羅什は「秦人《しんにん》（中国人）は簡を好む故に」という理由で抄訳し、第二品から第九十品までを残りの六十六巻に収め、計百巻としたと伝えていることである。

『大論』の漢訳は、『大品般若経』の訳出が完了した弘始《こうし》六年（四〇六）四月から、同七年十二月にかけて完成している。その間に『十誦律《じゅうじゅりつ》』の訳出も行なっていて、精力的に訳業につとめていたのである。また羅什訳『龍樹菩薩伝』が伝わっていて、そのなかにナーガールジュナの著作についても触れられていて、むしろナーガールジュナに『大論』のような大部の著作があっても不思議でないと思われる。

また『大論』には、数多くの経典が引用されている。三枝教授は計二百四十六回の経典の引用があり、整理すると、全部で百十二経が引用されている、という。そのうち、『阿含《あごん》』が計四十四回、『法華経《ほけきょう》』が二十三回、『維摩経《ゆいまきょう》』が十一回、『華厳経《けごんきょう》』が八回、『本生経《ほんじょうきょう》』が八回などが多い方で、そのほかヴェーダやサーンキャなどの聖典も見られるという。『中論』は四回出てくるが、その他『中論』の名をあげないで引用することが多く、それらを調べてみると、『大論』の著者が『中論』偈頌をいかに自家薬篭《やくろう》中のものとしていたかがうかがえる。

『大論』と『十住論』は別人の作か

ところで今から四十数年前、平川彰博士は、説かれている教義や実践の内容を検討して、『大論』の作者と『十住論』の作者とは別と考えられるという見解を提示し、著者問題に一石を投ぜられた（「十住毘婆沙論の著者について」『印度学仏教学研究』第五巻・第二号）。

平川博士の提示された両論書における教義と実践についての相違点とは、第一に、『大論』が原始経典の古い分類として十二部経《じゅうにぶきょう》を説くのに対して、『十住論』が九分教《くぶんきょう》説を取っていることである。『大論』の十二部経の順序は、説一切有部系統の論書と合致するが、『十住論』の九分教は、本生経を除いてニダーナ（因縁《いんねん》）を加えた独自の説で、いかなる系統の九分教とも異なるという。

第二に、五法蔵《ごほうぞう》説の取り扱いが異なる。五法蔵説とは、過去・未来・現在・無為《むい》・不可説《ふかせつ》の五法《ごほう》（五つの範疇《はんちゅう》）に収まるものが、知られるもののすべてであるという説で、これに一切法《いっさいほう》（すべての存在）をまとめるのである。一般にこれは犢子部《とくしぶ》の説とされ、不可説のなかに非即非離蘊《ひそくひりうん》の我《が》を含めており、これが説一切有部などから激しく否定された。これは『大論』にも反映している。これに対して『十住論』では、五法蔵説は犢子部の説であるとはいわず、むしろこれを肯定的に利用している。このことは『般若経』にも見られるという。

第三に、実践の面において五戒《ごかい》に対する理解が異なる。すなわち、一般に仏《ぶっ》・法《ぽう》・僧《そう》の三宝《さんぼう》に帰依《きえ》し、五戒を守る者が在家信者であるが、五戒をすべて守らなくてはならないか、あるいはその一つもしくは二つでもよいのかということについて、説一切有部では論争があった。ところで『大論』では五戒を一つでも守ればよいとしているのに対して、『十住論』では五戒をすべて堅く守ることを説いていて、部分的な持戒《じかい》を認めていない。

第四に、八斎戒《はっさいかい》についてもまた違いが見られる。一般に八斎戒では非時食戒《ひじじきかい》を六番目におく。これが最も古い形で、非時食戒が特に重視されていない。ところがこの非時食戒を八斎戒の外に出し、これを最重視する考えがある。これは正午からの断食を宗教的実践として特に重視するのであって、説一切有部などに見られる。『大論』はこの立揚に立っているのに対して、『十住論』は非時食戒を第八におく八斎戒を説き、またその受け方にも違いがある。

第五に、出家者の戒についても両者に違いがある。大乗の菩薩（求道者）は、在家・出家を問わず、十善《じゅうぜん》戒《かい》を実践するのであるが、出家者は比丘《びく》の戒、あるいは比丘尼《びくに》の戒を守るのかどうかということが問題となる。このことについて、『大論』は出家者の戒として比丘戒や比丘尼戒を認めているのに対して、『十住論』では、十善戒でもって首尾一貫していて、比丘戒や比丘尼戒については何ら説いていない。

以上の検討によって平川博士は、『大論』と『十住論』とは内容から検討する限り、一応別人の著作と見たいという。しかし両書のうちいずれかを、たとえば『十住論』を、にわかにナーガールジュナの著作からはずすことはできないともいう。なぜなら『中論』との関係から見ると、『十住論』の所論には『中論』との密接な関係があることがすでに明らかにされており、また『大論』は先述のように『中論』の偈頌を多く引用していて、教義的なつながりという点ではともに密接な関係があるからである。

平川博士は、『十住論』の著者がナーガールジュナでないというのが目的ではない、といわれるが、二つの論書がそれぞれ別人によって著わされたと見なくてはならない、という見解を推し進めると、必然的にどちらかをナーガールジュナの著作とすることを否定しなくてはならないであろう。そこで、いくつかの仮定を立てて考えて見よう。

『十住論』は『十地経』だけの注解ではない

まず、訳出のときの事情を考えてみる。『大論』については先に触れたので、『十住論』についてはどうであったかを見ることにする。『十住論』は羅什が長安にて訳したと伝える。羅什は姚秦《ようしん》の弘始三年（四〇一）十二月長安に迎えられるや、直ちに般若経典をはじめとする諸大乗経典、並びにナーガールジュナの論書の訳出を中心に、精力的に翻訳を進めた。

『十住論』の翻訳はナーガールジュナの思想を明らかにするために始めたと考えられるが、『十地経』など『華厳経』系統の思想が得意でなかったため、その理解に難渋していた彼は、インド僧・仏陀耶舎《ぶっだやしゃ》（Buddhayaśas ブッダヤシャス）が長安に来た機会に、『十住論』の訳出を思いついたのであろう。賢首大師法蔵の著『華厳経伝記《でんき》』巻一には、『十住論』について次のように解説している。

十住毘婆沙論一十六巻。龍樹所造《しょぞう》。十地品《じゅうじぼん》の義を釈す。後秦《こうしん》の耶舎三蔵《やしゃさんぞう》、其《そ》の文《もん》を口誦《くじゅ》し、羅什法《ほっ》師《し》と共に訳出す。十地品を釈する内、第二地《じ》に至り、余文《よもん》は耶舎誦《じゅ》せざるを以て、遂に解釈《げしゃく》を闕《か》けり。相伝《あいつた》えるに其の論は、是れ大不思議論《だいふしぎろん》中の一分《いちぶん》なり。

『十住論』十六巻はナーガールジュナの著作で、『華厳経』「十地品」すなわち『十地経』の注釈である。後秦時代、仏陀耶舎が暗記していた原文を口誦し、鳩摩羅什と共同で訳出したものである。「十地品」のうち、はじめの初地《しょじ》と第二地についての注釈で終わっていて、後を欠いている。その理由は耶舎が口誦することを中止したからである。なお伝え聞くところによると、この論書は『大不思議論』の一部である、というのである。

このように法蔵は、『十住論』は「十地品」（『十地経』）の注釈であり、またその一部が訳出されて後は未完となった、と伝えているが、これに対しては平川博士によって疑問が投げかけられている。

十住毘婆沙論は、十地経の註釈としてはたしかに不完全であるが、しかし、在家菩薩と出家菩薩との修行を説くという点から見れば、この論は完結した論とも見うるのである。しかもその点では、本論は必ずしも十地経に拠っているとは言えないからである。すなわち十住毘婆沙論では、初地は多く在家菩薩の行法《ぎょうぼう》を説き、第二地は多く出家菩薩の行法を説くと解釈し、そのように解説しているが、しかし十地経そのものは、初地の歓喜地《かんぎじ》を在家菩薩の立場、第二地の離垢地《りくじ》を出家菩薩の立場であるとみているのではないからである。(「十住毘婆沙論における出家と在家」、壬生台舜編『龍樹教学の研究』大蔵出版、一九八三年所収)

この平川博士の論文は、『十住論』を『十地経』の注釈と見てきた従来の見方を批判し、独立の論書と考えるべきではないか、という新しい見方を提示したものとして注目される。本論の題名である「十住毘婆沙論」の「毘婆沙(vibhāṣā)」という語が示しているように、『十住論』は広く大乗経典の要説を取り上げてそれをまず偈頌にまとめ(これを本頌《ほんじゅ》と呼ぶ)、それを詳しく注解したものであって、たとえば『大智度論』が『大品般若経』を文章の順序にしたがって解釈していく注釈であるのと異なって、厳密には『十地経』の注釈とはいえない。したがって、逐語《ちくご》的に経文を注釈していく体裁を取っていない。その点だけからいっても、『十地経』の注釈とすることには大いに疑問があるのである。

それのみではなく、本論の内容を見るなら、『十地経』のみの注解ではない。むしろ『十地経』をはじめ諸種の大乗経典によって、その要説を偈頌にまとめながらそれを注解していて(ただし「序品《じょぼん》」第一の十一偈は除く)、そこには大乗菩薩道を説くさまざまな初期大乗経典の所説が取り上げられている。たとえば

『如来智印経《にょらいちいんきょう》』、『集一切福徳三昧経《しゅういっさいふくとくざんまいきょう》』、『大宝積経《だいほうしゃくきょう》』「普明菩薩会《ふみょうぼさつえ》」、『同』「郁伽長者会《いくがちょうじゃえ》」、『小品《しょうぼん》般若経』、『宝月童子所問経《ほうがつどうじしょもんきょう》』、『般舟三昧経《はんじゅざんまいきょう》』、『菩薩蔵経《ぼさつぞうきょう》』、『大集経《だいじっきょう》』「無尽意菩薩品《むじんにぼさつぼん》」、『決定王経《けつじょうおうきょう》』などである（これらの『十住論』の典拠となっている経典の文については、その対照したものをまとめて『新国訳大蔵経十住毘婆沙論Ⅱ』大蔵出版、一九九五年の「補遺」に載せている）。

　したがって本論の十住（十地、羅什は「十住」と訳している）は『十地経』のことを指すのではなく、大乗菩薩の修行の階梯《かいてい》である十地そのもののことではないか、そうして本論はこの十地に集約される大乗菩薩道の実践法を説き明かそうとしたのではないか、とも考えられる。すなわち「十住毘婆沙論」の書名は、原名は「ダシャブーミカ（またはダシャブーミ）・ヴィバーシャー」であり、これは「十地経の詳しい注釈」ということではなくて、「十地すなわち菩薩道についての要説」ということであろう。それが法蔵に至って、本書は『十地経』の注釈であると見られるようになったと思われる。

　さらに大胆な憶測が許されるなら、「十住毘婆沙論」の題名は羅什がつけたもので、もともとは「諸経要集（スートラ・サムッチャヤ）」と呼ばれていたのではなかったか、とも考えられる。チャンドラキールティの『中論』注である『プラサンナパダー』の末尾には「中論讃」が載っていて、そのなかにナーガールジュナの著作が列挙されている。そこにこの「諸経要集」という題名が出てくる。先述のように、本論が『十地経』をはじめとする諸種の大乗経典から、十地すなわち大乗菩薩道についての要説をまとめたものであると考えられることからしても、本論が「諸経要集」の別名で伝えられていたと考えられるのであって、あながち的外《まとはず》れとはいえないであろう。

『十住論』の偈頌はナーガールジュナ作

ところでナーガールジュナと『十地経』との関係であるが、チャンドラキールティはナーガールジュナの思想体系が『十地経』によって立てられていることを指摘しており、直接には、ナーガールジュナ自身がその著『宝行王正論』第五章に『十地経』の所説にもとづいてまとめた偈頌が見られる。

次に論書の構成であるが、『大論』は『大品般若経』のことばを順次取り上げて解釈するという随文《ずいもん》解釈の形式を取り、ほとんど散文で書いている。これに対して『十住論』は、偈頌とその前後に（多くは偈頌の後に続いて）散文あるいは偈頌による注釈がついている。また、この偈頌と散文の注釈という論書の構成は、たとえば『空七十論』など、他のナーガールジュナの著作にも見られ、またそれ以後の論師たちも一般によく用いているのであって、これは学習の便のためであったとも考えられる。

『十住論』の場合、偈頌と注釈とを切り離し、偈頌のみをナーガールジュナの著作と考えるなら、注釈の部分に『大論』と相違する説が述べられていても、著者の別人説を立てなくてもよいことになる。しかし、『大論』の著者がナーガールジュナであるとすることに積極的な理由がない現在では、ナーガールジュナ著者説を前提とすることには依然として疑いが残り、さらに検討が求められるであろう。それはなお、今後の課題である。

これに対して、『十住論』の場合はどうであろうか。ある点では、事情はほぼ同じであるといえるが、ナーガールジュナ著者説を支援する根拠がいくつか考えられ、それらを総合するとき、先述のように、『諸経要集』という『十住論』偈頌がナーガールジュナによって作られたということができるであろう。

その有力な根拠は、『菩提資糧論』との類同性が見られることであり、また同じ偈頌が『十住論』「分別功《ふんべつく》徳品《どくぼん》」第十一と、『菩提資糧論』と『宝行王正論』第五章との三箇所に見られることである。いずれも偈頌であって、引用ではなく本文として出ている。詳しくは第五章で『菩提資糧論』を取り上げるときに述べることにするが、これは以上の三つの論書が同じ著者によって書かれたものであることを示唆している。しかも『菩提資糧論』と『宝行王正論』とはナーガールジュナの作であるから、必然的に『十住論』偈頌もナーガールジュナの作ということになるであろう。

第三章

空の世界

『六十頌如理論《ろくじゅうじゅにょりろん》』――縁起《えんぎ》と空《くう》

先に述べたように、ナーガールジュナの空の思想を説く代表作は『中論《ちゅうろん》』である。したがってここでまず取り上げなければならないのは『中論』であろうが、空の思想を論じるにあたり、はじめに『六十頌如理論』から取り上げることにする。

その理由は、『六十頌如理論』は『中論』と並ぶ重要な書であって、そのことは七世紀の中観《ちゅうがん》学派の代表的論師《ろんじ》であるチャンドラキールティがすでに指摘していること、『中論』には多くの注釈が伝えられているのに対して、『六十頌如理論』の注釈はチャンドラキールティの注釈がただ一つ伝えられているにすぎないが、すぐれた注釈であること、また『六十頌如理論』の研究はきわめて少なく、山口益博士の「六十頌如理論の注釈的研究」(『中観仏教論攷』山喜房仏書林、一九七五年所収)がほとんど唯一のものといってよいが、筆者はかねて本書を検討し(『大乗仏典14　龍樹論集』に、「六十頌如理論(六十詩頌《しじゅ》の正理論《しょうりろん》および注釈)」の和訳を収める)、広くその内容を明らかにしたいと考えていること、などである。

『六十頌如理論』とは

そこでまずはじめに、『六十頌如理論』について簡単に解説しておく。本書の原典は伝わっていないが、チベット訳と施護《せご》(Dānapāla ダーナパーラ)の漢訳がある。ただしこの漢訳はチベット訳と比較すると、大幅にずれるところが多く、また前後が一貫せず不備と思われるところがいくつかある。チベット訳からその原名はYuktiṣaṣṭikā（「六十詩頌からなる正理論」の意味）であることがわかる。ナーガールジュナのいわゆる「五部正理論《ごぶしょうりろん》（論理に関する五部作）」の一つで、書名が示しているように、わずかに六十の偈頌《げじゅ》とはじめに帰敬偈《ききょうげ》（礼拝《らいはい》の偈頌）がついている小篇であるが、チャンドラキールティの中論釈『プラサンナパダー』ほかにおける引用（第一偈、第五偈、第六偈、第一九偈前半、第二一偈、第三〇偈、第三三偈、第三九偈、第四六〜四八偈、第五五偈）から、アヌシュツブ（anuṣṭubh）の韻律《いんりつ》で書かれていたことがわかる。

私は博士論文に手を加えて『ナーガールジュナ研究』（春秋社、一九八五年）の一書を公刊したが、その「第二章『六十頌如理論』の思想」（六七〜二〇六ページ）において本書を取り上げ、偈頌のテキストをチベット訳からサンスクリット語に還元してその原意をたずねようと試みるとともに、チャンドラキールティの注釈を参照して、これらの偈頌の意味をできるだけ明らかにしようとした。その目的がはたして達せられたかどうか、それは読者の判断によるほかはないが、少なくとも『六十頌如理論』に示されたナーガールジュナの思想の重要性と、この論書の占める思想上の位置づけだけは明らかになったのではないかと考えている。

『中論』と並ぶ書

チャンドラキールティの注釈は、まずはじめに自らの帰敬偈をおき、次のように述べている。

勝利者（仏陀）の正理《しょうり》の道に随順《ずいじゅん》して、二つの極端を排する『六十詩頌の正理』を造られた方（ナーガールジュナ）に礼拝し、私は「中《ちゅう》の道理」をもって、その正理を解説しよう。

さて、ナーガールジュナ師は、縁起（依存関係による生起）をありのままに見て、多大の喜びを得られたのである。すなわち縁起を悟っている師は、清らかな心が最高のよりどころであると知り、ついで縁起を見ることによって、世間《せけん》および出世間《しゅっせけん》の善がすべて生じること、聖者たちもみなそれらによって生じること、また曇りのない智慧をそなえた尊き師である仏陀たちも、それ（縁起）によってあらゆる面で真実を悟られたことを見られ、縁起とは実体として生起することでないから、生《しょう》と滅《めつ》、有《う》と無《む》などの極端を想定する垢《く》に汚されることのない縁起は、実体が空であることである、というすぐれた説明をして、縁起を解釈しようとされるのである。そこで、縁起を説く如来は縁起と本質は異ならないから、師は尊敬の念を起こして、仏陀を礼拝することから始められるのである。

このようにいって、ついで『六十頌如理論』の帰敬偈を取り上げ、この偈がおかれている理由について述べるのである。

生起と消滅を離れている、というこの次第によって、縁起を説いているところの最高の聖者（仏陀）を礼拝したてまつる。

この『六十頌如理論』の帰敬偈は重要である。なぜなら仏陀の説く縁起とは、生滅《しょうめつ》を離れている、すなわちものは実体として生ずるのでも滅するのでもない、という次第をもって説かれる縁起である、ということが示されていて、これこそこの論書《ろんしょ》の主題であるからである。そうすると『中論』の帰敬偈とも重なるのであって、そこではいわゆる「八不《はっぷ》の縁起」が示されている。「不生不滅《ふしょうふめつ》、不常不断《ふじょうふだん》、不一不異《ふいちふい》、不来不去《ふらいふこ》」というのが、八不であり、「戯論《けろん》を超え、寂静《じゃくじょう》なる」ということとともに、縁起を修飾している。このように否定辞をともなう形容詞がついている縁起が八不の縁起である。仏陀は単に縁起を説いたのではなく、八不の縁起を説いたのであって、ここに仏陀の仏陀たるゆえんがあるとたたえているのである。『六十頌如理論』はこれを「生ぜず、滅せず」と不生不滅の縁起として説いているのであって、以下これを「不生の縁起」と呼ぶことにする。

このように『六十頌如理論』に、『中論』と同じように帰敬偈があることについて、チャンドラキールティは次のように述べている。

『空七十論《くうしちじゅうろん》』や『廻諍論《えじょうろん》』には、師は礼拝のことば（帰敬偈）を述べていないのに、どうしてこの「中」の論には述べているのか。その理由は、『空七十論』と『廻諍論』の両論書は『中論』から展開されたもので、単独にはありえないのであるから、特に礼拝のことばを述べないのである。

こういって、続いて、

すなわち、『廻諍論』は、

もろもろの存在（もの）の自性《じしょう》（それ自身の実体）は、縁《えん》などのなかに存在しない。自性がないのに他性《たしょう》（他の実体）がどうして存在しようか。　（『中論』一・三）

といわれていることについて、その論難と回答を述べているのであるから、『中論』から展開されたも

のであることは明白である。また、『空七十論』は、

生起も、存続も、消滅も、幻のごとく、夢のごとく、ガンダルヴァ城（蜃気楼《しんきろう》）のごとし、とたとえられる。（『中論』七・三四）

といわれていることについて、その論難と回答が述べられているのであるから、『中論』から展開されたものであることは、同じく明白である。この『六十頌如理論』は、『中論』と同じく、主として縁起を考察することに始まり、著わされたものであるから、『中論』から展開したものではない。

ここに、チャンドラキールティは『六十頌如理論』を『中論』と同列に取り扱っていたことが知られる。すなわち仏陀の悟られた縁起は不生の縁起であり、八不の縁起であって、ともにそれが論書の主題となっていることを示しているのである。この視点はまことに大切で、両論書を見ると、この「空なる縁起」ということが、前者では、六十の偈頌に簡潔に述べられているのに対して、後者では、教理の諸種の項目を二十七章に分けて取り上げ、それと関連して詳しく論じられている、といえるであろう。

本書の構成

このように『六十頌如理論』は、『中論』とともに、ナーガールジュナの縁起思想を、したがって「空の思想」を理解する上できわめて重要な書であるが、その中心テーマは「空なる縁起」すなわち「縁起とは空性である」ということであった。チャンドラキールティは、「これはナーガールジュナの卓越した思想である」と強調

しているが、この縁起思想を明らかにするならば、空性《くうしょう》の思想の基本をよく理解することができるのであって、本書の持つ意義はその点からも大きいものがある。

山口益博士は、本書の内容をほぼ十項目に分けて、その要綱をまとめられている。今はそれを参考にしながら、以下の十一項目に分けて、本書の大綱を見ることにする（拙著『ナーガールジュナ研究』九一～九二ページ）。

①不生《ふしょう》の縁起……………………………………………………帰敬偈
②縁起の深遠性――有無《うむ》を超える………………………………第一～四偈
③生起（始め）もなく消滅（終わり）もない……………………………第五～二〇偈
④存在の虚妄と真実……………………………………………………第二一～二九偈
⑤虚妄の存在がなぜ説かれるのか……………………………………第三〇～三五偈
⑥迷いの世界の成立と消滅――十二支縁起《じゅうにしえんぎ》………………………第三六～三九偈
⑦実在を説く諸思想の批判………………………………………………第四〇～四四偈
⑧縁起を知る者は対立・争いを超える――無諍《むじょう》の立場………第四五～五一偈
⑨愚者の執着と智者の無所得《むしょとく》…………………………………第五二～五六偈
⑩聖者の涅槃《ねはん》……………………………………………………………第五七～五九偈
⑪結び――本書による功徳《くどく》の廻向《えこう》……………………………第六〇偈

このような本書の大綱を見ると、「縁起は空性である」という本書の主題が、「不生不滅」と「有無を超える」ということでもって明らかにされていることがわかる。すなわち仏陀の悟られた縁起は生滅を超え、有無を超えた深遠な縁起であって、それが空なる縁起であることが説き明かされているのである。

空なる縁起

ところで、この「空なる縁起」とは、ナーガールジュナが直接には『般若経《はんにゃきょう》』の思想を受け継いだものであるが、それとともに『十地経《じゅうじきょう》』にもその根拠を求めている。大乗仏教の求道者である菩薩は、あらゆるものの如実相《にょじつそう》（ありのままの姿）である十種の存在の平等性を体得するのであるが、そのなかに不生不滅という存在の平等性が示されている。存在の如実相とは縁起ということであり、縁起は存在がそれ自体として生じていないことを意味しているので、この意味において、空であり、空であることにおいてすべて平等である。このことを不生不滅という存在の平等性といっているのである。

このナーガールジュナの縁起思想は、ナーガールジュナの思想の基本であって、したがって『中論』と『六十頌如理論』との二書のみに示されているのではない。その他の論書にも見ることができる。たとえば、次のように説かれている。

もろもろの存在が他によってあることが空性の意味である、とわれわれはいうのである。他による存在には本体（自性）はない。

（『廻諍論』二二）

縁起が空性である、とあなた（仏陀）は説かれました。ものには独存性がないというのが、比べるものなきあなたの獅子吼《ししく》であります。
（『出世間讃《しゅっせけんさん》』二〇）

自体としての存在は何一つあるのでなく、ここには非存在があるのでもない。因《いん》と縁《えん》から生起した存在と非存在は空である。

存在はすべて本体（自性）が空であるから、存在は縁起であることを無比なる如来は教示された。
（『空七十論』六七～六八）

縁起が空性であることを示す有名な偈頌は、『中論』第二四章・第一八偈である。

縁起がすなわち空性である、とわれわれは説く。それは仮名《けみょう》（因仮説《いんけせつ》）であり、それこそ中道にほかならない。

いささか煩瑣になるが、チャンドラキールティの注釈によって、その意味のあらましを以下に示しておこう。

因と縁とによってこの世間はすべて成り立っているが、そのことはもの（存在）がそれ自体として生起するのではないことを示している。そこで、ものは「有る」のでないといわれる。また、「有る」ということがなければ、「無い」ということもありえない。生起もなく消滅もない（生ずることもなく滅することもない）というのは、このようにものそれ自体が「有る」のでもなく、したがって「無い」のでもないからである。このように、ものはそれ自体として生じないし、したがって滅しない、ということが「空性」(「空」ともいう)ということである。

この空性は仮名(因仮説)である。たとえば、車はそれ自体としてあるのでなく、その構成要素である輪や輻《ふく》などを因として構成され、それに車という名称(名)を与えているのである。それと同じく、すべての事物はそれぞれそれ自体としてあるのではなく、つまり本体として存在しているのでなく、他の諸事物を因として成り立ち、それに名称を仮に与えているのである。そしてまた、そのようなものは「有る」ともいえないし、したがってまた「無い」ともいえないから、有と無との両極端を離れている。それが中道《ちゅうどう》ということである。

このチャンドラキールティの解説は、縁起、空性(空)、仮名、中道という字句についての説明に中心をおいていて、必ずしもナーガールジュナの中心思想である「空なる縁起」、すなわち「不生の縁起」ということの思想内容にまで及んでいないうらみがある。特に空の説明において、いわゆる分析的な空の見方である析空観《しゃっくうかん》が示されている。しかし、少なくとも縁起が空であり、その空が仮名であり、中道である、ということにおいて、それらが同一の思想内容を示していることを明らかにしていることは注目されよう。

ナーガールジュナが縁起をどのように説いたか、それを一口でいうと、縁起とは、(1)空であり、(2)相依《そうい》性《せい》である、ということであろう。空とは、ものはすべてそれ自体として存在するのではないこと、すなわち実体(あるいは本体)はないという否定を示している。相依性とは、ものはすべて相依相関の関係にあること、すなわち相互依存の関係性を示している。したがって、縁起が空であるというのは、自己をはじめこの世界はすべて原因や条件によって生じ、また滅するのであって、それ自体として生ずるのでなく、また滅するのでないことを示している。また、相依相関、相互依存の関係性とは、ものはすべて相互関係や因果関係などの関係性の上に成り立っているのであって、原因や条件などが即自的《そくじてき》に（それ自体として）成立し、存在しているのでないことを示しているのである。

このようにものや物事は、互いに因となり縁となって成立しているのであって、深いつながりのなかに存在し、成り立っている。

チャンドラキールティ

しかし日常的思考や思惟の立場では、自他を区別し、対立的にとらえ、とらわれている。その結果、自己や他者をそれぞれそれ自体として実体化し、固定的に見ている。ちなみにこのような考え方は、現代の問題としてフェティシズム（物神化《ぶっしんか》）の上に見ることができよう。物神化とは、この実体化ということが根底にある。たとえば価値という関係の体系がある。そこへ貨幣という中心が登場すると、その「中心化によってそれぞれの商品があたかも個としての実体であるかのごとき錯覚が生れ、関係性が隠蔽されて個々の商品が実休的・自存的価値を内在させるように見えてくる」（丸山圭三郎著『文化のフェティシズム』勁草書房、一九八四年）という。まさしく、これがものを実体化するメカニズムであるといってよい。

なおまた、上記の著書には、言語哲学者ソシュールの手稿《しゅこう》を引いて、これは西欧近代思想へ一大衝撃を与えるものであるという指摘があり、「縁起が空性である」というナーガールジュナの中心思想を理解する上に大いに参考になる。

事物そのものに先立って事物と事物のあいだの関係が存在し、その関係がこれら事物を決定する役割を果す。……いかなる事物も、いかなる対象も、一瞬たりとも即自的には与えられていない。

（断章番号三二九五）

丸山氏は「これを読んだ私には、従来の観念論、実在論がともに疑ってみようともしなかった〈ロゴスの現前〉が、ソシュールによって根底から覆されたと思えた。文化現象の一切は表象《ひょうしょう》によって二次的に生み出された共同幻想の世界で、その表象すらもともとは存在しなかった関係の網の目に過ぎない、という考え方は、ヘレニズム、ヘブライズムの正道である西欧近代思想をその根底から揺さぶる」（『文化のフェテシズム』一〇ページ）と述べている。

この丸山氏の指摘を待つまでもなく、これはナーガールジュナがすでに考えていたことであって、ただその思想の意義が後に伝わらなかっただけである。私は改めて、ナーガールジュナ研究の重要性を強く感じたのである。

もう一つ、中国浄土教の始祖曇鸞《どんらん》の『浄土論註《じょうどろんちゅう》』に説かれる「無生《むしょう》の生《しょう》」ということに一言しておこう。この「無生の生」とは浄土への往生《おうじょう》のことをいっているのであるが、その思想構造は「不生の縁起」と同じであるといえる。なぜなら、「不生の縁起」とは「不生起の生起」ということだからである。往生とは、実体として想定された自己（我《が》）が浄土に生まれることではない。そのことを「無生」ということが示しているが、曇鸞は穢土《えど》の仮名人《けみょうにん》、あるいは浄土の仮名人といって、実体としての自己を否定している。もと四《し》論宗《ろんしゅう》（ナーガールジュナ系統の思想を研究する中国仏教の学派）の学者であった曇鸞は、ナーガールジュナの思想を基盤として、浄土教の思想を実に見事に構築したのである。

曇鸞

本論の偈頌から

以上に見たように『六十頌如理論』は、空の思想を説くナーガールジュナの五部の書（五部正理論《ごぶしょうりろん》）のなかで『中論』と同等に位置づけられているが、それはともに「仏陀の説いた縁起は空である」ということを主題にしているからである。そこで次に本書の偈頌からいくつかを選び、それらの内容を中心に「空の思想」における特質をいささか述べることにしよう。なお、詳しくは、拙著『ナーガールジュナ研究』の、特に第二章「六十頌如理論の思想」を参照されたい。

まずはじめに、『六十頌如理論』の偈頌を順次テーマごとにまとめ、三項を選んで引用する。

【生起もなく消滅もない】

真実を見ない人には、世間（輪廻《りんね》）と涅槃《ねはん》とについての慢心（固執《こしゅう》）がある。しかるに、真実を見る人には、世間と涅槃とについての慢心（固執）がない。（五）

有《う》（輪廻）と滅《めつ》（涅槃）とのこの両者は、あるのではない。よく知るなら輪廻がすなわち涅槃である、と説いている。（六）

生起したものがなくなるとき、そのものが消滅したという。それと同じく智者たちも、滅（涅槃）とは幻のようなものである、という。（七）

消滅によって滅（涅槃）があり、生成変化するものを知ることによってあるのでない、というなら、その滅は一体誰に直観されるであろうか。その場合、消滅を知る者がどうしているであろうか。（八）

もし五蘊《ごうん》（心身の構成要素）が消滅していないなら、煩悩が尽きても涅槃はないであろう。なぜなら〔五蘊が〕ここで滅するとき、解脱《げだつ》することになるから。（九）

無明《むみょう》（迷い）を条件として生じたものは、正しい認識をもって見るなら、生起であれ消滅であれ、いずれもありえない。（一〇）

それこそが現世における涅槃であり、またなすべきことがなされたことである。法〔を見る〕智の後

に、もしそこに別のものがあるとするなら、　（一一）

このように、非常に微細なものにも生起があると考える智慧のない人には、条件による生起（縁起）の意味は見られない。　（一二）

煩悩が尽きた修行僧は輪廻が止息《しそく》してなくなるならば、一体どうして完全な悟りを得た人たちが、その輪廻の始まりを説いていないのか。　（一三）

もし始まりがある〔と考える〕なら、必ずまた誤った考えの固執がある。縁によって生起しているものに、一体どうして前と後とがあろう。　（一四）

前に生じたものが、どうして後になくなるであろうか。〔迷いの〕世界は前際《ぜんさい》と後際《ごさい》とがなくて、幻のように現われる。　（一五）

いつ幻が生じるか、いつ滅するか、というように、幻を知る人はそれに迷うことはないが、幻を知らない人はそれを渇望する。　（一六）

輪廻の生存（有）は幻や陽炎《かげろう》のようである、と正しい理解によって見るとき、彼らは前際とか後際とかを見て、悩むことはない。　（一七）

生成変化するもの（有為《うい》）における生起や消滅を妄分別《もうふんべつ》している人たちは、縁起の輪のなかにこの〔迷いの〕世界があることを全く理解していない。　（一八）

あれやこれやに依存して生じているものは、実体をもって生起していない。実体をもって生起してい

ないなら、そのものがどうして生起しているといわれるだろうか。（一九）
因が尽きて寂滅《じゃくめつ》することが滅尽《めつじん》である、といわれるが、実体として尽きることのないとき、そのものにどうして滅尽ということがいわれようか。（二〇）

【存在の虚妄と真実】

そのように何ものも生起することがなく、何ものも消滅することもない。生起と消滅の道は、目的のために説かれている。（二一）
生起を知って消滅を知り、消滅を知って無常を知る。無常のなかにあることを知るから、正しい法をも理解する。（二二）
縁起は生起と消滅とを離れている、と知る人々は、誤った考え方によって生み出された生死《しょうじ》（有《う》）の海をこえる。（二三）
不変の実体を考える人は、愚かにも、あるとか、ないとか、と錯覚する誤りのために、煩悩に支配されて、自らの心によって欺《あざむ》かれる。（二四）
存在に通暁《つうぎょう》している人々は、存在は無常であり、欺く性質があり、空虚であり、空であり、無我《むが》であり、したがって空寂《くうじゃく》である、と見る。（二五）
よりどころがなく、支えがあるのでなく、根がなく、住処《じゅうしょ》がなく、無明《むみょう》を因として生じ、始・中・

終を離れ、　　　　　　　　　　　　　　　　　　　　　　　　　　　　　　　　　　　　（二六）
芭蕉《ばしょう》のようにもろく、蜃気楼のようである苦悩の世界は、迷妄の城であり、あたかも幻のように現われる。　　　　　　　　　　　　　　　　　　　　　　　　　　　　　　　（二七）

この世界において、梵天《ぼんてん》などには、たとえ真実に見えようとも、それも聖者には虚妄である、と説いている。それ（虚妄）よりほかに何が残ろうか。　　　　　　　　　　　　　　（二八）

無明（迷い）によって盲目となり、渇愛《かつあい》の流れにしたがう世人と、渇愛を離れた善き人である知者たちとが、どうして同じであろうか。　　　　　　　　　　　　　　　　　　　　（二九）

【虚妄の存在はなぜ説かれるのか】

真実を求める者には、まずはじめに「すべてはある」と説かれねばならない。もろもろの対象を知ると愛着がなくなり、それから後に寂離《じゃくり》がある。　　　　　　　　　　　　　　　（三〇）

寂離の意味を知らず、ただ聞くことだけを行なって、福徳《ふくとく》をなさないならば、このような卑劣な人々は破滅する。　　　　　　　　　　　　　　　　　　　　　　　　　　　　　（三一）

業《ごう》には果《か》があることや、諸世界（諸趣《しょしゅ》）についても説かれたが、それとともにそれらの本性を知ることと、不生起とが教示された。　　　　　　　　　　　　　　　　　　（三二）

目的のために、勝利者たち（諸仏）は「われ」とか「わがもの」と説かれた。それと同じく、目的の

ために〔五〕蘊《うん》・〔十二〕処《しょ》・〔十八〕界《かい》を説かれた。（三三）

元素（四大《しだい》）をはじめとして説かれたものは、〔すべて〕識《しき》に収約される。そのことを知ることによって〔それらは〕なくなるから、誤って分別《ふんべつ》されたものではないのか。（三四）

涅槃は唯一の真理である、と勝利者たちは説いている。その場合、余他のものは虚妄でない、と知者なら一体誰が考えようか。（三五）

有無《うむ》のとらわれを離れる

さて、以上の偈頌には、『六十頌如理論』の特色ある思想が最もよく示されている。ところで、これらの偈頌に示されている思想を理解するためには、まずはじめに、ここで批判され否定されている思想が何であったかを考慮し、よく検討しておく必要がある。ナーガールジュナが取り上げているのは、説一切有部《せついっさいうぶ》をはじめとするアビダルマ仏教の考え方であるが、広く実有論《じつうろん》あるいは実在論の考え方であるといえる。当然そこには仏教以外の実在論の立場に立つ哲学思想、たとえば初期サーンキャの二元論思想やヴァイシェーシカの多元論思想も含まれているといってよい。

このような実在論の考え方に対して、ナーガールジュナは徹底した否定論法をもってその考えの誤りを指摘するのである。「有と無の邪見《じゃけん》」とはまさしくこの誤った考えのことであって、それはまた「常《じょう》と断《だん》の邪見」であるともいうことができる。

インドでは輪廻からの解脱《げだつ》を人生の最高の目標とする。そこでナーガールジュナはいう。

この生存から、有によっては解脱せず、無によっても〔解脱〕しない。存在と非存在とを知って、偉大なる人は解脱する。　（四）

「この生存」とは、輪廻の世界、この苦の現実のことである。「有によって」とか、「無によって」とかいうのは、ここでは「ものは存在する」とか「ものは存在しない」ととらわれる有見《うけん》・無見《むけん》（したがって常見《じょうけん》・断見《だんけん》）を指している。前者は「存在（有）」という観点からこの世界をとらえようとする。これは常見（常住論《じょうじゅうろん》）を引き起こすのに対して、後者は逆に「非存在（無）」という観点からこの世界を見ようとするのであって、これは断見（断滅論《だんめつろん》）を生み出す。ナーガールジュナは常見も断見も如実《にょじつ》の認識を生ずるものではなく、いずれも誤った見方であって、凡夫《ぼんぶ》の倒錯にすぎず、それでは迷いの執着を超克することはできない、とこれを否定する。

『宝行王正論《ほうぎょうおうしょうろん》』には、「陽炎《かげろう》と水のたとえ」をもって、実に巧みにそのことを明らかにしている。

たとえば、陽炎は水のように見えるが、それは水でもなく、また真実に存在するのでもない。それと同じく、五蘊は自我のように見えるが、自我でもなく、また真実に存在するのでもない。　（一・五四）

遠くに陽炎を見て、水があると考えてそこに行き、水がないといって、その水に固執するなら、その人は実に愚かである。　（一・五五）

そのように陽炎に等しいのに、その世界が存在する、あるいは存在しない、と固執する人には、この

迷妄がある。迷妄があるときには解脱しない。　　　　（一・五六）

真夏の炎天下、車を運転していると、前方遠く道路がビショビショに水に濡れているように見える。しかしそれは陽炎であって、実際に水があるのではない。近づくとその水は消えてどこにも見えない。しかし陽炎の水にとらわれて、「水があったのに、水がなくなった」と水の有無にとらわれるなら、それほど愚かなことはない。これが存在の有無にとらわれていることであって、それは存在が陽炎であり、実際に存在しないことを知らないためである。そうしてこのような迷妄がある限り、解脱はありえない、というのである。

有（存在）とか無（非存在）とかにとらわれる根底には、水を陽炎と知らない無知があり、迷妄がある。この「たとえ」はそのことを実に巧みに説き示すとともに、この世界をはじめ一切のものがすべて実在しない幻であり、空であること、すなわち実体（自性《じしょう》）をもって存在していないことを明らかにしている。

元来、幻の存在とは、実体のない存在のことである。すべては原因や条件によってあるものであって、それ自体として存在するものは何一つとしてない。そこでこの自己の実体、本体をもって存在していない点をおさえて幻の存在といっているのであって、すべては他に依存して成立する、すなわち縁起であることを示している。

有・無にとらわれる邪見とは、したがって、幻の存在を幻と知らず、無自性《むじしょう》（実体のないこと）を誤ってものの実体を立てることであり、実在と見誤ることである。つまり存在の如実相《にょじつそう》（真実の姿）である無自性空ということ、すなわち縁起ということを知らない無知にもとづく謬見《びゅうけん》であって、「存在」や「非存在」に固執しているのは、根本的にものの見方を誤っていることによる。そこで、われわれが実在すると考えているものは実際にあるのではなく、それは幻にすぎない、とナーガールジュナは説いているのである。

なぜそのように説いたのかというと、このように根本的に誤っているものの見方や考え方そのものを指摘し、それを否定することによって邪見から転換させるためであったといえよう。そこでナーガールジュナは比喩を説くとともに、実体を立ててものを見ることの矛盾を衝《つ》くため、独自の論理的方法である否定論法を駆使し、これによって「すべては空である」ことを明らかにしようとしたのである。

不二《ふに》の思想から唯心《ゆいしん》へ

以上、いささかナーガールジュナの「空の思想」について触れたが、この思想の特質は、『六十頌如理論』の第五偈から第二〇偈を通覧しても、よくうかがうことができる。ここでは、輪廻と涅槃との問題が取り上げられ、存在・非存在の否定に論及されている。すなわち、苦の生存が現に「ある」という苦の存在が輪廻であり、苦の生存が「ない」という苦の非存在が涅槃であって、「存在」と「非存在」とを否定するなら、仏陀が説かれた輪廻も涅槃も成り立たなくなる、という反論に対して、その論法の矛盾を衝いて、否定している。

第五偈にある「慢心」は、その原語が manyanā であったと考えられ、この語は(1)妄想、空虚な考え、(2)うぬぼれ、慢心、という二つの意味がある。すでに初期仏教において、慢心があるかぎり解脱はありえない、と説き、たとえば、「これらの人は、自我の観念に執着し、他我の観念に縛《ばく》せられている。……これらの人は慢心を持ち、慢心の枷《かせ》があり、慢心に縛せられ、もろもろの見解においてつとめても、輪廻を超えることができない」(中村元『中村元選集13　原始仏教の思想　上』春秋社、一九三〇年、三一五ページ)と説いている。このような所説を見ると、ナーガールジュナの考えは初期仏教の教えにそのもとがあることがわかる。

第六偈には、「輪廻がすなわち涅槃である」という、いわゆる不二の思想が述べられている。不二とは、善悪、正邪、自他、有無などの対立を超えた平等の世界のことを説き明かしている。これら善悪などは二元的に考えているわれわれの分別、判断によって立てられているのであって、いわば人間の分別の所産である。ところが、その分別にとらわれているために、二元的に見ている自らの分別を互いに絶対化してとらえ、そのために対立し争うのである。

ナーガールジュナはこの分別はわれわれの妄想にすぎないといい、空観《くうがん》による正しい認識を説き示すのである。それが不二絶対の道理にかなった認識であって、そこでは輪廻も幻のごとく空であり、涅槃もまた空であるから、平等であり、輪廻のままに涅槃である。このことは輪廻も涅槃も実体としてあるのではないということであって、そこで輪廻と同じく涅槃もまた幻である、と説いているのである。

ところが、アビダルマ仏教の理解は、輪廻とは迷いの生存が現に有ることであり、涅槃とはこの生存が無に帰することであるとする。輪廻と涅槃とは有と無というように、完全に区別される。これに対して、ナーガールジュナは全く新しい涅槃の理念を説き明かそうとする。彼は苦は実体をもって生じるのではない（すなわち空である）と知れば、輪廻はそのまま涅槃であって、そこには捨てるべきものも取るべきものもなく、この直観において存在の本性が認識されるとき、それこそが涅槃の現成《げんじょう》であるというのである。

アビダルマの思想家たちは、ものが消滅することを説明して、法体《ほったい》（ものの本体）は恒有《ごうう》（常にある）であるが、それが原因・条件に結びついて現象の上に現われ、原因・条件との関係がなくなると、現象から消えていく、という。それはたとえば、フィルムが画面にその映像をうつしては次々と消えていくようなものである。その場合、フィルムは画面にその映像をうつしては、次の瞬間には画面から消えていく。しかし、フィルム自体は消えてなくなるのではない。先のリールから後のリールに巻き取られていくのである。フィルムは法体であり、画面は現象に相当する。アビダルマの論師《ろんじ》たちは、このように考えるのである。

涅槃に入る釈尊（クシナガラ）

一方、『六十頌如理論』の注釈者のチャンドラキールティは、このような考え方は、たとえば油と布が尽きないのに灯火が消えるというようなものであって、理に合わないという。したがって、それ自体で成立する消滅はない、とこの考え方を否定している。しかしこれに対しては、法有《ほうう》（ものの本体が常にある）の立場に立つアビダルマ仏教からは当然反論が予想される。油と布が尽きることによって灯火が消えるのは、油と布が尽きる最後の刹那《せつな》（瞬間）にある灯火に続く次の刹那にある灯火が、生起の条件がないために、生起していないからであって、未来の灯火が現在に出てきていないことにほかならない、と。

このように説一切有部などのアビダルマ仏教では、存在の本体と現象とは区別され、存在の本体は恒有であって、過去・未来・現在にわたって存在すると考え、現象とはその実体が現在において作用を持つに至ったことである、とするのである。ここには明らかに現象としての灯火とは別に、本体としての灯火が考えられているのであって、二つの灯火があることになる。しかしそれは、日常の経験的事実に反する。さらに、観念を形而上《けいじじょう》的な存在と見誤る（概念を実体化する）という二重の誤りを犯しているのである。ナーガールジュナの否定論法は、この点を鋭く衝いている。

第三三偈は、われ（自己）とか世界とかの諸存在が説かれたのは、仏陀に目的があってのことであるという。われわれは、自己や世界について「自己がある」「世界がある」ととらわれる。自我意識や所有意識にとらわれて、自己や世界の諸存在を見ている。そこで仏陀が自己や世界について語るのは、われわれがそれらに執着して真のあり方を理解していないことを明らかにして、それらに対する執着を取り除き、最高の真理を知らしめるためであって、これが仏陀の目的である、というのである。

いいかえると、自己を中心に世界を見ている世俗の立場を取り上げ、その自己のあり方や見方を徹底して検討することによって、自我意識を超克することが可能となり、究極の真理への道が開けることを理解させるために、仏陀は自己や世界の諸存在について語っている、というのである。つまり仏陀が自己や世界について語る目的は、自己の虚妄性を自覚させ、その自覚に立って世界を見ることを教えるためであった、ということになる。

また、非常に興味深いのは第三四偈である。これはおそらく、『十地経《じゅうじきょう》』（『華厳経《けごんきょう》』「十地品《ぼん》」）の唯心についての所説《しょせつ》によっていると思われる。すなわち「三界《さんがい》は虚妄《こもう》にして但《た》だ是れ一心《いっしん》の作《さ》なり」という「唯心《ゆいしん》偈《げ》」のことばがある。この現実の世界は思慮判断する認識の主体としての心に描かれる認識の対象にほかならず、したがって虚妄であるというのである。これはやがて無着《むじゃく》、世親《せしん》によって、その構造が唯識説《ゆいしきせつ》としてより詳しく説き明かされるが、今はその詳細は省略する。

世親

十二支縁起の教え

続いて第三六偈から第三九偈には、迷いの世界の生起とその消滅について、次のように述べている。

意識は動いている限り、悪魔の領域にある。そうであるなら、この場合にも、過誤はなくなると、どうしてなりえないであろうか。（三六）

無明《むみょう》を縁として世界がある、と完全な覚者《かくしゃ》は説いている。

それゆえに、この世界は妄想分別《ふんべつ》であると、どうしてなりえないであろうか。（三七）

無明が滅するとき消滅するものを、無知のために妄想していることが、どうして明らかでないであろうか。（三八）

およそいかなるものであれ、原因があって生じ、条件がないと存続せず、さらに条件がないと消滅するならば、そのようなものが存在すると、どうして知られようか。（三九）

「悪魔」とは、真実を見る智慧のはたらきを妨げ、迷いの世界の全領域を占め、四つの倒見《とうけん》（誤った見方）のもとであり、煩悩を引き起こし、悪行《あくぎょう》がつきまとい、輪廻における衆生《しゅじょう》を増大させる無明（無知の迷い）のことである、と注釈者チャンドラキールティは解説している。われわれの日常経験における意識は、この無明という悪魔の領域にあるものであって、そのためにわれわれは迷いの世界から一歩も脱け出せないのである。われわれ人間の思考とか認識とかはこの意識のはたらきであるから、それは当然であろう。またこのような思考は非如理《ひにょり》な（道理にかなわない）思惟で、本質を深く根元まで掘り下げて見てはいない。

これに対して、明らかな智慧によって無明が破られるなら、意識ははたらかず、したがって無明の世界もなくなるのである。「過誤がなくなる」とはそのことを指している。無明を根元とする意識がなくなるからである。「四つの倒見」とは、無常を常《じょう》、苦を楽《らく》、無我を我《が》、不浄を浄《じょう》と見る四顛倒《してんどう》のことである。これらの倒見がなくなれば、あらゆるものが実体をもって存在しないことが明らかになってくる、というのである。「この場合にも」とは「実体が不生起であると認識するときにも」ということである。

第三七偈には、この世界が無明を縁として生じていることを仏陀は説いているのであり、この世界は虚妄で、真実に存在するものでないことは明らかである、という。仏陀が説かれたのは、憂悲苦悩の現実が無明を根元として生じるという、いわゆる流転《るでん》縁起であり、また無明が滅すると憂悲苦悩が消滅するという還滅《げんめつ》縁起であって、これが「十二支縁起」の教えである。

ナーガールジュナがこの十二支縁起説を取り上げているのは、周知の通り、『中論』第二六章であり、独立の書としては『因縁心論《いんねんしんろん》』である。後者はわずかに七偈からなる小作品であるが、十二支を煩悩・業《ごう》・苦の三群に分類して説く従来からの思想を踏襲《とうしゅう》しているのが注目される。ここにも、無明を縁として、すなわち無明を根元としてこの世界がある、と考えられていたことが明らかである。チャンドラキールティの注釈によると、われわれの意識にある世界は妄想のみであって、この虚妄分《こもうふん》別《べつ》の世界は無明の闇に覆われている、たとえば真っ暗な牢獄のなかにいる人が種々に心を動かして妄想しているようなものにすぎない、といっている。

釈尊が縁起を悟った金剛宝座（ブッダガヤー）

第三九偈は説一切有部などのアビダルマ仏教が説いている「有為《うい》の三相《さんそう》」を取り上げ、法（存在）の実有《じつう》を主張する立場を論難し、それを否定していく。有為の三相とは、現象するものの生起と存続と消滅のことである。アビダルマ哲学では諸法の実在を主張するので、必然的にそれらの三相を諸法の存在形態としてとらえることになる。すなわち諸法はそれら自体としては、過去・現在・未来の三世《さんぜ》にわたって存在するが、それら諸法が現象世界において現われては消えていくのは分位《ぶんい》の変化、つまり未来から現在に（現われ）、現在から過去へ（消えていく）という存在のあり方の違いである、と考えているのである。そうして現在に現われては消えていく存在、すなわち現象世界にあるものを「有為法《ういほう》」と呼んでいる。

このような考え方に対して、ナーガールジュナは、諸法の実有、すなわち存在それ自体の成立を認めない。アビダルマ哲学が諸法を固定的に、概念的に見ている思考の立場を徹底して批判し、その論理的矛盾を衝《つ》いて否定するのである。

ナーガールジュナは、実有としての法（諸法）とは思惟（分別）によってとらえているものにすぎず、存在そのものは実体として存在せず、空であって、すべて原因・条件によって成立しているのだ、という。この世界にあるものは何一つとして生成変化し消滅しないものはなく、それは単なるもの（諸法）の存在のあり方の違いとして見るべきではない、ものそれ自体の存在がありえないことをいっている、というのである。したがって、生成変化するものが実体をもって生起し消滅するというのは、思惟によってとらえているものを実体化して見ているにすぎない考えであって、縁起の道理に反する——このようにアビダルマ哲学における法有《ほうう》の考えを否定しているのである。

実在論の否定から無諍《むじょう》の立場へ

アビダルマ哲学の法有の立場を否定することは、必然的にものの実在を説く諸思想の批判へと展開することになる。第四〇偈から第四四偈は、実在論を主張する諸思想を批判し、それらの考えを否定する。

たとえものの有《う》（実在）を語る人たちが存在に執着し、同じ道に立っているとしても、そこにいささかの不思議もない。（四〇）

仏教の道にもとづいて、すべては無常である、と語る人々が、論争によって存在に固執しているのは奇異である。（四一）

それとか、これとか、ということを思考して〔有とか無とか〕ととらわれることはないから、知者なら一体誰が論争によって「これが真理である」などというであろうか。（四二）

依存関係を離れて、「自己」とか、「世界」とかということに執着しているが、そのような人々は、常《じょう》住《じゅう》であるとか、常住でないとかなどと見ることに、悲しいかな、心を奪われている。（四三）

依存関係によって存在するものが、もし実在として考えられているなら、そのような人々にも、どうして常住などの誤りが生じないであろうか。（四四）

存在を実体としてとらえる考え方、あるいはものの実在を前提とする思想は、仏教内外の多くの哲学に見られる。それに対してナーガールジュナは、存在の真相は縁起であって、固有の実体をもって存在していいないと実有論を批判し、その考えの誤りを論理的に明らかにしようとした。それとともに、自己をはじめあらゆる存在にとらわれる我執《がしゅう》（「われ」への執着）や我所執《がしょしゅう》（「わがもの」への執着）を捨てて、ありのままに見る空の実践を説いたのである。

ところが、存在を縁起において見るという仏陀とは違った思想的立場に立つ諸思想においては、ものそれ自体の存在を立て、固定的・実体的にものをとらえようとする。これが実在論の立場であるが、その立場からそれぞれの思想を展開したのである。そこに明らかに、根本的な思想の立場に違いがある。ナーガールジュナの思想を理解するためには、まずそのことを明確にしておく必要がある。そこで第四〇偈には、まず仏教外の実在論を取り上げ批判しているのである。

「有を語る人たち」とは、ものの実体を立て、縁起としての存在を見ていない人たちのことで、仏教外の思想家たちのことを指している、とチャンドラキールティは解説する。彼らの思想的立場は、もともと実在論的であって、その立場から学説を立てているのである。したがって彼らが存在を実体としてとらえ、それに固執していても何ら不思議ではない、というのである。ちなみに参考のため、この偈についてのチャンドラキールティの解説を要約しておこう。

たとえばサーンキャ派は、純質《じゅんしつ》・激質《げきしつ》・闇質《あんしつ》という三要素を立て、それらは常に実在するという。またヴァイシェーシカ派は、部分からなるすべての個物を構成するものとして、地《ち》・水《すい》・火《か》・風《ふう》の四元素を立て、それらは恒有《ごうう》（常にある）であると主張する。したがって、彼らが自派の学説において有（実在）を説き、それを認めているとしても、何ら不思議とする理由はない。これに対して仏教徒でありながら、たとえば分別《ふんべつ》論者《ろんしゃ》（アビダルマ哲学者）・経量部《きょうりょうぶ》・唯識《ゆいしき》論者などが、仏教の思想にはありえない存在の恒有を説くことは、全く奇異であるといわざるをえない、と。

「仏の道」とは「縁起の道理」ということを含意《がんい》している。この世界は縁起であるから、無常である、というのが釈尊の教えであるのに、他の思想との論争から、仏教徒でありながら存在に固執して有を立てることは、全く奇異で矛盾しているといわざるをえない、と批判する。

論争とは、自己の主張を立てて他の主張を論破することであるが、「世間はわれと諍《あらそ》うも、われは世間と諍わない」という無諍の立場こそ釈尊の基本的立場であったのであるから、有無をめぐって論争することは、それ自体仏陀の基本的立場に背くものである。したがって存在を有と見ることは、たとえそれが空性《くうしょう》論者に対する論争から出ているとしても、許されることではない。この世界が無常であるというのは、この世界が常住であるとする主張を論破するために説かれたのでないことは、いうまでもない。そうではなくて無常とは、この世界の真相、ありのままの真実であって、「縁起によってあるから」ということが如実《にょじつ》にそれを示している。縁起とは存在の真相であり、理法《りほう》にほかならないからである。

存在の真理とは、論争によって定まるものではない。有とか無とかととらえられないものであって、有無の分別を超えている。「有が真理である、否、無が真理である」と主張して争うことは、全く無意味なのである。ナーガールジュナはそこで、ものを実体としてとらえることを徹底して否定する。空とは有に対する無ではなく、有無を超えている存在の如実相《にょじつそう》であって、実体的に存在を見るのと同じ思想のレヴェルで見てはならない。そこで彼は、ものが空であると見る者には、いかなる主張も立てることはない。したがって主張を立てて他と対立し、論争するということはない、というのである。たとえば『廻諍論』第二九偈には、

もし私が何らかの主張をしているならば、そのような誤りが私に起こるであろう。けれども、私には主張というものがないのだから、誤りはない。

と述べ、無諍の立場を強調している。自己の主張を立てて「これこそ真理である」といってそれに固執するなら、必然的に他と論争することになって、ともに争うことになる。仏陀はこのような思想の対立を無益なものとして退けられたのであって、思想の対立を超えて無諍の立場を教えられたのである。ここで、ナーガールジュナはその立場を受け継いでいるのである。

ものの有無にとらわれる考えは、「自己」とか、「世界」とかにとらわれている執着にほかならない。それは結局、有か無かという、常住論（実在論）か断滅論（虚無論）かという思想の対立を引き起こし、争うことになる。第四三偈は、有無にとらわれるのは依存関係（縁起）というものの真実のあり方を知らないからであることを指摘する。ものがすべて原因や条件に依存して生じ、あるいは滅することを「縁起」というのであって、あらゆるものはこの関係性の上に成り立つのである。このことはすでにかなり詳しく論じた通りである。

ところで、説一切有部などのアビダルマ哲学では、法有、すなわち法（ダルマ）としての存在を実有と考

えている。法（ダルマ）とは、存在の型であり範疇《はんちゅう》であって、いわば概念化された存在である。法（ダルマ）は無数に考えられるが、アビダルマ哲学ではそれらを整理・分類し、いわゆる「五位七十五法《ごいしちじゅうごほう》」の体系にまとめている。そうしてそのうち、現象世界に刹那的（瞬間的）に現われるものを「有為法《ういほう》」と呼んでいる。この有為法は現象世界に現われるとき、自分以外の他の法を因（原因）とし、あるいは縁（条件）として現象世界に生起するとし、それが縁起であるという。

しかし、この法有論に立つ縁起理解はナーガールジュナによって厳しく批判され、否定されたのである。すなわち、原因となり、条件となり、あるいは結果となるものが実体として存在するのではなく、幻のように空であることを、彼は徹底した否定論法をもって論証しようとした。

ここで「依存関係」というのは、「縁起」のことであるが、継時的《けいじてき》な因果関係にのみ限定されていない。長短という相対的関係、親子という同時関係、論理的な因果関係、相互依存の関係など、あらゆる関係を含んでいる。すなわち、関係性一般を指しているといえる。このような関係性の上にあらゆるものが成り立っているのであって、それ自体としては存在しない、空である、と説いたのである。この点については、『因縁心論』の次の偈が注目されよう。

世界はすべて原因と結果からなる。ここには、いかなる衆生も存在しない。ただ、空にすぎないものから、空なるものが生じるにすぎない。

ここで「空なるもの」とは、「われ（自己）」とか、「わがもの（世界）」とかというものが、それ自体としてあるのでないことを指している。煩悩とか業《ごう》とかというものも同じく空であって、この空なる煩悩や業が因となって、苦という空なる果が生じるだけのことである。そこには因となり果となる関係性だけがあって、ほかにいかなる衆生も世界も、また煩悩も業もない、というのである。

自己や世界についての執着は、このように自己や世界が空であること、つまり因と果としてあって、しかも因も果も空であることを知らない無知から生ずる。愚かな人はこの無知のために、自己や世界への執着を離れることができないのであって、そこで対立が生じ、争いが絶えないのである。

縁起を知る者は対立を超える

第四五偈から第五二偈には、縁起を知る者は対立を超え、無諍の立揚に立つことを、次のように述べている。

依存性によって存在するものは、水に映った月のように、実《じつ》でもなく非実《ひじつ》でもない。そのようにいう人々は、邪説に心が奪われることはない。（四五）

存在〔の実体〕を定立することがあると、貪《むさぼ》りや怒りが起こり、忍びがたい有害な謬見《びゅうけん》が生じる。それによって争いが起こる。（四六）

それ（実体の定立）は、すべて邪説のもとであり、それ（邪説）がなければ、煩悩は起こらない。したがってそれ（存在）を知るならば、邪説と煩悩は浄治《じょうじ》される。（四七）

何によってそれを知るのか、というならば、縁起を見るから〔知るの〕であって、依存性によって生

じたものは不生《ふしょう》である、と真実を知る最高者（仏陀）は説いている。　（四八）

誤った知識に制圧され、実在でないものを実在ととらえる人は、偏執《へんしゅう》や争いなどの連鎖が愛着から生じる。　（四九）

心の大きな人々には主張がなく、争いがない。およそ主張がないなら、そのような人々にどうして他の主張があろう。　（五〇）

いかなるものであれ、何らかの依所《えしょ》（すみか）を得ると、煩悩という狡猾《こうかつ》な毒蛇がとらえるであろうが、およそ心が依所を持たないなら、そのような人たちをとらえることはない。　（五一）

心に依所があると、その人たちに煩悩の大毒がどうして生じないであろうか。たとえ愛憎を離れた状態にあるときにも、煩悩の蛇によってとらえられる。　（五二）

続いて第五三偈から第五六偈には、愚者（凡夫）の所得《しょとく》（執着）と聖者の無所得《むしょとく》（無執着）について述べているが、ここではそのなかから一偈だけをあげておく。

愚かな人たちは物に執着し、中間にある人たちは貪りを離れる。物の本性（空）を知る最高の智慧をそなえた人たちは解脱する。　（五五）

これは『六十頌如理論』の要点を示したもので、まず愚かな人は物体すなわち肉体にとらわれ愛着するが、中間にある人は愛着を離れ厭離《おんり》する。これに対して智慧ある人は、肉体への貪《とん》もなく離貪《りとん》もなく、すべてのとらわれを離れて寂静《じゃくじょう》の境地に至るのである。この寂静の境地、すなわち絶対自由の境地が涅槃であって、この境地に到ることを目指すのが智慧のある人であるというのである。

『空七十論《くうしちじゅうろん》』――真理とことば

すべては幻のごとし

『空七十論』は、題名が示す通り、七十の偈頌（現存するチベット訳本では七十三偈）からなる作品で、すべてのもの（一切法《いっさいほう》）は空であって、それ自体――すなわち本体――として存在するのではない、ということを説き明かしている。本書はサンスクリット原本がなく、漢訳もなく、ただチベット訳本が伝わっているにすぎない。幸いにナーガールジュナ自身による注釈が伝えられている。筆者はこの注釈とともに本書の和訳を公刊している（『大乗仏典14　龍樹論集』所収）ので、それを参照していただきたい。

ところでチャンドラキールティが『六十頌如理論』の注釈においていうように、『空七十論』は『中論』第七章・第三四偈の所説を展開して、それを論理的に明らかにしようとしたのである。チャンドラキールティはこの偈を注釈するなかに、

およそ幻などというものは、本体（自性《じしょう》）をもって生じ現に存在している（実在している）のではない。しかし世間では、幻などということばで語られるもの――あるいは識知されるもの――として存在している。ものの生起も、存続も、また衰滅もそのように本体をもってあるのでなく、現に存在するものではないが、教え導こうとする人たちに利益《りやく》を与えよう（すなわち絶対の真理を悟らせよう）と願

う仏陀によって、世間慣用の言説《ごんぜつ》（ことば）として存在する、と教示されたのである。

と述べている。これこそまさしく『空七十論』が説き明かそうとした主題であった、とチャンドラキールティはいうのである。後に詳しく取り上げるが、これは明らかに『空七十論』第一偈によって述べているのである。

〔ものが〕存続する、生起する、消滅する、存在する、存在しない、劣っている、同等である、すぐれている〔などという〕ことを、仏陀は世間の常識（言説）として説かれるのであるが、真実として〔説かれたの〕ではない。　（一）

あらゆるものが空であるとは、いかなるものも、実体をもって存在しているのではないということを意味する。空とはものの実在性を否定しているのであって、それはあたかも幻や陽炎《かげろう》や蜃気楼《しんきろう》などのような存在であるというのである。非実在であっても、幻としてあるということである。

説法する釈尊（サールナート博物館）

私たちは通常ものがあって、それを表示することばがある、と考えがちである。そうしてものを表示することば――概念あるいは観念といってもよい――の普遍性を要請し、そのためにことば、あるいは概念として存在するものを実体化して見がちである。つまり現象世界の背後に本体の世界を考えて、現象世界の存在は絶えず変化し移り変わっていくが、本体の世界は不変であり、それこそ実在するものであるとする、いわゆる実念論《じつねんろん》的な立場に立ってものを考えるのである。

現実にこのような立場から、あらゆる存在を考えようとしたのが、アビダルマ仏教の哲学者たちであった。空の思想はそのような考え方を厳しく批判し、普遍的な概念を実在とすることを否定する。それは「仮《け》名《みょう》」――仮に名づけられたもの――にすぎず、たとえばものが生じ、また滅するといっても、実体として存在するものが現象世界に現われ、また消え去っていくというのではない。それは、たとえば幻のようなものが現われたり消えたりしているにすぎず、そこにいかなる実体としての存在もない。したがって幻といっても、それはすべてが空であることを知らしめるための表示であり、仮名にすぎない、というのであって、『空七十論』がこのことを論じているということは、実に的確な指摘であったといえよう。

このことに関連して注目されるのは、『中論』第二四章に出る次の二偈であろう。すなわち第八偈には、

> 二つの真理に依拠《いきょ》して、仏たちの説法がある。世間世俗《せけんせぞく》の真理と、絶対最高の真理とである。

とあり、続いて第一〇偈に、

> 言語表現（言説）によらなければ、最高の真理は示されない。最高の真理に達せずには、涅槃の悟りは得られない。

とあって、『中論』と『空七十論』との密接なつながりを容易に推測することができる。

第八偈でいう「世俗（saṃvṛti）」とは、第一〇偈にある「言説（言語表現 vyavahāra）」のことであって、

より詳しくは「世間における言説(loka-vyavahāra)」——すなわち日常的なことばによる表現——のことである。チャンドラキールティの『中論』の注釈書である『プラサンナパダー』には、「世俗」を解説して、(1)「世間の言説」ということのほか、(2)相互にささえあって成立していること、また(3)あまねく覆われていること、すなわち無知(無明《むみょう》)に覆われているのが世俗である、といっている。

このうち(3)の解釈は、saṃvṛti に覆うという語義があることからの解説と思われるが、私たちの言説をもってしては真理を説くことができず、かえって真理を覆ってしまう面があることに注目して、このような語義解釈を施したのではないかと考えられる。それはともかく、このようなチャンドラキールティの語義解釈は、われわれのことばでもっては、究極の絶対の真理は説き明かすことができないことを述べていて、それはそれで大変興味深いものがある。

絶対の否定

かつて私は『空七十論』を取り上げ、空の思想的特質を検討したことがあるので、その要点のいくつかをまとめて述べることにする(拙著『ナーガールジュナ研究』第五章、三五一ページ以下を参照)。

すでに述べたように、チャンドラキールティは、本書にいわゆる帰敬偈《ききょうげ》がないことの理由として、本書が『中論』第七章・第三四偈の所説をうけて、その思想を展開したものであるということを述べているが、このことは先にあげた第一偈を見るとき、おのずからチャンドラキールティの本書についての理解の意図が読み取れる。第一偈はまさしく本書の中心テーマを掲げたもので、その帰結は第六六偈から第七一偈に次のように示されている。

諸行《しょぎょう》（生成変化するもの）は蜃気楼や幻、陽炎、水泡《すいほう》、水鏡《みずかがみ》などと等しく、夢や火輪《かりん》と同じである。（六六）

実体として存在はあるのでなく、この世には非存在もあるのでない。原因と条件とから生起した存在、また非存在は空である。（六七）

存在（もの）はすべて、実体が空である。そこで存在の依存関係による生起を、無比なる如来は教示された。（六八）

究極の真理はそれに尽きている。〔しかし〕尊き師仏陀は、世間の常識によって、さまざまのものをすべて正しく仮説《けせつ》された。（六九）

世間の法（もの）として説かれているものを〔仏陀は〕破壊しないし、〔一方〕真実に存在すると説かれたものが、何か一つでもあるのではない。如来が説かれたことを理解しない人は、そのために道理を知らず、これを恐れる。（七〇）

かれ（A）との依存関係から、これ（B）が生じるのであって、この世間の道理を〔仏陀は〕否定されるのではない。依存関係から生じるものは実体がないから、そのものがどうして存在しようか。それ〔がないこと〕は明白である。（七一）

これらの偈頌を見ても明らかなように、事物の生滅《しょうめつ》とか、有無とか、また優劣とか、このような世間における事柄（法）を、仏陀は世間において認められているままに説かれるけれども、絶対の真理としては説かれていない。なぜなら真実には生起も生滅もなく、有も無もなく、またものに優劣などがあるのではないからである。

事物の生滅とか、ものの有無とか、あるいは優劣などということは、通常のわれわれの認識や判断の世界では正しい常識として認められている。むしろ事物の生滅などは、われわれの認識内容として成立しているというべきであろう。また事物の優劣などもわれわれ人間の通常の価値判断として存在し、そこに何ら矛盾があるのではない。自他、有無、善悪などの相対的区別も、世間においては決して無意味ではなく、また価値判断自体に問題があっても、世間で広く認められていることなのである。

ところが、事物はすべて空であるというとき、事物の生滅も、事物の相対的区別も根底から否定される。「生ずるのでもない、滅するのでもない」とか、「有《う》でもなく、無《む》でもない」とか、「自でもなく、他でもない」とか、「善でもなく、悪でもない」などというのは、まさしくそれを示している。あるいは、「生滅を超える」「自他を超える」「善悪を超える」などというのも同じである。

しかしこのようないい方は、明らかにわれわれの通常の思考とは反していて、それでは意味をなさない。すなわち通常の思惟の論理からは逸脱していて、矛盾といわざるをえず、理解できないであろう。しかしこのような通常の思考の枠を突破しなければ、空ということは永久に理解できない。ことばを超えた空の世界は、空がことばを超えているということをことばで表現しなければ示すことができないのであり、それが空の否定表現である。「有るのでもなく、無いのでもない」ということがそれであり、これは一方の否定が他方を肯定するというような否定ではない。有も無もともに否定している、絶対否定なのである。

しかし常識の世界、すなわち有無相対の世界では、「有る」とは「無い」の否定であり、「無い」とは「有る」の否定であって、「有るのでもなく、無いのでもない」ということは成立しない。

それでは有も無もともに否定する絶対否定は、一体何を示そうとしているのであろうか。なぜ生起も消滅も幻であると、両方を否定するのであろうか。その答えは、もはや常識の世界における思考のなかには見出しえない。空の否定は、まずそのことをわれわれに気づかせてくれる。世間の常識的思考の枠を破ることを指し示す、といってもよい。そうして、われわれ人間が有無相対の思考の枠に留まっている――したがって、有無にとらわれている――その束縛から、われわれを解脱《げだつ》せしめるのである。有も無もすべて否定することは、有無の相対的立場を超え、さらに有無のとらわれ――これが有無の邪見《じゃけん》といわれる――を打ち破ることにほかならない。これが答えである。

ことばは仮のもの

ところで、ここに「ことば」の問題が取り上げられていることが、特に注目されるであろう。「世間の言説」とは、世間に広く通用していることば、すなわち世間慣行のことばのことである。このことばは、われわれの思考（判断や思惟など）の枠（概念）であり、それを思考の方法として用いている。つまり、ことばによって思考が成り立っている。したがって世間の言説とは、われわれの日常生活一般における思考の営みを指しているといってよい。

ナーガールジュナは、世間における言説そのものを否定しているのではない。むしろ世間の言説を絶対の真理に達するための手だてとして認めている。ナーガールジュナはそこで、仏陀もこの世間の言説をもって、まず教えを説かれたというのである。しかしそうであるからといって、われわれの日常的なことばや思考が、直ちに究極の真理を明らかにするのではない。それどころか究極の真理を悟るためには、ことばや思考は徹底して否定し尽くされなければならないというのである。ただ、ことばが用いられるのは、ことばを否定することばとしてであって、これを『大乗起信論《だいじょうきしんろん》』などでは「言《ごん》によって言を遣《や》る」といっている。当然のことながら、日常的思考がわれわれのことばなしには成立しないことは、いうまでもない。しかしそうだからといって、そのことばにとらわれ、それを絶対化してはならない。世間の言説は、究極的には――絶対の真理に達するには――捨てなくてはならないのである。

ここでナーガールジュナが明らかにしようとしているのは、思考やことばは絶対の真理においては停止せざるをえないということである。そのために徹底して、日常的思考の枠組みや構造を明らかにしようとする。日常的思考が、われわれのことばによることなしには成立しないことはいうまでもないが、問題は言語を用いる思考がどのような枠組みを持っているか、ということである。

言語は思考の対象である概念と密接につながっていて、それ自身の性質として、常に自己同一性を持つものでなくてはならない。なぜなら、いつどこで誰が語ろうとも、そのことばの意味するものが同一でなくてはならないからである。そうでなければ、言語は用をなさず、概念は統一性を失って思考が成立せず、混乱してしまうからである。このようにことばとは、言表《げんぴょう》する意味が常に同じでなくてはならないし、また概念も常に同一性を持つものでなくてはならない。そうでないと思考内容が混乱し、また意味の伝達も不可能となってしまうであろう。さらにまた、共通の思考基盤が損なわれて思考の客観性がなくなり、認識や判断が混乱矛盾してしまうことになる。

言語はこのように一意性《いちいせい》（一貫した意味を持つこと）を本質としていて、世間はこの一意性の言語を用い、また自己同一性を持つ概念によって対象を客観的に認識している。その場合、認識主体である自己は分別《ふんべつ》的自己であって、対象を概念的に分類・整合し、相対的に二分してとらえるのである。このような分別的自己はことばの一意性を実体的にとらえ、概念としての自己同一性を実体としての存在と同一に見てしまうのである。

しかし言語の一意性は、どこまでも言表の客観性を要求する言語そのものの規範的法則であり、約束なのであって、そのような約束の上に立たなくては、情報伝達をはじめとするわれわれの言語生活の営みそのものが成り立たなくなるのである。したがって一意性は、言表の客観的整合性を成立させるところの言語自身の本質である、ということができよう。このような一意性の言語を用いている思考は、客観性を求めるわれわれの思考における要求を満たすものであるが、そのために言表されるものを実体的にとらえる誤りに陥りやすい。

実体があって、それを言表することばが対応しているのではない。ことばは仮設《けせつ》であって、実体があるのではない。この言語に関する考察は、空思想を考えるとき、きわめて重要である。ことば（概念）と存在とは、決して同一視してはならず、ことばがあるからといって、その対象が実体として存在するのではない。存在と考えているものは仮設にすぎず、ただ世間慣行の名称としてあるだけのことである。

「虚妄なる存在」とは

ナーガールジュナは、ものの生滅などが仏陀によって説かれているのは、世間の慣行によってであり、真実によって説かれているのではない、という。すなわち、ものの生滅などは、真実としては否定される、といっているのである。このことは、言語の一意性によって思考する主体である分別的自己にとっては、容易には理解しがたいことである。

「真実」とは、第一義《だいいちぎ》あるいは勝義《しょうぎ》といわれ、絶対の真理を指している。これに対して世俗、すなわち世間の慣行は、真実でないということにおいて「虚妄」である。したがって、ものの生滅などが真実にあるのでないということは、それらが虚妄としてある、ということを示している。世間の慣行——日常的なことば——においては、ものの生滅は否定されることはないが、しかしそれらは真実にあるのか、というと、仏陀はそれを否定している、というのであって、ものの生滅などは虚妄なるものとしてあるにすぎず、真実にあるものとはいえない、というのである。

虚妄とは仮象《かしょう》といいかえてもよく、したがってものの生滅などは仮象としてあるにすぎないということになる。それは、たとえば幻の存在が生滅するようなものであって、真に存在するものが生滅するのではない。幻とは実在せず虚妄なるものであるから、このように実在性を持たない幻のような存在が生滅しているにすぎず、そこに真実に生滅があるのではない。

すでに述べたように、ナーガールジュナはその著『宝行王正論』に「陽炎《かげろう》のたとえ」をもって、そのことを実に巧みに説き明かしている。水のように見える陽炎は、真に存在するのではない。つまり実在ではなく、虚妄である。ものが生滅するのは、ちょうど陽炎が水に見え、その陽炎である水が生じたり消えたりしているにすぎない。真実に(実際に)水があって、それが生じたり滅したりしているのではない。ところが水に見えたものは陽炎であったと知れば、そのような陽炎が真実に生じたり滅したりすることがないということが、よく理解できるであろう。

ものが生じ滅するという世間の言説において、「もの」のなかには陽炎や幻なども含まれるから、世間のことばとしては「陽炎が生じる、陽炎が滅する」ということは可能であり、その表現自体に問題はない。しかしそこにものの実在を考え、それが生滅するというなら、それは真実でなく、表現自体に矛盾が出てくる。ナーガールジュナは空の論理をもって、その矛盾を明らかにしようとしたのであって、ナーガールジュナが用いる否定論法は、まさしくそこを衝《つ》いているのである。

ナーガールジュナの否定論法

さて『空七十論』の第二偈は、「われ」という不変固有の実体の存在性を否定している。すなわち自我の実在性が否定されるのである。日常の世界においては、自己とか自我とかは認められていて、決して否定されるのでない。たとえば「われ」とか、「わがもの」とかという主体的自己あるいは自己の所有を表わすことばは、日常生活の場においては矛盾なく通用している。しかし文の主語とか、動作の主体とかを示す「われ」は、日常的表現として用いられるにすぎないのに、ことばの一意性（一貫した意味を持つこと）のために、自己同一的な自我の観念を定立し、さらにそこに形而上学《けいじじょうがく》的存在論の範疇《はんちゅう》を持ち込んで、自我の存在を実体として考えるに至ったのではないか、と思われる。まず第二偈をあげる。

自我は存在しない。自我が存在しないのではない。自我が存在し、かつ自我が存在しないのではない。だから、名称は何も存在しない。名称で表わされる事物はすべて涅槃と同じく、実体が空であるから。

この偈を見ると、『中論』第十八章・第六偈が思い浮かぶ。

仏たちは、自我があるとも仮説《けせつ》し、自我がないとも説き、いかなる自我もなく自我がないのでもないとも説いている。

この両者の詩句を合わせて見ると、ナーガールジュナのいっていることがよく理解できる。「仮説」とは、文字通り、仮に説く、ということで、世俗の言説《ごんぜつ》（表現）にしたがって説く、ということを示している。つまり、世間慣行の常識的ないい方のことである。仏たちが「自我がある」というのは、この世間常識の表現によっていっているのであって、決して自我の実体としての存在を認めているのではない。自我の実体性は否定されていて、それが「自我がない」ということである。

「いかなる自我もなく、自我がないのでもない」とは、自我の有と無とをともに否定し、いかなる面においてもその実体性が認められない、と徹底して否定しているのである。これはナーガールジュナ独自の否定論法であって、「空の論理」とはこのような否定論法のことを指している。

それはともかく第二偈には、名称、すなわち名辞《めいじ》とか、概念とかの言語表現のこと、が取り上げられている。空の思想は、ことばの問題が中心になっているといっても過言でなく、その意味で「ことばの論理」あるいは「ことばの哲学」ということも可能であろう。

しかし、空を直接に表わすことばはなく、空はただ「心行寂滅《しんぎょうじゃくめつ》」とか、あるいは「言語道断《ごんごどうだん》」とかと否定的に示されている。ことばでいい表わすことのできないものを示すには、ことばを否定するよりほかはないからである。一方また、世俗世間は「戯論《けろん》（ことばの展開、ことばの多元性）」とか、「分別」とか、あるいは「世俗諦《せぞくたい》」などということばでもって言表しているが、これらは空とは「ことば」の思想であることを如実に示している。

自我があり、かつ自我がない、ということは、もしこれを同時的に考えるなら、それは矛盾であろう。しかし時間のことを考慮に入れるなら、今あっても後になくなることは、日常の経験においてもよく知られていることで、その表現自体には矛盾はない。しかしナーガールジュナが「自我があるのでもなく、ないのでもない」と語るとき、異時とか同時とかいう時間のことは入っていない。時間に関係なく、論理的にいっているのであって、自我の非実在性を論理的に説明しようとしている。したがって、実在しない自我がある（有）とか、ない（無）とかいうことはできず、実在せず虚妄にすぎないものは、有とも無ともとらえられず、そこで有でもなく無でもない、と有無がともに否定されるのである。

すでに「陽炎《かげろう》のたとえ」で述べたように、陽炎を虚妄（非実在）と知らず、水に見えた陽炎にとらわれて――陽炎の真実である虚妄を知らず――その有無に固執するなら、これほど愚かなことはない。そこでナーガールジュナは、自我ということばがあり、概念があるからといって、自我の実在性を立てることは誤りである、と論理的に徹底してこれを否定していく。

このナーガールジュナ独自の否定論法については、第四章で詳しく取り上げたいと思うが、自我の有無についての否定論法に関連した問題について少し触れると、ここには「われあり」、「われなし」、「われあり、かつわれなし」ということに対して、順次否定が述べられている。これはテトラレンマ（四句《しく》による否定論法）の変形あるいは省略形と見ることができ、しばしばナーガールジュナの否定論法に現われる。「われ」を定立すると、そこに必然的に、有であるか、無であるか、有かつ無であるか、非有かつ非無であるか、という四句分別が生じることになり、ナーガールジュナはいずれも論理的に矛盾すると、これらを徹底して否定するのである。

「実体としての生起」の否定

一切の事物は実体が空である――これは初期大乗仏教において、特に般若経典《はんにゃ》において説かれたが、そのことを明らかにする論理は何か、という課題に答えていったのがナーガールジュナであった。そのことは周知の通りであるが、彼は第三偈以下に、因《いん》と縁《えん》をはじめ、生《しょう》と滅《めつ》、因《いん》と果《か》、有と無、多《た》と一《いち》などについて、それらが空であることを明らかにするために否定論法を駆使する。まず、第三偈に、

あらゆるものの実体は、因であれ、縁であれ、〔因と縁の〕集合であれ、いずれのものにも、どこにもあるのでないから、空である。

と、因（原因）であれ、縁（条件）であれ、因と縁の集合であれ、それらのいずれにも実体は存在しないから、すべて事物は空であるという。

いうまでもなく、この否定の論理は、あらゆる一切の事物が縁起（因縁生起《いんねんしょうき》）であるということを前提としている。すなわち、一切の事物は因と縁とに依存して成立（あるいは存在）しているのであって、それら因と縁のいずれにも、またそれらの集合にも、一切の事物の実体があるのではないから、すべて事物は空であるというのである。なぜなら実体とは、他に依存せず、単一にして変わらず、常に自己同一性を保持しているものであるからであって、そのようなものは因と縁のどこにも見られないからである。

第四偈以下には、ものの生起を否定していう。

あるもの（有）は、あるのであるから、生起することはない。ないもの（無）はないものであるから、〔生起することは〕ない。ありかつないものは、矛盾であるから、〔生起することは〕ない。生起がないから、持続も消滅もない。（四）

すでに生起しているものは、生起することはない。いまだ生起していないものも、生起することはない。生起しているときも、また生起することはない。なぜなら、すでに生起したものといまだ生起していないもの〔をはなれて、生起しているときはないの〕であるから。（五）

果があるなら、果を持つ因がある〔ことになる〕。それ（果）がないなら、因でないものと同じになる。あるのでもないのでもないなら、矛盾する。〔初《しょ》・中《ちゅう》・後《ご》の〕三時《さんじ》のいずれにも〔因は〕ありえない。（六）

一がなければ多はなく、多がなければ一はない。したがって、依存関係によってものは生じるのであって、独自性は存在しない。（七）

このなか、第四偈は、ものの生起についての、したがって持続と消滅についての否定論証である。説一切《せついっさい》有部《うぶ》などのアビダルマ仏教では、現象の事物は生じ、持続し、消滅する、という「有為《うい》の三相《さんそう》」を説いている。しかし、ものが実体として存在するならば、これらものの生起も、したがって持続も消滅も、論理的に成り立たなくなる。

この生起の否定においてナーガールジュナは、次のように否定論証を展開する。すなわち有が生起するのか、無が生起するのか、有かつ無が生起するのか、のいずれかにおいて生起が考えられるが、いずれも論理的に矛盾して成立しないから、生起はありえないと否定するのである。有からの生起とは、たとえば世界は純粋有《じゅんすいう》である一者《いっしゃ》から生じているという考え方に見られる。また無から世界は成立するといえば、無からの生起という考えになる。有かつ無からの生起というときも、同じである。ナーガールジュナは、いずれも論理的に矛盾すると否定するのである。

すなわち有（ある）とは、現に存在していることであり、生起とはものが存在するようになることであって、現に存在しているものがさらに存在するようになるということは、明らかに論理的に矛盾する。一方また、無（ない）とは存在していないことであり、存在しないものが存在するということも明らかに矛盾である。さらにまた、有かつ無（あり、かつない）とは、そのこと自体が矛盾であるから、かくてものの生起はありえないことになる。

これはナーガールジュナの否定論証の一例であって、彼はそのために同一律《どういつりつ》・矛盾律《むじゅんりつ》・排中律《はいちゅうりつ》の論理法則をはじめ、テトラレンマやディレンマ（二句による否定論法）などを駆使して、独自の否定論法（帰謬《きびゅう》論法）を展開する。またその帰謬論法も一様ではなく、否定論証の内容も多岐にわたっていて、理解するのもなかなか容易ではない。

それはともかく、ここで注意しなくてはならないのは、彼はわれわれの現実に見られるものの生起という事象そのものを否定しているのではない。たとえば種子から芽が出るという自然現象や、ある行為からある結果が生まれるという人為的事象などにおいて、生起ということは妥当性をもって成立し、そのことを否定するのではない。もし彼がそのことまで否定しているとしたら、彼の否定論証は全く無意味になってしまうであろう。彼が否定しているのは、ものの実在性を前提として、そのものの有とか無とかを立ててものの生起をとらえる考え方であって、それでは生起ということは成立しない、と論理的にその矛盾を衝いて否定するのである。

第五偈は同じくものの生起を否定するが、前偈では有無をもってする生起のとらえ方では、論理的に矛盾すると生起を否定したが、ここでは時間の視点からものの生起を否定している。すなわち、すでに生起しているものが生起するのか、いまだ生起していないものが生起するのか、現に生起しつつあるものが生起するのか、という已生《いしょう》と未生《みしょう》と現時生《げんじしょう》との三点から生起が考えられるが、いずれも論理的に矛盾するから生起ということは成立しない、と否定する。

第六偈は同じく生起の否定を、因果関係の面から述べる。すなわち、生起は因から果へというものの移行として見られているが、果があるとしても、ないとしても、あるのでもないのでもないとしても、いずれも因は認められないし、また因が果より先にあるとしても、後にあるとしても、同時にあるとしても、いずれも論理的に矛盾するから、結局、因から果が生起することは成立しないと否定する。

第七偈は数の概念を取り上げ、一とか二とか、あるいは多とかということは実在せず、と否定する。なぜなら、「一は多と相対し、多は一に相対して成立するのであって、これらは相対関係にあり、個々別々に独立して存在しているのではないから、という。このようにいずれの視点からしても、ものは実在として生起するのではない、と徹底して否定するのである。

ことばに対応する実在はない

第八偈から第一四偈までは、十二支縁起《じゅうにし》を取り上げる。ここで縁起の関係も、縁起によって生ずるもの（縁起の十二支）も実在せず、すべては空であることを弁証《べんしょう》しようとしている。しかし、そこに見られるナーガールジュナの否定論証は、決して理解しやすいものではない。ただ、少なくとも彼がわれわれの分別的な思惟を徹底して検討し、その思惟の本質を論理的に追究するとき、その論理の行き着くところにおいて矛盾に陥らざるをえないこと、しかも、そのことを思惟の論理を尽くして弁証しようとしていることを知りうるであろう。

われわれの思惟においては、現実のあらゆる物事が、それぞれ独立の存在性を持つ個物と個物との関係としてとらえられる。しかも一意性を持つ言語によってそれらがいい表わされるため、それらの物事が実体性とか、自己同一性とか客観性とか、という思考の枠のなかで対象的に認識され、現象の背後にある本質的存在、すなわち実体（本体）として存在するものと考えられてしまうのである。つまり、思惟の世界にある存在が、形而上学的な存在の範疇《はんちゅう》をもって見られてしまうのであって、ナーガールジュナはこのような思惟の世界にあるものを存在の本質と同一視している思考の立場を取り上げ、論理的にその矛盾を衝いて、これを否定するのである。その論法は徹底した帰謬論法であって、そこに彼独自のものがあり、これが「空の論理」といわれるゆえんである。

一般に思惟の三原則といわれている同一律・矛盾律・排中律は、思惟がよっている一意性の言語の規範法則であると見ることができるが、しばしば誤解されてきた存在論的命題とは一致するものではない。現代における命題論理学は言表の有意味性を規定するもの、すなわち言表の真偽性《しんぎせい》を表わす規範として、三原則をとらえているが、ナーガールジュナの考えのなかにそのような認識があったかどうかは明確ではない。しかし少なくとも、思惟の世界に、存在の範疇を持ち込むことの誤りを見ていた、ということはできるであろう。ことばや概念は思惟を成立させるものであっても、ことばや概念に対応するものを実在としてとらえることをしてはならないのである。

第一五偈以下は、空の思想を否定する論者たちの論難と、それに対するナーガールジュナ自身による論破とをあげている。はじめに次のようにいう。

〔対論者は難じていう――〕
もし、ものが実体として存在しないなら、劣っているとか、同等であるとか、すぐれているとかということはありえず、多種性（種々の性質）は成立せず、因によって現成《げんじょう》することもない。　（一五）

〔対論者に答えていう――〕
実体として成立しているなら、依存関係によって存在するものとはならない。依存関係なくしては、

一体どこに〔それらが〕存在するであろうか。〔それらは〕実体のないものとはならないし、実体があるなら消滅しない。（一六）

このような論難と回答を見ると、『中論』第二四章のはじめに出る対論者の論難と、その回答を思い起こす。そこでは、もしすべては空であるならば、四諦《したい》をはじめ一切のことが成り立たなくなる、と難じるのに対して、そうではなく、空であるからこそ一切が成立する、と答えている。その詳細は第四章で改めて論じることにするが、本論第一八偈以下には、論難と回答のやりとりがあって興味深いものがあるので、そのはじめの部分を紹介しておこう。

〔対論者の反駁――〕

もしものが空であるなら、そのものは滅せず、生じないであろう。自体が空であるものに、どこに滅があり、どこに生があろうか。（一八）

〔反駁《はんばく》への回答――〕

有《う》と非有《ひう》は同時にあるのではない。非有がなければ有はない。常に有かつ非有となるであろう。有がなければ非有はありえない。（一九）

ものが有であるとき恒常《こうじょう》（常にある）であり、無なるとき必ず断滅《だんめつ》である（常にない）。ものがあるとき、この両者の〔いずれか〕になる。したがって、ものは認められない。（二一）

〔対論者の反駁――〕

〔ものには〕相続《そうぞく》（連続）ということがあるから、そのことはなく、因を付与し終われば、ものは滅する。（二二ａｂ）

〔反駁への回答──〕

先と同じく、このことは成立しない。相続の断滅（連続しているものに断絶というものがある）という過誤もある。（二二ｃｄ）

ナーガールジュナは『空七十論』において、このように空ということに向けられる反論者の論駁《ろんばく》を次々とあげて、その論駁への回答を述べている。これによって空とは何か、ということを明らかにしようとしているのである。すべてのものは空である、ということを認めようとしない反対論者は、空である（すなわち実体として成立していない）なら、ものの生滅をはじめ、すべてが成立しなくなるであろうと反駁する。ナーガールジュナはこの論駁に対して、実体として成立しているなら、依存関係によってものが成立するという「縁起の道理」と矛盾する、とその誤りを指摘して、その考え方を否定しているのである。

『廻諍論《えじょうろん》』──空のはたらき

ニヤーヤ学派・アビダルマ哲学との対論

『廻諍論』は七十の偈頌とそれらの偈頌に対するナーガールジュナ自身の注釈からなり、サンスクリット原文のほか、チベット訳と漢訳が現存する。また梶山雄一氏による原文からの和訳があり、『大乗仏典14

龍樹論集』に収められている。

同書の「解説」によると、本書について次のように述べている。

本書はアールヤー韻律《いんりつ》による七十の偈頌と、いちいちの偈頌に対する著者自身の散文による注釈から成る。第一～二〇頌のあいだには存在には本体（自性《じしょう》）があるとする対論者の主張が展開され、第二一頌以下が著者のそれに対する批判となっている。本書で、実在論を代表する対論者には二種ある。第五、六頌に確実な認識方法を知覚・推理・証言・比定の四つに分類する理論が見えることから、第一～六頌のあいだにあらわれる対論者がニヤーヤ学派であることがわかる。この学派はヴァイシェーシカ学派の実在論的形而上学《けいじじょうがく》を継承し、その上に認識論と論理学の体系を構築した。第七頌の注釈にあらわれる百十九法の分類はテキストに混乱もあり、いずれの学派のものか確定できないが、その分類の仕方や第八頌以下の議論からみて、第七～二〇頌の対論者がアビダルマ哲学者であることは明らかである。ナーガールジュナは第二一頌以下において、ニヤーヤ学派の知識論とアビダルマの範疇論《はんちゅうろん》的実在論を逐一《ちくいち》批判し、それらの理論の基礎にある本体の概念を空の論理によって否定する。

ところで、すでに触れたように、中観《ちゅうがん》学派の代表的論師《ろんじ》の一人であるチャンドラキールティは、『六十頌如理論』の注釈において、『廻諍論』は『空七十論』とともに『中論』から展開されたものであること、すなわち『廻諍論』は『中論』第一章・第三偈に、

もろもろの存在の自性（それ自身の実体）は、縁などのなかに存在しない。自性がないのに、他性《たしょう》

がどうして存在しようか。

といわれていることについて、対論者からの論難とそれに対するナーガールジュナの回答を述べたものである、と指摘している。対論者の論難とは、ナーガールジュナがあらゆる事物が実体をもって存在しない、とものの非実在性を指摘することに対して、ものの実在性、すなわち事物にはすべて実体があるとする主張のことである。『廻諍論』は、まずこの実在論者の主張をあげ、次にナーガールジュナ自身によるその批判を展開しているのである。

事物に先立つ関係性

『中論』第一章・第三偈のことばは、明らかにアビダルマ論師たちの縁起の考え方を取り上げ、それを批判している。なぜならアビダルマ哲学において、縁起とは因縁《いんねん》をはじめ諸縁によってものが生起するということで、それらの諸縁を四つ——これを四縁《しえん》という——にまとめて説いている。ここで縁とは原因のことで、(1)因縁とは、直接的・内的原因、(2)等無間縁《とうむけんえん》とは、前刹那《ぜんせつな》（前の瞬間）の心の滅《めつ》が次の心が生じる原因であること（継時《けいじ》的因果関係）、(3)所縁縁《しょえんねん》とは、認識の対象が認識を起こさせる原因であること（主観・客観の因果関係）、(4)増上縁《ぞうじょうえん》とは、前の三種類以外のすべての原因をいい、これに他のものが生ずるのに力を与える場合——これを与力《よりき》増上縁という——と、他のものが生ずるのを妨げないことが原因となるという場合——これを無力《むりき》増上縁という——とがある。

アビダルマ哲学ではこのように縁を四種類にまとめているが、「縁など」というなかには、これらの四縁をはじめ、縁起におけるあらゆる関係、時間的・空間的な相対関係、さらに相互依存の関係、論理的な関係など、あらゆる因果関係が考えられていることが推定できる。

ところで、ナーガールジュナはこれらの因果関係を否定し、それらが論理的に矛盾を含んでいることを論証しようとしているが、通常、原因と結果の関係は明らかな道理であって、何人《なんぴと》もそれを否定することはできないであろう、そこで仏教はこの道理に立って悟りの道を説いているのであって、そのことはたとえば「四諦《したい》の教え」を見れば明らかではないか、それなのに一体どうして因果関係は成立しない、というのであろうか――このような反論や論難が出てきそうである。事実、『中論』第二四章を見ると、はじめに「一切が空であるとすると、四諦をはじめ一切の教えが成り立たなくなる」という論難のことが出ている。

ナーガールジュナがいっているのは、ものの実体に固執《こしゅう》する立場では、因果関係も論理的関係も成り立たない、ということである。そのことを論証するために、ナーガールジュナはあらゆる因果関係を徹底して検討し、それらが論理的に矛盾していることを明らかにしようとしたのである。空の論理とは、この否定論証のことにほかならない。

ナーガールジュナは、存在（すなわち存在するもの）の実体は縁などのなかには存在しない、といっている。これは縁起関係と事物の実体性とを同時に認めようとするならば、すなわち実体を立てて事物の縁起関係を考えるならば、縁起関係も、縁起関係によってある一切の事物も論理的に矛盾し、成り立たない、ということをいっているのである。
いいかえると、因果関係とは個々の存在がすでに先にあって、そのことが前提となって因果関係が成り立つということではない。そのような実在論的な見方に立つならば、縁起関係も縁起の存在も矛盾し、認められない、とナーガールジュナはいっているのである。縁起とは、縁によって成り立っている、ということであるが、ここで縁とは、広く関係性のことを指しているということができよう。すでに紹介したことであるが、ここで再度ソシュールのことばを引用しておこう。

……事物そのものに先立って事物と事物のあいだの関係が存在し、その関係がこれら事物を決定する役割を果す。……いかなる事物も、いかなる対象も、一瞬たりとも即自的《そくじ》には与えられていない。

ソシュールのいっているのは、因果関係とか縁起関係とかいう関係性が因《いん》(原因)とか縁《えん》(条件)とか果《か》(結果)とかを定めていくということであって、決して因とか縁とかの事物がそれ自体として存在し、それらの間に関係が成り立つのではない、ということである。これこそ、ナーガールジュナが否定論証をもって明らかにしようとしたことであって、実在論的な考え方や観念論的な思考方法を根底から逆転させることを意図していたといえよう。
たとえば、美しく花が咲いているとしよう。大地を耕して花の種を播《ま》き、肥料を与え、水をかけ、日光にあて、大切に育てたから美しい花が咲いたのだ——通常われわれはそのように考える。また花の種子という因があり、大地をはじめ、雨の潤《うるお》い、日の光などの縁(恵みの条件)があって種子から芽が出、生長し、花が咲いた、と考えている。そのような考えのなかには、因や縁が先にあって、果が後に出るという暗黙の前提がある。そこには、いかなる事物もすべて実体（自性）をもって存在すると考える、実在論の立場が見られる。そのため必然的に、実在する因と縁とによって果が成立する、という実在論的な縁起理解を生むのである。

しかし、このような縁起の見方は、厳しくナーガールジュナによって否定されるのである。なぜならそれは実在論的な、形而上学的観念のなかにある花であって、そのような花は、ここに今咲いている花ではないからである。花が咲いているという事実だけがあって、その花そのものが種子であり、大地であり、雨の湿りであり、温かい日の光であって、これが花のありのままであり、花そのものの真実なのである。そこにはただ花だけがあって、因もなく縁もなく、したがって果もない。まさしく、因も縁も果もすべて空なのである。

ちなみに主体と作用との関係に関して、ウィトゲンシュタインも、次のようにいっているという（竹村牧男『「覚り」と「空」――インド仏教の展開』講談社現代新書、講談社、一九九二年、一八六～七ページ）。

私が「私が痛みを感じている」と言うとき、私は痛みを感じているある人を指示しはしない。なぜなら、ある意味で私は、痛みを感じている人が誰であるかを全く知らないのであるから。

ウィトゲンシュタインのいっていることは、黒崎宏氏によると、「たとえば、私自身が激しい歯痛を感じている時は、たとえ『私は歯が痛い』と言うとしても、その時私は歯痛そのものである。歯痛のほかに、それを感じている私などというものは何処にも存在しません。……私はしかじかのものを見ている、と言う時も同じです。その時、私はその視覚風景そのものです。その視覚風景の他に、それを見ている私などというものは存在しません」ということであって、主体と作用との二元的とらえ方を否定しているのである。これはまさしくナーガールジュナの空の否定論証に一致している、という。全く同感である。

ナーガールジュナの否定論証は、有と無、同一と差異、生起と消滅、原因と結果、実体と属性《ぞくせい》、主体と作用、主観と客観などの関係、あるいは前と後、上と下などの時間・空間の相対的関係、さらに前提と帰結《きけつ》の論理的関係など、実に多岐にわたって展開され、ものの自性を考えるなら、これらの関係がすべて成り立たなくなると、その矛盾を明らかにしているのである。チャンドラキールティは、これこそ『廻諍論』の中心テーマである、といっているのであるが、本書は、題名が示しているように、論難に対する回答の書、すなわち実在論的立場からの論難に対して徹底した批判を述べ、しかも否定論証をもって論理的にその矛盾を明らかにした論理の書であるといえよう。以下に本書を引用しながら、その点を論じてみよう。

対論者からの論難

第一偈以下に、まず対論者の論難と主張を次のようにあげている。

【ニヤーヤ学派からの批判】

〔中観者《ちゅうがんしゃ》のいうように〕もしどこにも、いかなるものにも実体（自性）というものがないとすれば、君（中観者）のことばも実体を持たないが、それでは実体を否定することもできない。（一）

これに反して、もしこのことばが実体を持つものであれば、君の先の主張は破れる。〔君の二つの命題には〕不一致があり、それに対する特別の理由が説明されねばならない。 （二）

「するな」という声が、〔上述の不一致についての解決を〕例証しうる、と君は考えるであろうが、それも妥当しない。というのは、その場合には〔現に〕実在している声によって、〔将来〕生じてくるであろう他の〔声の〕禁止がなされるのだから。 （三）

〔中観者による実体の〕否定に対する〔われわれの〕否定も同じように〔誤っていると〕考えるかもしれないが、それは正しくない。このように形式において成り立たなくなるのは君の主張であって、私の主張ではない。 （四）

たとえ君が、まず知覚によってものを認識してから〔その実体を〕しりぞけるとしても、ものを認識する方法であるその知覚は、〔君にとって〕存在しない。 （五）

推理・証言・比定も、さらに、推理や証言によって証明される対象や、比喩によって比定される対象も、知覚〔の批判〕によってすでに答えられている。 （六）

【アビダルマ哲学からの批判】

事物（法）の部位に通じた人々は、善である諸事物には善の実体があると考える。その他〔の諸事物〕に対しても、それぞれの〔実体の〕配分がなされている。 （七）

迷界《めいかい》からの出離《しゅつり》に導くものとして定められた事物の部位にあるものには、出離に導く実体がある。出離に導かないもの、その他についても事情は同じである。（八）
もし諸事物に実体がないならば、実体を持たないもの、というこの名称も同様に存在しないであろう。何となれば、〔対応する〕実在物を持たない名称はありえないからである。（九）
また、実体はあるけれども、それは諸事物にはないというのであれば、それならば、諸事物とは別にその実体が属しているものを説明しなければならない。（一〇）
「家に壺はない」という形の否定は、〔本来、壺というものが〕存在しているときにこそ見られる。したがって、君にとっても、実体があるときにだけ、その否定はありうるのである。（一一）
あるいは、その実体がないならば、君はそのことばによって何を否定するのか。というのは、存在しないものの否定は、ことさらにことばをまたずとも成立しているのであるから。（一二）
たとえば、愚人は誤って陽炎《かげろう》を水であるかのように理解する。そのように存在しないものを誤って〔存在するとする〕理解が、君にとって否定されるものとしてある〔と君は考える〕であろう。（一三）
たとえこのような場合にも、理解、理解されるもの、理解する人、否定、否定されるもの、否定する人、という六つのものは存在するではないか。（一四）
あるいはもし、理解も、理解されるものも、理解する人もないというならば、その否定も、否定されるべきものも、否定する人々も、ないことになるではないか。（一五）

そしてもしも、否定、否定されるもの、否定する人々もないならば、すべてのものは存在するし、それらの実体も存在することになる。（一六）

君〔の議論〕には根拠がない。実体が否定されてしまうのだから、どうして根拠がありえようか。君の議論の内容に根拠がないときには、それが証明されるわけはない。（一七）

もし、君の実体の否認が根拠もなしに成立するというのなら、私のほうでも、根拠をまたないで実体のあることが成立しよう。（一八）

逆に、根拠があるならば、ものに実体がないということはうそになる。どこの世界にも、実体を持たないものなどは何もありはしないからである。（一九）

否定が先にあって、否定されるものが後にあるということはありえない。否定が後で〔否定されるものが先で〕あっても、〔両者が〕同時であっても、〔否定は〕成り立たない。（二〇）

以上が、対論者すなわち実在論者からの論難である。ナーガールジュナの頃、内にはアビダルマ哲学があり、外にはヴァイシェーシカ哲学を継承するニヤーヤ学派の論理学や、サーンキャ学派の哲学思想などがあった。ナーガールジュナは、それらの哲学思想がものの実在を説き、実在するものとは、実体、属性、作用の三つがそなわるもののことであると考えていたことを批判し、すべて存在はいかなるものにも実体がなく、空である、と説いたのである。そこで対論者の論難は、ナーガールジュナがものの実在を否定していることに、もっぱら向けられている。

このような論難に対して、ナーガールジュナはどのように回答していったか。次にそれを検討しよう。

空なるもののはたらき

『廻諍論』は、はじめの二十偈に対論者からの中観者に対する論難を掲げ、第二一偈以下に一つ一つその回答を述べている。対論者とは仏教外ではニヤーヤ学派であり、仏教内ではアビダルマの哲学者たちであった。彼らは、すべて存在する事物は本体（実体）があり、本体のないものは陽炎のような虚妄の存在であって、そのようなものは真に存在するものではない、という実在論の見解に立っていた。そこで、すべてのものは本体が空であるというナーガールジュナに対して、論難を投げかけたのであって、当然それらの論難は予想されたことであった。

論難は、一口でいうと、ものはいかなるものも本体が空である、という本体の否定に対する論駁《ろんばく》であった。なぜなら、本体の否定は、本体（もの自体）があるという彼らの見解を、その根底から否定するものであったからである。

論難のはじめは、ものの実在を否定する「ことば」そのものに向けられる。もしすべてのものは本体を持たず空であるなら、「空である」ということばも本体を持たないが、それでは本体を否定することもできない、と難ずるのである。

ナーガールジュナは、この論難に次のように答えている。

もし私のことばが、因と縁とを合わせた全体のなかにも、それらから独立なものとしても存在しないならば、本体がないことになるから、ものの空性《くうしょう》は証明されるではないか。（二一）

ここでナーガールジュナは対論者の論難を逆用して、もしことばがどこにも本体がないというなら、まさしくそのことによって空性ということが証明されるではないか、と答えている。

ところが対論者は、ことばが空であるなら、そのようなことばでもって本体を否定することはできない、という。ここには明らかに空ということの理解が、ナーガールジュナのそれとは異なっていることが見られる。彼らは空を実在を否定する単なる非実在、すなわち実有《じつう》を否定する虚無、として理解している。そこで実在しないものがものを否定し、あるいは逆にものを肯定することがどうしてできようか、と難ずるのである。そこでナーガールジュナは、空とは単なる虚無をいっているのではないことを示して、

ものが他によって存在することが空性（空ということ）の意味である、とわれわれはいうのである。他による存在には実体（本体）はない。（二二）

という。この偈の注釈によると、対論者はものが空であるということの意味を確かめないで、われわれのことばに実体がないから、ものの実体は否定されない、と非難を投げかけているといい、ものが他によって存在していることこそ空ということなのである、と空ということの意味を説明する。続いて、他によって生じているものはそれ自体として存在しているのではないから、本体を持たない、と論じ、さらにまた、これに対してものが本体として存在するならば、因や縁がなくても、それは存在するであろうが、実際には、もの

は存在しないから、ものは本体がないものであり、本体がないから空である、ともいう。

このように述べて、車とか、壷とか、布などは、他によって生じてきたものであるために本体(実体)が空であるけれども、木や草や土を運んだり、蜜や水や牛乳を盛ったり、寒さとか、風とか、熱暑などから身を保護するというはたらきをするのであって、それと同じように私のことばも、他から生じたものであるから本体を持たないけれども、ものに本体のないことを証明するはたらきをする、と答えている。

論難に対する回答

ところで、対論者の論難を述べている偈頌と、それらの論難に対する回答を示している偈頌とを対応して列記すると、おおよそ次のようになるであろう。

【ニヤーヤ学派との対論】

第一偈……………………………………第二一~二三偈
第二偈……………………………………第二四偈
第三偈……………………………………第二五~二七偈
第四偈……………………………………第二八~二九偈
第五~六偈………………………………第三〇~五一偈

【アビダルマ哲学者との対論】

第七〜八偈……第五二〜五六偈
第九偈……第五七〜五九偈
第一〇偈……第六〇偈
第一一偈……第六一〜六三偈
第一二偈……第六四偈
第一三〜一六偈……第六五〜六七偈
第一七偈……第六八偈
（第一八偈、第一九偈）
第二〇偈……第六九〜七〇偈

以下に、第二偈から第二〇偈に述べた論難に対する回答を述べている、それぞれの主な偈頌を列挙する。先にあげた対論者の論駁を述べている偈頌と対照しながら、読んでいただきたい。

【ニヤーヤ学派への回答】

このことば（本体を否定することば）は本体を持つものではないから、私に議論の破綻《はたん》はない。また不一致性もないのだし、特別の理由を述べる必要もない。（二四）

君が提示した「……するな」という声、ということは、たとえとはならない。というのは、それは声

によって声を禁止するのであるが、この〔われわれのいう〕ことは、それとは違っているからである。（二五）

もし私が何らかの主張をしているならば、そのような誤りが私に起こるであろうが、私には主張というものがないのだから、誤りは私にはない。（二九）

もし私が、知覚その他〔の認識方法〕によって何かを認識するとしたら、私は肯定的に主張したり、否定的に主張したりするであろうが、それがないのだから〔君のいうことは〕私への非難にならない。（三〇）

【アビダルマ哲学への回答】

もし事物の部位に通じた人々が、「善である諸事物には善の本体がある」というならば、〔事物とその本体は〕そのように別々に表現されるものとなろう。（五二）

この場合、「本体を持つもの、という名称が実在する」と主張する人々をこそ、君はこのように批判すべきなのだ。しかし、われわれはそうはいわない。（五七）

また、本体はあるけれども、それは諸事物にはないということを前提として述べているが、そのようなことは前提とされていない。（六〇）

もし否定は存在しているものについてだけ可能だというならば、空性は是認されていることになるではないか。というのは、君はものに本体がないということを否定するからである。（六一）

「存在しないものの否定は、ことばをまたないで成立する」と〔君は〕いったが、この場合、ことばは、「存在しない」と知らせるのであって、その存在を消滅させるわけではない。（六四）

君はまた陽炎のたとえについて大議論を展開したが、それについても、このたとえがどのようにして正当に理解しうるものか、結論を聞け。（六五）

もしその誤解が本体としてあるならば、それは他によって生じたものではない。一方、その誤解が他によって生じるならば、それこそが空性ではないか。（六六）

そして、もし誤解が本体としてあるならば、誰がその誤解を除きえようか。残余のものについてもこの道理があてはまる。だから、それは非難にはならない。（六七）

先に陽炎のたとえをしりぞける理屈のなかで〔君が〕説いた「根拠がない」という〔非難〕に対して、われわれはすでに上述したことによって答えている――事情は同じなのだから。（六八）

〔先・後・同時の〕三つの時間的関係に対する論拠はすでに答えられている――事情が同じであるから。しかも、三つの時間的関係を否定する論拠は、空性を論じる者にあてはまるのである。（六九）

空なればこそ、すべてが成り立つ

『廻諍論』は、このように対論者の論難に答えて、終わりの第七〇偈に次のように結んでいる。

この空性を会得《えとく》する人には、すべてのものが会得される。空性を会得しない人には、いかなるものも会得されない。

この偈の注釈において、ナーガールジュナは、空性が理解されるなら、あらゆる場合に世間《せけん》および出世間《しゅっせけん》のことが理解されるであろう、なぜなら空性を理解する人には他による生起（すなわち縁起）が理解され、他による生起を理解する人には、苦《く》・集《じゅう》・滅《めつ》・道《どう》の四聖諦《ししょうたい》をはじめ仏《ぶっ》・法《ぽう》・僧《そう》の三宝《さんぼう》等が理解され、さらに徳（善）と非徳（不善）、煩悩等のことが理解されるからである、といい、次のように本書の論述を結んでいる――。

今までにあげたこれらすべてのものを理解する人には、よい生存と悪い生存の区別、よい生存と悪い生存への輪廻《りんね》、よい生存と悪い生存に導く道、よい生存と悪い生存を超越すること、よい生存と悪い生存を超越する方法、さらに、世間のすべての言語習慣が確認されるのである。このような仕方によって自分で〔さまざまなことを〕理解しなければならない――ことばによっては、わずかのことしか述べるわけにはいかないのであるから。

私はここに、本書の目指している目的が適確に示されていると思う。

本書は古来「正理《しょうり》の書」といわれ、空の論理を展開している論書《ろんしょ》であると見られてきた。確かに本書を読むと、その面が強くうかがえる。世間の常識を超えた難解な論理的表現に出会い、戸惑うことも再三あって、到底理解が不可能と思われるところもある。また論述の意図や目的がわからないこともあって、そのために論旨を見失い、何を述べようとしているか把握しがたいところもある。

しかしそれは世間の常識にとらわれ、実在論的な思考に縛られていたためであって、ナーガールジュナはそのようなわれわれのとらわれ――それは根本的にはわれわれのことばへのとらわれの問題である――を取り除き、実在論的な思考方法――それは本体を立ててものを見ようとする存在論の問題でもある――の束縛からわれわれを解放し、如実《にょじつ》にものを見ることを明らかにするためであったのであろう。そのためにナーガールジュナは対論者の非難を徹底して、すなわち論理を尽くして検証し、対論者の論難は妥当せず、論理的に矛盾すると否定したのであろう。

ちなみに、本書第七〇偈と同一の見解が『中論』第二四章・第一四偈にも見える。すなわち、

空であることが妥当するものには、すべてのものが妥当する。〔これに対して〕空が妥当しないものには、すべてのものが妥当しない。

『中論』第二四章は「観四諦品《かんしたいぼん》」であって、はじめに第一偈から第六偈にかけて、対論者の論難をあげ、第七偈からナーガールジュナの回答が示されている。その論述の形式は本書とよく似ているが、ここにあげている対論者の論難は、先述の本書の結びにある注釈のことばとよく一致する。

対論者は、すべてのものが空であるなら、生ずることも滅することもなくなり、それでは四聖諦が成立しないということになると指摘する。また四聖諦が存在しないと、完全に知る智《ち》も、煩悩を断ち切る断《だん》も、道を修習《しゅじゅう》する実践も、悟りを得る証《しょう》も成立しなくなるであろうし、したがって修行の段階も、修行者たちの集団（サンガ）も、正法《しょうぼう》も存在しなくなるであろう、という。それでは仏・法・僧の三宝も成り立たなくなる

ではないか、と非難するのである。
これに対するナーガールジュナの回答が先の偈頌であって、空とはすべてのものが成立しなくなることではなく、空ということが妥当するものには、すべてのものが妥当し、成立するという。いいかえると、空において仏道《ぶつどう》が真に仏道として成立し、仏・法・僧が成立するといっているのである。

サンガの人々の修行の場・僧院の跡
（祇園精舎、サヘートマヘート）

ところが対論者はすべてのものが空であるなら、これらのものがみな成立しなくなると非難する。そこでナーガールジュナは、対論者は空ということを正しく理解せずこのように非難するのであると指摘して、空そのもの（空性《くうしょう》）、空の効用（空用《くうゆう》）、空の意味（空義《くうぎ》）を知らないから、このようにかき乱すのであると述べ、空ということを明らかにしていくのである。この空性、空用、空義の三者は「空の三態」と呼ばれ、ナーガールジュナにおける空思想についての理解を得るための重要な鍵となるものであるが、これについては第四章で改めて取り上げることにする。

認識はそれ自体としては成り立たない――「灯火《ともしび》のたとえ」

ところで、興味深いのは、第三三偈以下に、灯火のたとえがかなり詳しく取り上げられていることである。まずはじめに、第三三偈に述べられていることを注釈を参照しながら解説する。

認識が成立するためには、その認識を成立させる他の認識が必要である。しかしそう考えると、他の認識を成立させるさらに他の認識が必要となり、無限遡及《むげんそきゅう》に陥る。これはそれ自体としての認識を考えるからであって、そのためにこのような矛盾に陥るのである。この矛盾を解消するために、対論者は火のたとえを持ち出す。ちょうど、火がそれ自体と他のものをともに照らすように、認識というものも自他をともに確立させる、と。これに対してナーガールジュナは答える――。

このたとえは適用がふさわしくない。というのは、火は自らを照らしはしない。闇のなかで壺が見えないようには、火が見えないことは経験されないから。（三四）

と。注釈によると、「適用がふさわしくない」とは、たとえば、はじめに火によって照らされていないときには、闇のなかの壺は認識されないが、後になって火に照らされると認識される。それと同じように、もしはじめに照らされていない火というものが闇のなかにあったならば、後になって火の照らすはたらきもあるだろうから、火はそれ自体を照らすことにもなろう。しかし実際はそうではないから妥当しない、ということである。

また、火が自らを照らすとすれば、火は他のものを焼くように、自らをも焼くことになるはずであるが、これも実際に見られない。またもし火が自他をともに照らすとするなら、闇もまた自他をともに隠すはずであるが、しかしこれは実際に経験されない。

これに対して、対論者は次のように反駁するであろう。火のなかにも闇はなく、火のある場所にも闇がないという理由で、火が自他を照らさないとどうしていえるのか。なぜならその火が生じてくるときにこそ、闇は取り除かれる。だから火のなかにも闇はなく、火のある場所にも闇はない。火は生じてくるときにこそ、それ自体と他のものとの二つを照らすのである、と。

ナーガールジュナは答える。

火は生じてくるときに照らすのだ、ということは正しい議論ではない。というのは、火は生じてくるときに闇に到達しないから。（三八）

さらにいう。

もし光が闇に到達もしないで闇をしりぞけるならば、ここにある光がすべての世界の闇を取り除くことにもなろう。（三九）

なお、この火あるいは光と闇のたとえは、『中論』第一〇章「燃可燃品《ねんかねんぼん》」にも取り上げられている。そこでは、火と薪《たきぎ》のたとえをもって二つのものが相依《そうい》であって、しかもそれらは無自性《むじしょう》ではなく自性をもって存在するとする反対論者の主張を取り上げ、その誤りを明らかにし、相関関係にあるものは無自性であることを論証している。

そのなかに「火が薪と異なるならば火は薪に到達しないであろう、到達しなければ焼かないであろう」とある偈のことばをうけて、チャンドラキールティは注釈において、火が薪から異なるならば、あたかも光が闇に到達しないように、薪に到達しないであろう、といっている。いうまでもなく光と闇は相反の関係にあって、光のあるときに闇は破れ、またその逆に、闇においては光は否定される。そのために光はついに闇そのものまで到達することはない。火が薪を焼くという関係は光が闇を破るという関係に似ていて、光が増大するだけ闇は消えていくのは、火が燃え進めばそれだけ薪が燃えてなくなるようなものである。しかしこれは縮小・増大ということであって、光が闇に到りつく（一体となる）ということではない。

このように火が薪を焼き、光が闇を破り、相関関係にある二つのものが自性をもって存在する、という反論者の主張は正しくないとこれをしりぞけているのである。

『ヴァイダルヤ論』──論理学批判

ニヤーヤ学派批判の書

『ヴァイダルヤ論』は、ナーガールジュナの五部正理論《ごぶしょうりろん》のなかの一つに数えられながら、日本においても、外国においても取り上げられることがほとんどなく、山口益博士の「正理学派に対する龍樹の論書」（『中観仏教論攷』所収）が長い間ほとんど唯一の研究書といえるものであった。ところが幸いにも、梶山雄一博士によって本書についての研究と和訳とが公表され、『大乗仏典14　龍樹論集』にそれが収められたことによって、容易にその内容を知ることができるようになった。

本書は正理（法）を簡略にまとめた散文である「スートラ（sūtra）」（『ヴァイダルヤ・スートラ』）と、その注解である「プラカラナ（prakaraṇa）」（『ヴァイダルヤ・プラカラナ』）とがあり、ともにナーガールジュナの作と考えられる。ちなみに、ナーガールジュナは『中論』をはじめ他の著作を偈頌でもって著わし、ときにはそれを注解しているのが通例であるが、本書がそれとは異なる形式の「スートラ」として著わされたのは、後に述べるように、本書がニヤーヤ学派の根本書である『ニヤーヤ・スートラ』（『正理経《しょうりきょう》』）の知識論を批判するために著わされたのであり、そのために「スートラ」という同じスタイルを採用したのではなかったかと考えられる。

本書のサンスクリット原典は現存しない。漢訳もまた伝わっていない。ただチベット訳のみが存在する。梶山博士は、このチベット訳を綿密に校定し、そのテキストからの和訳を発表されたのである。しかし、もとのチベット訳のテキスト自体にかなり混乱があって、解読できない箇所もあり、今後の検討に残されている。

題名のヴァイダルヤについては、一応「広破《こうは》（論）」と訳されている。しかし、この語には問題が多い。仏教経典の古い分類である十二分教《じゅうにぶんきょう》のなかに「方広《ほうこう》（ヴァイプルヤ）」があり、その異名として「広破（ヴァイダルヤ）」ということがあげられている。それによって「広破論」あるいは「摧破《さいは》と名づくる論」といってきたのであるが、このヴァイダルヤという語は語源も語義も明らかでないという。むしろ「広破」と関係づけるよりも、「裂く」とか、「割る」とかを意味する動詞「ヴィダル」から派生した名詞（断片を意味する）であると見ることができ、「断片批判の書」と解する方がよいのではないか、と梶山博士は述べている（『龍樹論集』四二四〜四二五ページ）。

この考えは、本書の内容からしても妥当であると思われる。すなわち、本書はインド論理学を代表するニヤーヤ学派の学説である論理学の十六項目（十六句義《くぎ》）を取り上げげて、逐次《ちくじ》批判したものであって、まさしく断片批判の書というにふさわしいからである。またこのことは、チベット訳の題名の語義からも裏づけられる。

梶山博士は、次のように本書とニヤーヤ学派との関係について述べている。

『廻諍論』のなかにもナーガールジュナの知識論批判は展開されているが、本書はその全体がニヤーヤの体系の批判に当てられている。ニヤーヤ学派は本書の冒頭に列挙される十六の範疇《はんちゅう》（十六句義）をもってその体系を総括する。『ニヤーヤ・スートラ』（『正理経』）第一章は十六範疇の説明である。ナーガールジュナはこれらの範疇を、ニヤーヤ学派の定義をかなり確実に引用しながら、いちいち批判している。また、著者の議論の仕方には『ニヤーヤ・スートラ』第五章にある論議法（vāda）を逆用したあとがある。しかし、第五章には、ナーガールジュナの批判に対するニヤーヤ側の再批判と思われる内容もある。『ニヤーヤ・スートラ』第二～四章には、ニヤーヤ学派とナーガールジュナとの対論が本書や『廻諍論』よりもさらに発展した形であらわれる。これらのことから見て、ナーガールジュナは『ニヤーヤ・スートラ』第一章の内容を熟知していたこと、つまり当時第一章はすでに成立していたこと、第五章の論議法は当時学界の共有財であったこと、また第二～四章はナーガールジュナにややおくれて成立したことなどが知られる。本書はナーガールジュナの空の論理が実在論批判の立場からニヤーヤ学

派のいわゆる詭弁や誤難《ごなん》を逆用することによって成立してきたことを示唆している。（『大乗仏典14　龍樹論集』四二四ページ）

『ヴァイダルヤ・スートラ』は、七十二の簡潔なスートラからなる綱要書《こうようしょ》である。『ヴァイダルヤ・プラカラナ』のなかにも、逐次引用されているが、両者は訳者の違いもあって、本文は必ずしも一致しない。梶山博士はそこで、『ヴァイダルヤ・プラカラナ』をテキストとして和訳されている。その冒頭には「論理の知識にうぬぼれて論争したがる者がいるが、その慢心を断つためにヴァイダルヤを説こう」とあり、また結びには「認識方法をはじめとする十六項目をしりぞけるヴァイダルヤ論は了《お》わる」とあって、ニヤーヤ学派の説く認識方法をはじめとする十六項目の知識論を批判し、否定していることがわかる。

十六項目とは、認識方法・認識対象・疑惑・動機・喩例《ゆれい》・定説・（論証式の）要素・帰謬《きびゅう》的思考・決定・論争・論駁《ろんばく》・無意味な反論・誤った理由・詭弁・誤難・敗北の状態のことであって、すべて論者はこれらを承認した上で議論をするのであるが、すべてのものが空であるという中観論者たちは、これらの項目をすべて認めない、という対論者の反論をまずあげ、以下にそれに対するナーガールジュナの論破を述べるのである。

ところで、ナーガールジュナのニヤーヤ学派の論理学説に対する批判は、『ニヤーヤ・スートラ』第二章および第四章にも取り上げられている。同書にはそのほか、対論者として経量部《きょうりょうぶ》、毘婆沙師《びばしゃし》、有部《うぶ》、仏教部派《ぶは》一般、刹那滅論《せつなめつろん》などの仏教の諸学説、さらに仏教以外のサーンキャ思想、ヨーガ学派、ミーマンサー学派、ヴェーダーンタ思想、その他の主張も要約している。宮坂宥勝博士の『ニヤーヤ・バーシュヤの論理学』（山喜房仏書林、一九五六年）四二六ページ以下には、それらが列記されているので、今は中観派についてのみ紹介しておく。

第二章Ⅰ・8～20　量《りょう》（認識方法）を否定する。

Ⅰ・31～37　全体と部分について、全体の実在性を否定する（中観派以外に経量部等にも共通する）。

Ⅰ・40～44　時間の無自性性。

第四章Ⅰ・14～18　一切は非存在より生ずる。

Ⅰ・37～40　一切は非存在である。

Ⅱ・4～17　全体の実在性を否定する。

Ⅱ・18～25　無部分なる微塵《みじん》（原子）を否認する。

Ⅱ・26～37　一切は非存在である。

これらを通して、初期のニヤーヤ学派がいかなる哲学学派や諸思想と交渉があったかを知ることができるとともに、それら対論者たちへの反論を通して、対論者たちの主張内容やその要点をうかがうことができる。

認識をめぐるニヤーヤ学派との対論

以下、『ヴァイダルヤ・スートラ』を中心に、本書の知識批判の内容を見ることにする。これは、ニヤーヤ学派の十六項目の最初の二つである認識方法と認識対象に対する、ナーガールジュナの批判である。

一．認識方法と認識対象の二つは混じり合っていて（区別できない）。

注解によると、認識方法は対象があるとき認識方法となるのであり、逆に認識方法があってこそ認識対象は対象となるのである。このように認識対象によって認識方法は成立し、認識方法によって認識対象が成立するのである。したがって、相互に依存してのみ自体を得るのであるから、認識方法といってもそれは方法でもあり対象でもあって、このように二つは混じり合っているのである。したがって、

二．二つは自立的には存在しない。

相互に依存して存在するということは、相互に成立させ合うということであるから、そのようなものは自立的存在ではないということである、と注解する。

三．存在しているものと存在しないものとの二つは、他のものに依存するものではない。

存在しているものは、すでに存在しているのだから他のものを必要としない。たとえば、存在している壺は他のものである粘土などを必要としない。また存在しないものも、まさに存在しないのだから他のものを必要としない。たとえば、実在しない兎の角なども、他のものを必要とするという誤りに陥るからである。

これに対して対論者（ニヤーヤ学派）は反論する、「はかりがなくては、はかられるものをはかることができないように、認識方法なしには対象は認識されない」と。

四．然らず。もしそうなら無限遡及《むげんそきゅう》に陥るから。

認識方法そのものは、その根拠となる他の認識方法がなくともそれ自身で成立するのは、どうしてなのか。それについての特別な理由を、汝は説明しなくてはならないであろう。もしすべてのものは認識方法によって成立させられるのだ、というなら、認識方法もすべてのなかに含まれるから、それ自身とは別な他の認識方法によって成立させられることになり、かくて無限遡及することになる。もし認識方法それ自身は、他の認識方法によって成立させられる必要はないというなら、すべてのものは認識方法によって成立させられるという主張は破れる。

対論者は次のように反論する。

五．認識方法には、さらに他の認識方法は必要ではない。この場合、灯火《ともしび》のように、認識方法はそれ自身をも、他のものをも成立させるのである。

ちょうど灯火が、それ自身をも、他のものをも照らし出すことが知られているように、認識方法も自をも他をも成立させるのだ、という。しかしこの灯火の例は不適切で、すでに『廻諍論』などにあるように、自をも他をも照らすものでない。そこで、この反論に答えていう。

六．灯火というものは、闇に触れ合うにせよ、触れ合わないにせよ、照らすはたらきを持ちはしない。灯火は闇と触れ合った後に照らすか、触れ合わずに照らすかのいずれかであろう。しかしまず、灯火は闇と触れ合った後に照らすことにはならない。その二つの触れ合いなどないからである。灯火と闇とは対立的であって、灯火のあるところには闇はないのであるから、どうしてその灯火が闇を除いたり、照らしたりしようか。

また、触れ合わないときにも灯火は闇を照らさない。それは対象に触れない剣が、対象を切りはしないようなものである。さらに、

七．「星の害と同じように、これも理解されるであろう」と対論者がいうなら、そうではない。そのたとえは一致しないから。

この世間では、星そのものはデーヴァダッタたちの対象に触れないとしても、星によってなされる災難はデーヴァダッタたちに触れ合って彼らに害をなしたり、その身体などをとらえたりするのであるが、灯火のなす害は闇などにおいてそのような形でありはしない。星などの有形のものが人間などに対して行なう災害、不幸、水害、毒蛇、病気、疫病《えきびょう》などは、身体を持つものだけを悩ますのだが、そのようなものは灯火の場合

星宿の神（ニューデリー博物館）

には何ら存在しない。だから、この二つのたとえは一致しないのである。

対論者が「星は天にあってこの地上の存在、たとえばわれわれ人間に災害を及ぼすように、灯火も闇に到らず（触れ合わず）闇を除くなどの作用をなす」と反論するのに対して、「星のたとえは灯火にはあてはまらない」とナーガールジュナはしりぞけているのである。

スートラ・八～一九には、さらに認識方法と対象とが実体として（すなわち、それ自体として）存在しているのでないことを、対論者の用いる喩《ゆ》例《れい》（たとえ）は妥当でないこと、先・後・同時の時間性からも認識方法と対象との両者は成立しないこと、否定が成り立つなら両者も成り立つということは正しくないこと、知覚などの認識方法が仮にあるとしても認識対象は合理的でないこと、知識は認識方法ではないこと、などによって論証しようとしている。

実在論の立場では、認識は成り立たない

ナーガールジュナはここで認識方法そのもの、あるいは対象そのものを認めないのではない。ニヤーヤ学

派の知識論が実在論的立場に立っていることを取り上げ、そのような実在論の立場からは認識方法も認識対象も論理的に矛盾に陥り、成立しない、と批判しているのである。

たとえば、スートラ・一一には、「認識方法と認識対象とは三時《さんじ》（先・後・同時）において成立しない」という。このナーガールジュナの否定には、認識方法がそれ自体として存在し、また認識対象が認識方法なしにそれ自体として成立するなら、ということが前提となっている。ナーガールジュナはもちろんこのような実在論の立場を認めず、その不合理性を論理的に明らかにするために、否定論法を駆使したのである。その論法は、相手の主張にしたがえば、必然的に矛盾に陥ることを指摘する独自の帰謬《きびゅうしき》式であって、それは後の中観学派に受け継がれていく。スートラ・一一の注解はその一例で、次のようにいう。

認識方法は認識される対象より先にあるか、後にあるか、あるいは認識方法と認識対象とは同時にあるか、のいずれかであろう。

そのうち、もし認識方法が認識される対象よりも先にあるならば、その場合前者は後者にとっての認識方法であるといわれるが、その後者の認識される対象はまだ存在していないことになる。そうであるならば、それは何についての認識方法であり、何がその認識方法によって決定されるのであるか。

またもし、認識方法がその対象より後にあるならば、すでに認識対象が存在しているときに、何がその認識方法となるであろうか。なぜならまだ生じていないものが、すでに生じ終わっているものの認識方法となるわけはないからである。そうでなければ兎の角などの存在しないものなども、認識方法となってしまうという誤りに陥るからである。また、生じていないものと生じ終わったものとは、同時に存在しないからでもある。

またもし、両者が同時にあるというとしても、それは不可能である。たとえば、同時に生じて併存する牛の二つの角が、原因と結果として関係することは不合理であるようなものである。

続いてスートラ・二〇以下には、順次、疑惑以下の十四項目を取り上げ、それらが自体として成立しないことを明らかにしようとする。その論法は、以上に見てきた認識方法と認識対象とについての場合と同じであって、実在論の立場ではそれらは成り立たない、とニヤーヤ学派の知識論を批判しているのである。

第四章

『中論』の思想と論理

本書の概要

書名について

『中論《ちゅうろん》』はナーガールジュナの主著と目され、比較的に早い時期に書かれたものと考えられている。おそらく、空の論理を学ぶためのテキストとして著わされたのであろう。本書についての解説は、三枝充悳『中論――縁起・空・中《ちゅう》の思想』上（レグルス文庫）の「解題」に詳しい。以下、これを参照しながら、本書の概要を紹介する。

『中論』の書名は、青目《しょうもく》釈のテキストを鳩摩羅什《くまらじゅう》が漢訳したときにつけたものである。現存するサンスクリット本の注釈書『プラサンナパダー』には、Madhyamaka-kārikā とあり、「中についての偈頌《げじゅ》」「中の頌《じゅ》」を意味する。すなわち、中の思想についての要綱《ようこう》を述べた詩句ということになる。また、ときには Mūlamadhyamaka とはじめに mūla（根本《こんぽん》、基底を意味する）が付せられることがある。さらにこれとは別に Mādhyamika-sūtra としていることがあって、これは「中の思想についての綱要」あるいは「中観《ちゅうがん》派の経《きょう》」を意味する。おそらくこれらのサンスクリット名が原名であって、これらの題名で後世に伝えられていたのであろう。

題名はいうまでもなく、その書物の中心思想を示しているから重要である。このことは『中論』（古来からのいい方にしたがって、ここでも『中論』という書名を用いる）の中心テーマが、中の思想にあったことを示している。そのことは、すでに三枝博士も指摘され、本書でも序章で引用したことであるが、『中論』第一五章・第七偈には、『カートヤーヤナの教え』と原始経典の出典をあげて――これは『中論』四百四十五偈のなか、経典の出典を示した唯一の箇所である――その教えを述べていることによっても明らかであろう。中とは、縁起であり、空であり、仮《け》であることもナーガールジュナの明示していることである(『中論』二四・一八)。そのことは後に詳しく論じることにするが、中の思想(中観)は、縁起の思想(縁《えん》起観《ぎかん》)であり、空の思想(空観《くうがん》)であり、さらに仮の思想(ことばの哲学)であったのである。

その構成

ナーガールジュナは現行の『中論』の偈頌のみを著わして、そのなかに彼の思想のすべてを説き明かそうとした。したがって、これを「中の頌」と呼ぶことができるが、その原本は現存しない。したがって、諸注釈に引用されている偈頌を抽出し、それらを比較対照して整理し、「中の頌」のテキストを確定していかねばならないのである。たとえば偈頌の数を見ても、諸注釈によって異なり一定していない。このような問題点については、第二章でやや詳しく検討した通りである。

『中論』は全体を二十七章に分けている。この章分けは、ほぼ諸テキストにおいて一致している。また、それぞれの章に含まれる偈頌の数も、ほとんど変わらない。以下に鳩摩羅什訳『中論』と、サンスクリット本の注釈『プラサンナパダー』との章名を対比して列挙しておく(三枝、前掲書、四一~四三ページ、および立川武蔵『「空」の構造――『中論』の論理』レグルス文庫、第三文明社、一九八六年、六二〜六四ページを参照)。

	『中論』	『プラサンナパダー』
一	観因縁品《かんいんねんぼん》……一六偈	原因と条件の考察……一四偈
二	観去来品《こらい》……二五偈	已去処《いこしょ》と未去処《みこしょ》の考察……二五偈
三	観六情《ろくじょう》品……八偈	眼《げん》等の感官《かんかん》の考察……九（ないし八）偈
四	観五陰《ごおん》品……九偈	蘊《うん》（心身の構成要素）の考察……九偈
五	観六種《ろくしゅ》品……八偈	界《かい》（世界の構成要素）の考察……八偈
六	観染染者《ぜんぜんしゃ》品……一〇偈	染《ぜん》（貪《むさぼ》り）と染者《ぜんしゃ》（貪りを有する人間）の考察……一〇偈
七	観三相《さんそう》品……三五偈	有為《うい》（因《いん》と縁《えん》により作られたもの）の考察……三四偈
八	観作作者《ささしゃ》品……一二偈	作《さ》（行為）と作者《さしゃ》（行為者）の考察……一三偈
九	観本住《ほんじゅう》品……一二偈	先住《せんじゅう》（心身のあらゆる運動の先行者）の考察……一二偈
一〇	観燃可燃《ねんかねん》品……一六偈	火と薪《たきぎ》の考察……一六偈
一一	観本際《ほんざい》品……八偈	本際（生死《しょうじ》の世界の初め）の考察……八偈
一二	観苦《く》品……一〇偈	苦の考察……一〇偈
一三	観行《ぎょう》品……九偈	行の考察……八偈

吉蔵《きちぞう》とチャンドラキールティ

ところで数ある『中論』の注釈のなかで特に注目されるのは、青目釈・鳩摩羅什訳『中論』とチャンドラキールティ釈『プラサンナパダー』とであろう。前者は中国・日本において古くから三論学派《さんろん》の根本の論書《ろんしょ》として重要視され、特に三論宗の大成者である嘉祥大師《かじょうだいし》吉蔵の著『三論玄義《げんぎ》』にそれは顕著である。また大師は、漢訳『中論』の詳細な注釈である『中論疏《しょ》』を著わして、ナーガールジュナの空の思想を解明しようとしたのである。それが「破邪顕正《はじゃけんしょう》」であり、あるいは「真空妙有《しんくうみょうう》」ということである。

破邪とは有無《うむ》にとらわれる邪見を打ち砕くこと、顕正とは有無にとらわれない中道《ちゅうどう》、すなわち正しい悟りの道を顕わすことである。それはよく、明来闇去《みょうらいあんこ》という例をもって説き明かされる。すなわち、無明《むみょう》の闇は悟りの智慧の光明が来て照らすならば、直ちに破られるのであって、破邪即《そく》顕正である。顕正は破邪であり、破邪は顕正であって同時であり、顕正なくして破邪はなく、破邪なくして顕正はない。これが中道であって、そのことは真空妙有ということにもよく示されている。

空の思想とは、空は有《う》に対する無ではなく、したがって無に対する有でもない、ということを説くもので、有無を超えた不二《ふに》を明らかにしている。これが真空妙有であって、空といっても無でなく、不空《ふくう》といっても有でないから、真空のまま妙有であって、これを吉蔵は「不二中道《ふにちゅうどう》」と呼んでいる。

チャンドラキールティ釈『プラサンナパダー』は、上述のようにサンスクリット本とチベット訳とが現存する。サンスクリット本の題名は Mūlamdhyamakavṛtti-prasannapadā-nāma であって、『「浄らかなことば」と名づける根本中論釈《こんぽんちゅうろんしゃく》』と訳すことができる。注釈者のチャンドラキールティは中観学派のなかのプラーサンギカ派（帰謬論証派《きびゅうろんしょうは》）の確立者であって、帰謬論法（プラサンガ論法）を駆使して、『中論』に説き示すナーガールジュナの空の論理を解き明かそうとしたのである。

帰謬論法とは自己の説を立てることなく、反対者の主張を取り上げてその論理的矛盾を衝《つ》く論法であって、これによって反対者の主張の立場そのものを否定するのである。中観派で最もよく用いられる帰謬論法はテトラレンマ（四句《しく》による否定論法）であって、たとえば、ものが生ずるということについて、論理的に追究するなら、⑴それ自体から生じる、⑵他体から生じる、⑶自体と他体とから生じる、⑷無因《むいん》から（原因なく）生じる、のいずれかであろう。しかしいずれの場合も、論理的に矛盾して成立しない、と否定する。これが四句分別《しくふんべつ》による否定である。ただし四句分別は常に完全にそろった形式をもって出てくるのではない。あるときには省略した形式をもって示されることもあるが、いずれにしても反対者の主張を論理的に徹底して否定していく論法である。

そこで否定されるのはいうまでもなく、反対者の思想的立場で、それはものを実体的にとらえていることである。すなわち、ものの実体を認めるなら、ものが生じるということがいかなる場合でも矛盾し、論理的に成立しなくなることを衝くのである。実体を立てて理論を構築するのは形而上学《けいじじょうがく》であるから、帰謬論法とは形而上学批判であるともいえるであろう。

漢訳『中論』の訳者・鳩摩羅什はクチャ（亀茲《きじ》）の出身で、幼くして出家しカシュミールに留学、小乗（ア

クチャ出土の菩薩像（ギメ美術館）

ビダルマ）の教義を学んだ。帰国途中にカシュガールにて大乗を学び、その教えに転向した。特に般若《はんにゃ》経典に詳しく、その令名は中国本土に鳴り響いたという。四〇一年に長安に迎えられ、精力的に翻訳を進めた。彼の活躍によって空の思想、特に『中論』をはじめとするナーガールジュナの教学が正しく伝わるようになり、中国仏教は一変したのである。

その教学を継承した三論宗の大成者・吉蔵と、インド大乗仏教の二大学派の一つ、中観学派の代表者をもって自ら任ずるチャンドラキールティとが、ほぼ年代を同じくしてナーガールジュナの教学の発揮に、それぞれ独自の特色を持ちながら活躍したことは、まことに興味深いものがある。前者は三論宗の教学確立とその大成を目指し、後者は仏教内外の諸学派の批判、さらに中観派自体のなかにおける否定の論理をめぐっての論争を通して、『中論』の祖述《そじゅつ》にまとめたのである。

「八不《はっぷ》」の縁起

本論著述の目的

『中論』の思想の中心が縁起にあることは諸学者の一致した見解で、誰もこれに異議はない。そのことは、本書の最初にある帰敬偈《ききょうげ》によっても明らかである。

何ものも滅することなく、何ものも生ずることなく、何ものも断ずることなく、何ものも常《じょう》であることなく、何ものも同一であることなく、何ものも別異であることなく、何ものも来ることなく、何ものも去ることのない、戯論《けろん》（言語的多元化）が寂滅《じゃくめつ》し、吉祥《きちじょう》である（めでたい）縁起を説きたもうた正《しょう》覚者《がくしゃ》（仏陀）、もろもろの説法者のなかの最もすぐれた者に、敬礼する。

（以下の『中論』偈頌の和訳は、三枝充悳『中論――縁起・空・中の思想』に主としてより、中村元『人類の知的遺産13　ナーガールジュナ』を合わせて参照する）

この帰敬偈は、『中論』の主題が「縁起」を説き明かすことにあったことを明らかに示している。チャンドラキールティも『中論』の注釈『プラサンナパダー』に、「何ものも滅することなく」以下の八句の否定（八不）でもって表示される縁起が、この論が説き明かそうとする内容である、と述べている。

ちなみにチャンドラキールティの注釈には、帰敬偈によって本書についての総釈《そうしゃく》を述べ、そのなかに、論の繋属《けいぞく》と所論《しょろん》の要項と目的との三つについて簡潔に示している。これによって本書の制作の意図や内容の要点などがどこにあるか、そのことをうかがい知ることができる。そこで、その要点を紹介しておくことにする。

まず論の繋属とは、衆生済度《しゅじょうさいど》と論とのつながり、ということで、ナーガールジュナが智慧と慈悲とを完成して衆生を済度することにつながるために制作された論であり、あるいはまた煩悩を征服して悪趣《あくしゅ》（地獄・餓鬼《がき》・畜生《ちくしょう》などの悪い生存の世界）から守護することにつながるための論であることをいうのである。次に所論の要項とは、上記の通り、本書の内容の要点が八不でもって表示される「縁起」にあることをいうのである。第三の目的とは、すべての戯論《けろん》が寂滅《じゃくめつ》した吉祥なる涅槃が論の目的であることである。

ところで二偈からなるこの帰敬偈には、はじめに「何ものも滅することなく」から「何ものも去ることのない」まで、八句の否定があって、古来、これを漢訳によって、不生《ふしょう》、不滅《ふめつ》、不常《ふじょう》、不断《ふだん》、不一《ふいち》、不異《ふい》、不来《ふらい》、不去《ふこ》の「八不」といっている。

いうまでもなく、仏陀は「縁起」の法（ことわり、道理）を悟り、そのことわりを説き示されたのであって、仏陀の説法は縁起のことわりにもとづく教えが中心であったといえる。そのことは、サーリプッタ（舎《しゃ》利弗《りほつ》）とモッガッーラーナ（目連《もくれん》）とが仏陀の弟子となったときのことを伝える『律《りつ》』「大品《だいほん》」（第一巻）の記述に出る「因縁偈《いんねんげ》」にもうかがうことができる。サーリプッタは若い修行僧の托鉢《たくはつ》の姿に目をとめ、名前を聞き、「汝の師は誰であるか、またその教えは何か」とたずねる。そこで修行僧は、名はアッサジであり、師は仏陀であると答え、「私は出家してまだ日も浅く、師の教えを詳しく述べることはできませんが、要略していいましょう」と次の偈を誦《とな》える。

もろもろの事柄は原因から生じる。
如来はそれらの原因を説きたもうた。
またそれらの消滅をも説かれる。
大沙門《だいしゃもん》はこのように説く人である。

そのとき、サーリプッタはこれを聞いて汚れのない真理を見る眼が生じた、という。——すなわち、およそ因縁によって生ずるものはすべて滅するものである、ということを悟ったのである。この偈が「因縁偈」、すなわち縁起のことわりを説いた偈と呼ばれているのである。

ものが生じ事柄が成り立つ、また生じたものや成り立った事柄が滅する、これが「縁起」ということである。このようにものの生滅《しょうめつ》は原因（因《いん》）と条件（縁《えん》）とによるのであるが、同じく縁起を説いているとしても、帰敬偈と因縁偈とには、前者は不生、不滅の縁起を、後者は生《しょう》、滅《めつ》の縁起を語っていて、一見すると矛盾するように見える。しかし問題は、不生、不滅の縁起とは何を意味していっているか、ということである。

サーリプッタ（舎利弗）

その要点は、生じるとか、滅するとか、といっても、何ものもそれ自体（本体、実体）として生じるのではなく、滅するのではない、ということであって、そこに「縁起」の深意があり、このような縁起を仏陀は説かれた、と帰敬偈はいっているのである。それはものが生じ滅するという、生滅そのものを否定しているのではない。ものを実体としてとらえ、そのものが有《う》から無へ消え、あるいは無から有へ現われるのが、ものが滅しあるいは生ずることであるとする、ものの有無へのとらわれを否定しているのである。

『中論』は有無にとらわれている考え方を徹底して否定し、その否定を論理的に明らかにしていくのであって、その否定論証には徹底したナーガールジュナ独自の方法がうかがえる。これが「空の論理」であり、あるいは「空の否定論証」であって、これについては後に詳しく論じることにする。

原因と条件の考察

縁起とは、因縁生起《いんねんしょうき》ということで、すべてものや事物は原因（因）と条件（縁）とによって生起することをいうのである。本書第一章は、この「因と縁」についての考察である。

本書の中心思想は、縁起、空、無我《むが》にあり、それらを特に考究しているのは、「観因縁品《かんいんねんぼん》」第一（原因と条件の考察）と「観法品《かんほうぼん》」第十八（我《が》の考察）と「観四諦品《かんしたいぼん》」第二十四（苦・集・滅・道の四諦の考察）との三品（三章）であって、その点からも第一章はその重要性が注目される。

以下に第一章の偈頌をあげ、その要点を一、二解説することにする。

もろもろの事物（もの）は、どこにおいても、どのようなものでも、それ自身から、他のものから、〔自身と他のものとの〕両者から、また無因《むいん》から、生じたものとして、あるのではない。（一）

もろもろの縁（条件）は四種である。因縁《いんねん》（原因としての縁）と、所縁縁《しょえんねん》（認識の対象としての縁）と、等無間縁《とうむけんえん》（心理作用が続いて起こるための縁）と、増上縁《ぞうじょうえん》（助力する縁）とである。第五の縁はない。（二）

もろもろの事物（もの）の自性《じしょう》（それらのものならしめる固有の実体）は、それら縁などのなかにはない。自性がないならば、他性《たしょう》（他のものの固有の実体）はない。（三）

〔結果を生ずる〕作用は縁をそなえたものとしてあるのではない。また、作用は縁をそなえていないものとしてあるのではない。もろもろの縁は作用をそなえていないものとしてあるのではない。あるいは、縁は作用をそなえているものとしてあるのであろうか〔そうでもない〕。（四）

これらによって〔ある結果が〕生じるとき、これらが縁である、と人々はいっている。しかし〔結果が〕生じない限り、これらがどうして縁でないものでないことがあろうか〔それらのものは、縁ではないのである〕。（五）

事物が無いときにも、有るときにも、縁は成立し得ない。〔何となれば〕ものが無いときには、縁は何ものの縁なのであろうか。またものがすでに有るときには、どうして縁が必要であろうか。（六）

ものは有るときも生起しないし、無いときも生起しないし、有りかつ無いときも生起しない。そうであるから、〔何ものかを〕生起させる原因がどうしてありえようか。（七）

この有《う》である「もの（法《ほう》）」は、対象を持たないのである、と説示《せつじ》されている。ところで、ものが、対象を持たないのであるならば、どうして対象が成立しうるであろうか。（八）

もろもろのものがまだ生じていないのに、滅するということはありえない。それゆえに〔生じた〕直後に滅するということは正しくない。また、すでに滅したものにいかなる縁が存するであろうか。（九）

自性（固有の本体）のないもろもろのものには、有性《うしょう》（有ること一般）は存在しないから、この「これが有るとき彼が有る」ということ（増上縁）は可能ではない。（一〇）

もろもろの縁の一つ一つのなかにも、もろもろの縁が合《ごう》した総体のなかにも、その（縁の）結果は存在しない。もろもろの縁のなかに存在しないものが、どうしてもろもろの縁から生ずることがあるであろうか。（一一）

しかし、もしそれ（結果）は〔もろもろの縁のなかには〕存在しないけれども、それらもろもろの縁から現われ出るのであるというのであるならば、結果はどうしてもろもろの非縁《ひえん》（縁でないもの）からもまた、現われ出ることがないのであろうか。（一二）

また結果は縁から成立したものであるとしても、それらの縁は自身から成立したものではない。また、もし結果が自存しているのでない〔縁〕から現われ出るのであるとするなら、その結果はどうして縁から成立したものであるといえよう。（一三）

それゆえに、結果は縁から現われ出たものではなく、また非縁から現われ出たものなのでもない。〔こうして〕結果が無いのであるから、縁と非縁とはどうしてありえようか。（一四）

「不生《ふしょう》」の論理

以上が第一章「原因と条件の考察」の偈頌である。縁起はいかなるものもすべて縁によって成り立つということを示していて、たとえば原因によって結果があるのであって、原因がなくして結果があることはありえない。これは因果関係の場合であるが、相互依存の関係、論理的な関係など、あらゆる関係においてもあてはまる。ところで、このような開係は少なくとも互いに関連する二項目のものが前提にされているのであって、そのことなくしては関係はありえない。しかもそれらは、互いに因となり果となる、というように固定化していない。果に対して因であり、長に対して短である。

しかるにアビダルマ仏教の哲学者たちは、それぞれ固有の存在を持ったものの間にさまざまな関係が成り立つと考え、縁起ということもその観点から固定的にとらえている。アビダルマとは「法（存在）の考究」ということであって、彼らは諸存在を詳細に分析・分類し、法（ダルマ）の体系を確立した。したがって、縁起はそれらの間における関係性を示すだけのものとして理解され、存在そのものが縁起であるということが見失われることになった。ナーガールジュナの否定論証は、このような実有論《じつうろん》を否定することにもっぱら向けられていたのである。

第一偈は、縁によってものは生起するというが、ものは自からも、他からも、両者からも、無因からも生じないと、ものが生ずるということを徹底して否定する。これを「四不生《しふしょう》」というが、これは縁を固定化して考えると、その縁はものそれ自体であるか、ものとは他なるものであるか、それらの両者であるか、非縁であるか、いずれかになるであろう。そうしてこれらのいずれにおいても、ものが生ずるということが成立しなくなることを指摘するのであって、これは対論者が実体を立ててものを考えていることの不合理性を衝いて、それをしりぞけているのである。

たとえば、ものは自から生じないと否定するのは、そのものが同じそのものから生じることは無意味であり、すでに生じているものがさらに生ずることは理に合わないからである。他からも、両者からも、無因からも生じないということについても、同じように不合理なことを指摘して、対論者の主張をしりぞけるのである。

第二偈には、アビダルマ仏教における「四縁《しえん》」が取り上げられ、以下に実体をもってそれらが成り立たないということから、それら縁などのなかにものの本体はないと否定していくのである。このようにものが本体として存在するのでない、ということが「ものはすべて空である」と説かれているのであって、空なるままに因果関係をはじめ、あらゆる関係性があることを明らかにしているのである。

第四偈は、漢訳『中論』では、

果《か》は縁《えん》より生ずと為《な》すや、非縁より生ずと為すや。
是《こ》の縁に果有りと為すや、是の縁に果無しと為すや。

とあって、『プラサンナパダー』にある偈と少し表現が異なる。しかし、この漢訳が理解しやすいと思われる。青目《しょうもく》の注釈によると、もし果があるといえば、その果は縁から生ずるとするのか、非縁から生ずるとするのか。もし縁があるといえば、その縁に果が有るとするのか、果が無いとするのか、ということになるが、両方とも正しくない、という。

第五偈は、漢訳と『プラサンナパダー』とがよく一致する。漢訳には、

是の法に因《よ》りて果を生ずる、是の法を名づけて縁と為す。

若《も》し是の果が未《いま》だ生ぜずんば、なんぞ非縁と名づけざる。

とある。漢訳の注釈によると、もろもろの縁には決定がなく、たとえばもし果がいまだ生じないときには、縁とはいわないからである。ただ現に縁から果が生ずるのを知っているから、これを縁と呼んでいるにすぎない。このように縁は果によって成立するのである。果は後にして縁は先であることから、もし果がなければどうして縁となすことができようか、といい、瓶《びょう》（壷）と土・水の例をあげて説明している。

瓶は土と水の和合《わごう》によって生ずる。したがって、土・水は瓶の縁であることを知るのである。もしいまだ瓶が生まれていないときは、どうして水・土などを非縁といわないのであろうか。そういうことであるから、果は縁から生じることはないのである。このように縁からですらなお生じないのに、まして非縁はいうまでもない、と解説している。

ここには、ものが生ずるといっても、それは仮にいっているにすぎず、実体として生ずるのではないことを暗に示している。このことを明らかに語っているのが、第二四章に出る「縁起、空、仮名《けみょう》、中道」である。これもまた後に触れることにしたい。

否定論証とは何か

否定論証の中心――二つの論理的矛盾

すでに諸学者によって明らかにされているように、縁起（依存性による生起）も縁起関係にある一切の事物も矛盾を含んでいるということの論証こそ、『中論』の論理――空の論理といわれる――の中核をなすものである。ナーガールジュナはその場合、さまざまな縁起関係を取り上げ、しかも考えられる可能な限りの事柄において検証し、その矛盾を明らかにしている。この矛盾を明らかにする方法がナーガールジュナの否定論証であって、それによって矛盾を徹底して検証しようとするのである。

ナーガールジュナが縁起や縁起関係にある諸事物における矛盾を衝《つ》いていく否定の論理は決して単純なものではなく、多岐にわたっている。しかし矛盾を明らかにする否定論証は、結局のところ、次の二点が中心となっている。その一つは相依性《そういせい》における循環《じゅんかん》的矛盾である。もう一つは、たとえば因果関係における同一性と別異性との矛盾である。

循環的矛盾とは、AはBによって成立し、BはAによって成立するという相依性における矛盾であって、この場合、相関関係にあるAとBとの間において、Aが成立するためにはBが成立していなくてはならず、またBが成立するためにはAが成立していなくてはならない。ところでAまたはBが成立しているとすると、相関関係は必要ではなく、相依性そのものが成立しない。したがって、論理的にはAとBとの関係は無限の循環に陥ってしまうのである。このことは相依性が矛盾的であって、したがって成立しないことを意味する（ここで注意しなくてはならないことは、相依性が矛盾的であって成立しないということは、相依性を単に否定しているのではなく、否定から肯定への転換の論理を示唆していることである）。

次に同一性と別異性との矛盾は、因果関係において最も典型的に見ることができる。現象の世界において、たとえば種子から芽が出るという場合、因である種子から果である芽へと事物が移行することが認められる。しかし思惟の世界においては、因果関係は論理的に因と果という両項の関係における移行あるいは変化に還元され、その両項の同一性と別異性が問われることになって、同一であっても別異であっても因果関係は論理的に矛盾し、成立しえなくなるのである。

たとえば「四不生《しふしょう》」において、自から生じるとは、芽はそれ自身から生じるということで、因と果とを同一性においてとらえている。次に他から生じるというのは、芽は芽と異なる種子から生じるということで、因と果を別異性において見るのである。また自他から生じるという場合、因と果は一部同一であり、一部別異であると見られる。また無因から生じるという場合、それは自でもなく他でもないものから生じるということで、自でも他でもないような因はないから、因の非存在を示し、同一もなく別異もないということになる。

四不生とは、このような自・他・共《ぐう》・無因のいずれの場合でも事物の生起には矛盾を免れず、否定されることであって、これを「四句分別《しくふんべつ》」による否定といっている。この否定の形式もナーガールジュナの否定論証によく見られるのであって、ナーガールジュナにおける「空の論理」の一つの特色である。

そこでここでは、『中論』に見られる否定論証について、特に第二章を中心にその要点を少し詳しく取り上げることにする。

先に縁（詳しくは因と縁）ということを取り上げ、縁は矛盾的で認められず、したがって縁起（因縁生起）ということも成り立たないと、その矛盾を衝いて否定し、論理的にそれを明らかにしていることを紹介したが、このような否定論証はあらゆる法（事柄）にも見ることができ、『中論』は可能な限りそれらを取り上げている。

この否定論証は「空の論理」といわれ、その論理はきわめて難解であると考えられている。そこでは論理的に自らの意見を開陳《かいちん》するのではなく、対論者の主張について、詭弁とも見られるような徹底した帰謬論法を駆使して矛盾に追い込んでいこうとする。その論法は、確かに理解しやすいものではないが、ナーガールジュナの否定論証の形式を整理するならば、いくつかの基本的なパターンにまとめることができ、結局上記のように二点に還元される。くり返しになるが、一つは縁起関係において何らかのつながりのある、たとえば因と果という両項の間における同一性と別異性の矛盾であり、もう一つは、空間的・時間的な相互依存の関係性における循環的矛盾である。

過去・未来・現在における「歩く」ことの不成立

「観去来品《かんこらいぼん》」第二（已去処《いこしょ》と未去処《みこしょ》の考察）は、章名からもうかがえるように、行くとか歩くとかという運動について取り上げている。ナーガールジュナはここで運動についての否定論証をどのように行なっているか、第二章の偈頌を追いながら、以下にその要点をまとめておく。

まず去《こ》すなわち已去処とは、すでに歩かれたところ、ということであり、来《らい》すなわち未去処とは、いまだ歩かれていないところ、ということを意味する（去か来とかは、「行く」「往く」「帰る」「歩く」などの運動あるいは動作のことを意味するが、今は理解の便を考えて、「歩く」という語で統一することにする）。

最初にナーガールジュナは、〔人が〕歩くという運動は、歩かれるところ、歩く主体、歩くという作用という三項によって成り立っているとする。しかし、いずれの場合にも、論理的に矛盾があり、歩くという運動は成立しない、と歩くという運動を否定するのである。歩くという運動を否定する論理的矛盾は、まず第一偈にいう。

　まず、すでに歩かれた〔ところ〕は歩かれない。いまだ歩かれていない〔ところ〕も決して歩かれない。すでに歩かれた〔ところ〕といまだ歩かれていない〔ところ〕とを離れた、今歩かれている〔ところ〕は歩かれない。

歩くという運動は、歩まれるところがあり、歩む人があり、歩くという動作があってはじめて可能である、と考えられているが、まず「歩まれるところ」について考えると、すでに歩まれたところと、いまだ歩まれていないところのいずれかであって、そのうち、すでに歩まれたところは歩まれず、いまだ歩まれていないところも歩まれないのであって、いずれも歩まれるというのは不合理で認められないのである。

このようにともに歩かれることはないと否定されるのであるが、さらにすでに歩まれたところといまだ歩まれていないところを離れて別に今歩かれつつあるところはないから、いずれの場合にも歩くということは認められない、したがって歩くという運動は成り立ちえない、と運動は否定されるのである。

「現に歩きつつあるもの」にも「歩く」ことは成り立たない

これに対しては当然ながら、反論が予想される。第二偈はその反論である。

〔歩くという〕運動があるときに、そこには歩くということはある。しかもその運動は現に歩まれているところにあって、すでに歩まれたところにも、いまだ歩まれていないところにもない。したがって、現に歩まれているところに歩くということはある。

ここで反論者は時間を平面的にとらえて、過ぎ去った領域といまだ過ぎ去っていない領域とに分け、その境界するところを現にあるところと考えて、そこに現に歩かれる運動があるとしている。このようなとらえ方はもちろんナーガールジュナにはなく、すでに歩かれたところといまだ歩かれていないところとを離れて、現に歩かれるところが別にあると認めているのではない。そこで、その反論者の主張を仮に前提として、現に歩かれつつあるところを認めると、以下に見るような論理的矛盾が付随してくることを述べて、反論者の前提そのものが誤りであることを知らしめ、その主張を否定していくのである。これがナーガールジュナの帰謬論法で、空の論理に見られる特色ある否定論証といえよう。

第三偈はまず、次のようにその矛盾を指摘する。

現に歩きつつあるものに、一体どうして歩くということが成り立ちうるであろうか。現に歩きつつあるものに、二つの歩くということは成り立ちえないからである。

現に歩きつつあるものに歩くということがあるとすると、現に歩かれつつあるもの自体の歩くということのなかに、さらに歩くということがあることになって、それでは一つの歩くということのなかに二つの歩くということがある矛盾となって、それは認められないから、現に歩かれつつあるものにさらに歩くということはありえないと否定するのである。このように矛盾が付随することを指摘して反論者の主張を否定する論法が「プラサンガ論法（非定立《ひていりつ》的帰謬論法）」といわれ、この否定論法は『中論』の随所に見ることができる。

第四偈も、同じく第二偈の反論に対する否定論証である。

現に歩きつつあるものに歩くということがある〔と主張する〕ならば、歩くということがなくても現に歩きつつあるという誤りが付随する。なぜなら、現に歩きつつあるものが歩くからである。

また「現に歩きつつあるものに歩くというはたらきがある」と反論者がいうならば、そこにも矛盾が付随してくる。歩くというはたらきがなくても、現に歩きつつある、ということになるからである。反論者は現に歩きつつあるものがあって、そこに歩くというはたらきがあると考えるが、それは誤りで、なぜなら歩くということなしに現に歩きつつあるということはできないからである。

第五偈と第六偈とは、第三偈と同じく、一つの運動に同じ二つの運動があるという誤りが付随することを述べている。

現に歩きつつあるものが歩く〔と主張する〕ならば、そこには二つ歩くことがあるという誤りが付随している。すなわち、現に歩きつつあるものを成り立たせるその〔歩くという〕ことと、さらにその〔現に歩きつつある〕ところにある歩くということとである。（五）

二つの歩くはたらきがあるという誤りが付随するときには、二つの歩く主体があるという誤りが付随してくる。なぜなら歩く主体を欠いては、歩くはたらきは成り立たないからである。（六）

第六偈に歩く主体と作用という運動における依存性の関係のことが出てくるが、次の第七偈はまさしくこの運動における主体と作用との相依性の関係が問題となっている。

もし歩く主体を欠いたならば、歩くということは成り立たない。歩くということが存在しないとき、一体どうして歩く主体が存在するだろうか。

ここには明らかに歩くという運動の主体と作用（はたらき）との相互依存の関係（相関関係）が示されている。この相依性はナーガールジュナにおける縁起関係の重要なものであって、彼の縁起思想はほとんどこの相依性の関係を明らかにするものであったといって過言ではない。

しかも、ものや物事は相依性をもって成立するが、その相依性自体が矛盾的である。それを形式化すれば、何らかの意味で関係のある二項の間に、AがあればBがあり、BがあればAがあるということであって、相互に依存関係にあるということである。たとえば親子の関係がそうであり、また時間的な先後関係、空間的な前後関係、さらに自他、是非、善悪、正邪などの相対関係、その他が、この相互依存の関係性の上に成り立っている。しかもそれと同時に、先述のように論理的に矛盾を含んでいる。あらゆる存在は矛盾的であるというのは、まさにこの矛盾のためである。

それはともかく、歩く主体、すなわち歩く人がいないのに、歩くということだけがあるということはありえないのであって、また歩くということには必ず歩く人がなくてはならない。この両者の関係は必然的であって、主体といっても、単独に存在しているのではなく、また歩くといっても同じく単独にあるのではない。両者は相依性によって成り立つのであって、「空性《くうしょう》においてすべてのものは成り立つ」（二四・一四の趣旨）というのは、まさしくそのことをいっているのである。ここには明らかに、相依性すなわち縁起が空性（単に空ともいう）であることを示している。

「歩く主体」も「歩かない主体」も歩くことはない

第八偈は、歩く人とか歩かない人とかが存在し、人が歩くとか人が歩かないとかということがあるというなら、それは誤りである、と指摘する。

まず第一に、歩く主体は歩かない。〔次に〕歩かない主体も決して歩かない。歩く主体と歩かない主体とから異なった、どのような第三の主体が歩くであろうか。

ここでは歩くという動作と相関関係にある歩く主体を「歩く主体」として単独に想定して、その主体が歩くと考える誤りを指摘するのである。

その場合、主語である「主体」を修飾する「歩く」ということと、次に動詞の「歩く」ということとが結びつけられると、「歩く主体（人）が歩く」ということになって、表現上一つの動作に二つの動作があることになる。歩かない人が歩くということの矛盾はないように見えるが、「歩かない」ということは、「歩く」ということの名辞否定であって、二つの「歩く」があるという矛盾はなくならない。

したがって、歩く人も歩かないし、歩かない人も歩かないのであって、歩く人と歩かない人と別に第三者があって、その人が歩くということもない。この否定は命題の否定であって、肯定のありえない絶対否定である。そこで第九偈に次のようにいう。

まず第一に、歩く主体は歩く、ということは、一体どうして成り立つであろうか。というのは歩く主体は歩くはたらきなしには、決して成り立ちえないからである。

まず歩く人があって、その人に歩く動作がある、と考えるが、その考えは誤りであって、歩く主体も歩く作用も相依性をもって成立し、それ自体をもって成立しているのではないからである。「歩く主体は歩かない」とは、「歩く主体は歩く」ということは絶対にありえない、と否定しているのである。歩くはたらきなしには、歩く主体はありえない、というのが、まさしく相依性であり、絶対否定にほかならない。

第一〇偈と第一一偈には、また誤りが付随することを、次のようにいう。

「歩く主体が歩く」と主張するなら、その人には歩く作用がなくとも歩く主体があるという誤りが付

随することになる。というのは、歩く主体に〔さらに〕歩くはたらきがあることを容認しているからである。（一〇）

さらにまた、もし歩く主体が歩くというならば、二つの歩くはたらきがあるという誤りが付随することになる。すなわち、それにもとづいて歩く主体といわれる〔その歩くはたらき〕と、歩く主体でありつつ、しかも歩くという〔その歩くはたらき〕とである。（一一）

第一〇偈と第一一偈とは、漢訳のみ順序が逆になっている。二つの「歩く」はたらきがあるという誤りが付随することについては、すでに第四偈と第五偈とに指摘されていて、ここでは再び問題として取り上げられているのである。

ここでの否定の考察を見ると、現に歩きつつあるものと歩くということとの関係が、歩く主体と歩く動作との関係に単純化され、歩く主体が歩くということを認めると、二つの歩くはたらきと、二つの歩く主体を認めざるをえないという不合理が生じる、と同じ趣旨をくり返し、それゆえに、歩く主体は歩かないし、歩かない主体も歩かない、と歩く主体も存在せず、歩く作用も存在しない――したがって空である――とするのである。

「運動の否定」の哲学

以下、第一二偈から第二五偈の所論《しょろん》については、矢島羊吉著『空の哲学』（ＮＨＫブックス、日本放送出版協会、一九八三年）を参照して、その要点のみを取りまとめることにする。

一般に作用には始まり（開始）があり、また終わり（終止）がある、と考えられている。しかし歩くということの始まりはなく、したがって終わりはない、とナーガールジュナは動作に開始と終止があるとすることを否定する。その否定論法はすでに歩かれたところには始まりはなく、いまだ歩かれないところにも始まりはない、また現に歩かれつつあるところにも始まりはない、したがって始まりがなければ終わりもない、ということであって、これと同じような否定論法がまた、『中論』の随所に見られる。

ついで、歩く主体が歩くということの不成立が、歩く主体と歩く作用という相依関係の二項の間における同一と別異ということから論じられる。同一であるとすると、歩く人である行為者と歩く行為とが同一となって論理的に矛盾に陥り、別異であるとすると、歩く行為は歩く人という行為者なしにあり、行為者も歩く行為なしにあるという不合理が生じることになる。すなわち、同一であっても別異であっても、歩く行為と行為者との相互依存の縁起関係は成立せず、したがって歩く動作も歩く主体も、すなわち行為も行為者も成立しない、と論じている。

第二章のあらましをこのように論じて、最後に、歩かれるところも、歩く作用も、歩く人もありえない、と結んでいる。要約すると、歩くという運動を否定する主な論点は、

(1) すでに歩かれたところにも、いまだ歩かれていないところにも、歩くはたらきはない。したがって、両者によって構成される現に歩かれるところにも歩くことはない。

(2)「歩く者が歩く」というなら、人が歩くという一つの事態に、二種類の歩くはたらきが、したがって二種類の歩く者が現われるという矛盾に陥ることになる。

(3) 歩く者と歩く動作とは不可分であって、相依性の関係にある。両者は同一であっても別異であっても、歩く者が歩くことは不可能で、両者は成立しない。

(4) 歩く者が歩くということに現われる二つの歩くはたらきは、同一か別異かのほかはないが、いずれも成立しない。

ということになるであろう。

矢島氏は、この運動の否定ということについて、特に(1)の論証はエレアのゼノンの運動否定の議論と共通性を持っているといい、それは時間が空間と同じく無限に分割可能であることを前提としていることであるという。

またゼノンを批判した哲学者にベルグソンがいて、ナーガールジュナもゼノンもベルグソンも運動の思惟が矛盾を含むことを認める点で一致しているが、ベルグソンが思惟を否定して運動を肯定しようとしたのに対して、後の二人は思惟を肯定して運動を否定しようとしているという。さらにゼノンとナーガールジュナとの相違について、ゼノンが運動を否定して、静止を矛盾のない実在の真相と見たのに対し、ナーガールジュナは運動とともに静止をも否定したことであるという、興味深い指摘がある。

否定と肯定

相依性の縁起

原始経典が伝える「因縁偈《いんねんげ》」が示しているように、ものや事柄はすべて因と縁とによって成立し、存在する――これが縁起といわれる――ということは、仏陀釈尊が悟られた理法《りほう》であり、この真理を基本として仏教のあらゆる教えが説かれているのである。そのことは、たとえば仏陀の最初の教えにも明らかに見ることができる。仏陀は、人間の苦悩の現実を見て、その苦悩の原因をたずねられるとともに、苦悩からの解脱《げだつ》である涅槃《ねはん》の境地を明らかにされ、涅槃への道を説かれている。この初転法輪《しょてんぽうりん》の教えには、その根底に縁起の理法が貫いていて、その道理によって説かれていることが容易に知られよう。

しかし仏教の歴史において、等しく縁起ということが理解されていたかというと、そうではない。原因(因)と条件(縁)なくして存在しているものは何一つないということに、異論はなくとも、思想の立場の相違によって、縁起の理解に微妙な違いが出てくるのである。その典型的な事例をわれわれは「法(ダルマ、もの)の実有《じつう》」を主張したアビダルマ仏教(特に説一切有部《せついっさいうぶ》)と、「すべてのものは空である」と説いた大乗仏教(特に中観仏教《ちゅうがん》)との間に見ることができる。前者においては、因となり縁となるものが実在しなければ縁起は成り立たないと考え、ものの実在性を主張している。それに対して後者においては、ものが実在すると考えるなら、縁起は成立しえなくなる、とその実在性を否定したのである。ここには明らかに存在(もの)の実在と非実在とについての相対立する考え方が見られ、両者の思想的立場の相違がどこにあるかがよく知られるであろう。

しかし、ここで注意しなければならないことは、実在論かそれとも非実在論かという二者択一の考えを持ち込んではならないということである。ここでいう実在の否定は、実在論の対極にある虚無論と同じではない。ナーガールジュナが徹底して実在論を否定したのは――この否定論証が「空の論理」といわれる――虚無論を主張するためでなかったことはいうまでもない。中観学派が虚無論を主張するものでないことは、その代表的論師《ろんじ》で七世紀に活躍したチャンドラキールティも、『中論』の注釈のなかにおいて明確に述べ、反対論者の非難をしりぞけている。

それはともかく、ナーガールジュナの縁起思想においては、原始仏教からアビダルマ仏教へ、さらに初期大乗仏教へと展開されたさまざまな縁起が取り上げられ、空の論理によって徹底して検証されていく。そのなか、特に注目されるのが、相依性として縁起を新しく理解したことである。相依性とは、縁《よ》る関係が一方的ではなく、相互的であることであって、相関関係のことを指している。何かがあって、それに縁って他の或るものがある、という関係ではない。「これに縁って彼が有る」と同時に、「彼に縁ってこれが有る」ということである。

上田義文博士はその著『大乗仏教思想の根本構造』（百華苑、一九五七年）のなか、特に第三「中論における相関性の論理について」において、『中論』「観燃可燃品《かんねんかねんぼん》」第十（火と薪《たきぎ》の考察）を取り上げ、相依性ということについてかなり詳しく論及されている。そこで、それを参照しながら、相関関係についての否定の論証について少し付言しておくことにする。

ナーガールジュナは存在の如実性について、それを明らかにするために「相依」という概念をはじめて用いたと上田博士はいわれる。縁起という概念も、「縁って起こる」ということで、すべて存在するものは他に縁って存在していることを表わすから、相依ということと同じであるように考えられるが、ナーガールジュナが縁起というほかに、あえて相依という概念を用いた理由は何かというと、「縁って」という関係が、相互的な関係であることを明示するためであったと考えられる。

たとえば十二支《じゅうにし》縁起においては、無明《むみょう》に縁って行《ぎょう》があり、行に縁って識《しき》がある、というように順序があって、その順序は一方的であり相互的ではない。このことは無明が迷いの存在の根源であることを示しているが、相依ははじめがなく、また有《う》であったものが無になるということは、他に縁らないで有るものが何かある、ということであって、相依にはどちらが先ということはない。はじめがあるということはない。原始経典に「これが有るゆえに彼が有る、これが滅するときに彼が滅する」ということは、十二支縁起にあてはまっても、相依という場合にはあてはまらない。相依の場合には、「これが有るときに彼が有り」ということと同時に、「彼が有るときにこれが有る」といわねばならないからである。

このように相依という概念を持ち込んで、縁起に新たな意味を見出したことは、ナーガールジュナの大きな功績であって、それは「縁起とは空である」ということばに端的に表われている。たとえば「すべては空である」という。「すべて」のなかには、因も縁も果も含まれているから、当然、それらはみな空であるということになる。ここで空とは、ものは「それ自体で存在しない」あるいは「他に縁らずに成立しない」ということを意味している。

因・縁・果の三者が相依性の上に成立するということは、三者で考えるより二者で考えるとわかりやすいので、たとえば因と果で見ると、因は果に対しての因であり、果は因に対しての果であって、両者は相関関係の上に成立するということである。三者の場合でもこれと同様であって、このように因も縁も果も相依であって、独自に存在するのではない。このようにすべては相依であってそれ自体で存在するのでないから、相依であることを「空である」といっているのである。

否定から肯定へ

ところで、空の論理とは否定論証であって、それは縁起や縁起関係にある諸事物が論理的に矛盾していることの論証であること、そしてその論証は結局、二点が中心になっていることをすでに指摘した。二点とは、くり返すと、一つは相依性における論理的循環《じゅんかん》の矛盾であり、もう一つは特に因果関係などにおける同一性と別異性との矛盾である。

前者の矛盾とは、たとえば「AはBに縁って成立し、BはAに縁って成立する」という相依性においては、両者の間に相関関係が成立するためには、AとBとにおいて互いにどちらか一方が先に成立していなくては

般若経典が説かれた場所と伝えられる霊鷲山

ならず、論理的には無限の循環に陥る。それはたとえば、どちらが先かという「卵と鶏」の論理的循環の矛盾にも似ている。

われわれはこの相依性における矛盾を、どのように考えたらよいのだろうか。『中論』は、論理的矛盾を徹底して明らかにしようとしているが、その否定論証の結果については、ほとんど何も語ろうとしていない。むしろ、ナーガールジュナがその空の思想のよりどころにした「初期大乗経典」、特に般若《はんにゃ》経典が、より多く語りかけてくれるようである。たとえば『小品《しょうぼん》般若経《はんにゃきょう》』には、「心とはすなわち心の無いことであり、そのように心が無くて清明なのが心の本性である」、「いかなるあり方においても有るのではない、というあり方において、法（存在）はある」、「いかなる相においても仏を見ない、その人は仏を見る」などと説く。

また、よく知られている『般若心経《はんにゃしんぎょう》』には、「色即是空《しきそくぜくう》、空即是色《くうそくぜしき》（色《しき》は即ち是《こ》れ空、空は即ち是れ色）」と説かれている。「色」とは五蘊《ごうん》の一つで、物質的存在のことである。色はそのまま空であり、空はそのまま色であって、同じように受《じゅ》、想《そう》、行《ぎょう》、識《しき》の心的存在も、そのほか一切のものも空であり、空であるままに一切のものである、と説いているのである。

このような所説《しょせつ》を見ると、空とはすべてを否定して空無《くうむ》であることではなく、否定のなかにそのまま肯定される妙有《みょうう》が含意されている。したがって空とは論理的には矛盾を含みながらそのまま肯定されていく、否定即肯定の新たな思想の場であるといってよいであろう。矢島羊吉博士は「大乗仏教における空の特色は空を単に否定的なものとしてではなく、同時に肯定の意味を持ったものとして考えたところにある」（『空の哲学』九ページ）と述べ、続いて、

龍樹は種々の大乗経典の影響を受けてはいたが、なかんづく般若系統の経典の影響を受けており、その著作はすべて般若経の考え方の解説になっているとされる。般若経などの影響は『中論』の用語などにも示され、〈蜃気楼《しんきろう》のごとく、夢のごとく、幻のごとく〉とか、〈仏陀はかつて法を説いたことがない〉ということばに見られる。それでは龍樹の仕事の意味はどこにあったか。般若経などでは、否定の意味を持った空が、肯定の意味を持つことを繰返し強調しているが、しかしいかにしてその否定が肯定の意味をもつことができるかという理由を明らかに示していない。龍樹の仕事の意味は、空における否定が肯定に転ずることの論理的な必然性を明確にしたところにあると私は考えるのである。『中論』はその論理的な必然性、言い換えれば論理の筋道を簡潔に述べているのである。（同書九〜一〇ページ）

と指摘する。この指摘は大筋においてほぼ妥当なものといえるが、『中論』が、否定が肯定に転ずる論理を簡潔に述べているかどうか、というと、それはあまり明確ではないように思う。矢島博士は、

『中論』に示された否定から肯定への転換の論理は、否定は徹底することによっておのずから肯定に転ずるという考え方である。

といわれる。そうして『中論』は、この否定の徹底という点に重要な意味がある、と否定の徹底を強調されるのである。

いいかえると、こういうことである。思惟とその対象は、その思惟を極限まで進めると、その対象を失い、思惟自体もまた消滅する。そして残るのはただ生そのまま、ありのままのみである、ということになる。このように否定を徹底してその極限にまで及ぼしていくと、否定すべきものはすべてなくなって、そのままが肯定されてくる。矢島博士はこの点を押えて、否定が肯定に転ずる、というようにいわれているのである。『中論』においては空は、本質的に矛盾的な縁起の肯定を可能ならしめるものとして考えられている、と矢島博士はいわれる。また空の論理的意味は、否定を介して肯定することを可能にするところにあるのであって、その点で矛盾的なものを肯定したヘーゲルの弁証法の論理と比較すると空の論理の理解に役立つであろうし、また空の論理はヘーゲルの弁証法の論理よりも否定論証がはるかに徹底しているといえる、とも指摘されている。これらの指摘は、空の肯定的な意味を考える上で大いに参考になるであろう。

ところで『中論』において、空の肯定的な意味を積極的に説き明かそうとしているのは「観《かん》四《し》諦《たい》品《ぼん》」第二十四（四諦の考察）であろう。この章については改めて取り上げることにするが、ここでは次の偈頌（二四・一四）のみを取り上げておこう。

　およそ、空であることが妥当するものには、一切が妥当する。およそ、空が妥当しないものには、一切が妥当しない。

この偈の意味は、およそ何ものであれ、そのものが空であることが妥当するなら、そのものには一切が妥当するが、空であることが妥当しないなら、そのものには一切が妥当しない、ということである。「妥当する」とは、間違いなく成り立つということであって、ものは空であるとき、そのものが正しく成り立つ、といっているのである。これは明らかに空において、すべては否定されるまま肯定される、ということを説いているのである。「一切」とは、ものの生滅《しょうめつ》をはじめ、四諦の教え、修道《しゅどう》、仏《ぶっ》・法《ぽう》・僧《そう》の三宝《さんぽう》など、世間《せけん》から出《しゅっ》世間《せけん》にわたるすべてのものや事柄を含んでいる。

このようにいかなるものであれ、それが空であることにおいて、そのものがそのものとして成り立つのであって、空において世間道《せけんどう》が真に世間道となって成立し、仏道《ぶつどう》が真の仏道となることを示しているのである。「色即是空、空即是色」ということも、色はそのまま空であり、空であるまま色である、ということであるから、まさしく第一四偈が示している意味を説いているといえるであろう。

アートマンと五蘊《ごうん》の実体性の否定——「火と薪《たきぎ》の考察」

それでは次に、「観燃可燃品《かんねんかねんぼん》」第十（火と薪の考察）の偈頌を見てみよう。

（一）

もし「薪がすなわち火である」というならば、行為主体と行為とは同一であるということになるであろう。またもし「火が薪とは異なって別である」というならば、薪を離れても火は有るということになるであろう。

また〔火と薪とが異なった別のものなら、火は〕常に燃えているものとなるであろうし、また燃える原因を持たないものとなるであろう。さらに、燃えるために努力することは無意味になってしまうであろう。そのようであるならば、また〔火は〕作用を持たないものということになってしまう。（二）

他のものに依存することがないから、〔火は〕燃える原因を持たないものとなるであろう。いつまでも燃えていて、火をつけようとすることは無意味になってしまう。（三）

それについて、もしもこのことから、「燃えつつあるものが薪である」というならば、この薪は燃えつつあるだけのもので、そのとき、その薪は何によって燃えるのであろうか。（四）

〔火が薪とは〕異なる別のものであるならば、〔火は薪に〕到達しないことになるだろう。いまだ到達しないものは、燃えることがないであろう。さらにまた、燃えないものは消えることがないであろう。消えないものは、自らの特質をたもったまま存続するであろう。（五）

もしも〔火が〕薪とは異なった別のものであって、その火が薪に到達するのであるならば、それはあたかも女が男に、また男が女に至るようなものである。（六）

もしも火と薪とが相互に離れた別のものであるとするなら、〔火は〕薪とは異なる別のものであって、しかも〔その〕火は、望みのままに、薪に到達することになるであろう。（七）

もしも薪に依存して火が有り、火に依存して薪が有るのであるならば、どちらが先に成立していて、それに依存して火が有り、あるいは薪が有るのか。（八）

もしも薪に依存して火が有るのであれば、薪はすでに成立している火をさらに成立させることになるであろう。このようであるならば、火を持たない薪も有ることになるであろう。（九）

或るもの（A）が他のもの（B）に依存して成立するのに、そのAに依存してBが成立している。もしも依存されるべきものが〔先に〕成立するものであるとすると、〔AとBの〕どちらがどちらに依存して成立するのであろうか。（一〇）

〔他に〕依存して成立するようなものは、それがまだ成立していないときに、どうして依存することがあろうか。またもし、すでに成立しているものが依存するとすると、あらためてそれ（他）に依存するということは理に合わない。（一一）

火は薪に依存して有るのではない。火は薪に依存しないで有るのではない。薪は火に依存して有るのではない。薪は火に依存しないで有るのではない。（一二）

火は他から来るのではない。火は薪のなかに存在するのでない。この薪に関するその他のことは、〔第二章において〕現に去りつつあるもの、すでに去ったもの、まだ去らないもの〔の考察〕によって、すでに説かれている。（一三）

さらに、火は薪ではない。また火は薪とは、異なる別のところに有るのではない。火は薪を所有するものではない。また、火のなかに薪が有るのではない。薪のなかに火が有るのではない。（一四）

「火と薪」によって、我《が》（アートマン）と五取蘊《ごしゅうん》（執着の対象となる五蘊）との関係に関するすべて

の次第が、瓶《びょう》や布などとともに、あますところなく説明された。（一五）

我《が》（アートマン）について本体を持っていると説き、もろもろの存在（もの）について互いに異なって別であると説く人たちがいる。私はそれらの人々を、教えの意味に精通しているものとは考えない。（一六）

以上、一六偈にまとめられた第一〇章の所論は論理的にも明快であって、その内容は理解しやすく、ほとんど解説を必要としないであろう。先に述べたように、ナーガールジュナの否定論証はまとめると、縁起関係にあるものにおける同一性と別異性の矛盾と、相依性における循環の矛盾との二種類になるが、この章においても明らかにそれを見ることができる。

第一偈では、火と薪との同一性と別異性とが取り上げられ、いずれも論理的に矛盾すると否定されている。火と薪とが同一であるとすると、燃えるということと燃えているものとが同じということになってしまい、また別異であるとすると、薪を離れても火があるということになってしまうからである。

現実には燃えているという現象があるだけであるが、その現象を見て、火が燃えている、あるいは薪が燃えている、という。そうして火が有るとか、薪が有るとか、と考え、火と薪との間に同一・別異を立てて、それを論理的に検証しようとするのである。空の論理はこのような思考のあり方に対して、徹底した否定論法を駆使してこれを批判する。こうして新しい空の論理にもとづく思想を打ち出し、その解明を目指そうとしているのである。

いうまでもなく、ナーガールジュナは空の思想が存在の真実相を明らかにするものであることを説き明かそうとしている。しかも可能な限り、論理を尽くしてそれを解明しようとするのである。

第一〇章で特に注目されるのは、第一〇偈である。ここにはまさしく、相依性における循環の論理的矛盾が取り上げられているからである。相依性とは、ものは相互に他に縁って成立することである。そこで第一一偈では、他に縁って成立するということにおける論理的矛盾を示して、まだ成立していないものがどうして他に依存しようか、とその矛盾を衝《つ》き、またすでに成立しているものが、さらに他に依存するということは不合理である、とこれを否定しているのである。

このような否定論証は結局何を目指しているかというと、最後にある第一六偈が述べているように、自我の本体を想定し、またそれを構成する五蘊（五取蘊）などの諸存在にそれぞれ固有の実体を立てる実在論的な考え方では、仏陀の教えの意味をよく理解することはできない、とこれをしりぞけるためであったといえるであろう。

我《が》（アートマン）の考察

アートマンは五蘊《ごうん》と同じでも別でもない

『中論』第一八章は「我（アートマン）の考察」である。この章名はサンスクリット本によるのであって、漢訳『中論』では「観法品《かんぽうぼん》」第十八、チベット訳『無畏論《むいろん》』では「我と法の考察」となっている。

「我」とは、アートマンの訳で、自我、自己の本質、本性、個我、自己などを意味する。「法」とはダルマの訳で、存在、もの、事物などを意味し、ここでは我を構成するものと見られる五蘊の法を指している。五蘊とは、色《しき》・受《じゅ》・想《そう》・行《ぎょう》・識《しき》（順に物質・感受・構想・心《しん》作用・認識）のことであり、これらの五つの構成要素が心身からなる存在である自己（われ）を成り立たせているとするのである。この考えはアビダルマ仏教のもので、インドにおける正統バラモン思想の説く不生不滅《ふしょうふめつ》のアートマン説には見られないことはいうまでもない。

『中論』における「我の考察」は、次の偈から始まる。

もしも我が五蘊そのものであるならば、我は生《しょう》と滅《めつ》とを持つことになるであろう。もしも我が蘊から異なるものであるならば、我は五蘊の特相を持たないことになるであろう。（一）

この偈から始まる我の考察については、私は、注釈者でありナーガールジュナの思想継承者をもって自任するチャンドラキールティの注釈『プラサンナパダー』と、彼の主著『入中論《にゅうちゅうろん》』とを参照していささか論じたことがある（「チャンドラキールティのアートマン批判」『印度学仏教学研究』第一一巻・第二号、三四四〜三五二ページ所収を参照）。今はそれによって述べることにする。

チャンドラキールティは第一八章の注釈にあたって、はじめに『入中論』の偈（六・一二〇）を引用する。

もろもろの煩悩と罪過とは、すべて有身見《うしんけん》（我見《がけん》）から生じる、と智恵をもって観察し、アートマンはこの有身見の対象であると悟って、行者《ぎょうじゃ》はアートマンの否定をなす。

この偈は、⑴輪廻《りんね》の因と、⑵解脱《げだつ》の因とを示したもので、⑴は有身見であり、⑵はアートマンの否定である、という。したがって、有身見すなわち我見は、その対象である我が無我であることを悟るときに断ぜられるから、我の考察は解脱を得るための方便《ほうべん》（手段）としてである、という。有身見とは「これは私である、これは私のものである、という考えにとらわれる有染汚《うぜんま》の（煩悩に汚された）考え」であって、自我観念あるいは自己意識の対象である自我（我）を不変固有のものととらえる誤った見方をいうのである。

ところで、この有身見の対象であるアートマンについて、注釈はこれを要約して「離蘊《りうん》のアートマン（五蘊とは別にあるものとしてのアートマン）」と、「即蘊《そくうん》のアートマン（五蘊そのものとしてのアートマン）」との二つになるとする。離蘊のアートマンとは、『入中論』によると、サーンキャ説の神我《しんが》（プルシャ）、ヴァイシェーシカ学派の説く九徳を有するアートマン、ヴェーダ論者の説く個我のアートマンなどである。即蘊のアートマンとは、部《ぶ》派《は》仏教のなかの正量部《しょうりょうぶ》が我見の所依《しょえ》（よりどころ、対象）は五蘊であるとか、一心《いっしん》（識《しき》）であるとか説いているものである。アートマンの否定とは、これら離蘊のアートマンも即蘊のアートマンもありえないということにほかならない。

樹下で生きる苦しみを瞑想するシッダールタ太子（ペーシャワル博物館）

離蘊のアートマンについては、『入中論』では、「不生のゆえに」という理由から、離蘊のアートマンをその特相（特質）とともに否定する。中論釈『プラサンナパダー』では、離蘊のアートマンを説く外教者《げきょうしゃ》（異教徒）のアートマンの観念をしりぞけていう。

なるほど、外教者たちは蘊と異なるアートマンの特質を語っている。が、しかし、彼らは本質上アートマンを認めて、その特質を説いているのではない。そうではなく、如実《にょじつ》に相依施設《そうえせせつ》（相互依存のもとに成立すること。縁起）を理解せず、アートマンはただ名称としてのみあるにすぎないことを怖れのために了解《りょうげ》しない彼らは、世間の道理（世俗諦《せぞくたい》）からも逸脱し、誤った分別《ふんべつ》のために、擬似《ぎじ》的推量によって晦《くら》まされているのであって、迷妄からしてアートマンを想定し、さらにその特質を説いているのである。これに対して、〔中観派では〕「作《さ》と作者《さしゃ》の考察」（『中論』第八章）等においてアートマンと五《ご》取《しゅ》（執着の対象となる五蘊。五取蘊）とは相互に依存して成立していると語るのであるから、そのとき、世俗よりしてもそれらの否定がなされたのである。

ここに、サーンキャ説をはじめとする諸学派の立てるアートマンの観念に対する、きわめてラディカルな中観派の否定の態度を見ることができるであろう。と同時に、アートマンを縁起として認め、世俗として有《う》（存在する）と語る中観派の立場が示唆されている。このことは後に論じるが、「世俗諦からも逸脱している」とは世間の立場からも認められず、誤りであると否定されるということである。

次に即蘊のアートマンについて、『プラサンナパダー』は次のようにいう。

蘊がすなわちアートマンであると考えるならば、諸蘊は生滅《しょうめつ》に与《あずか》るものであるから、アートマンは生滅するものとなろう。しかし、それは認められない。アートマンに多くの過失が付随するからである。

ここに多くの過失が付随するというのは、「所作性《しょさ》のもの（作られたもの）となり、無因性《むいん》のもの（原因なきもの）となる」（『中論』二七・六）という過失をはじめ、「アートマンが多となる」「実有《じつう》のものとなる」などの過失（『入中論』六・一二七〜八）が生じることであって、詳細な論述は『入中論』の所論にゆずっている。その二、三をあげると、「五取蘊がすなわちアートマンである、という経の密意《みっち》（秘められた意図）を正しく理解していない」「蘊とアートマンとが相依施設であることと矛盾する」「言説《ごんぜつ》（日常的な言語世界）が成立しない」「我執《がしゅう》を断ずることがない」などである。

『入中論』によると、即蘊のアートマンとは、前述のように、正量部の所説であるという。彼らは我見の所依は蘊であり、あるいは一心（識）であると主張するが、これはアートマンが蘊であることを主張しているのである。そこでさまざまの過失をあげて、これをしりぞけているのである。なお、『入中論』は聖正量部《しょうしょうりょうぶ》が人我《にんが》（プトガラ）の実有（実体として存在すること）を主張していたことに触れて、次のようにいう。

ある人々は、同・異・常《じょう》・無常等と説かれえない人我（プトガラ）の実有を認めて、それを六識《ろくしき》（第六識、意識）の能知《のうち》（認識する主体）と認め、また、これを我執の所縁《しょえん》（対象）とも認めている。

（六・四六）

そうしてこの人我（プトガラ）は蘊と異なるものでもなく、また蘊と同一でもないと、非即非離蘊《ひそくひりうん》であることを主張しているという。

これに対して中観派は、「実有なるものが不可説であるとは考えられない」という否定と、「人我は施設有《せせつう》(仮有《けう》、仮に存在するもの)である」という肯定とから、人我(プトガラ)実有説は正しくない、と否定するのである。ここで施設有とは縁起と同じ意味であることは、ナーガールジュナ自身も明言している(『中論』第二四章を参照。これについては後に再び取り上げる)。

中観派は虚無論者ではない

このように諸学派のアートマン説は、いずれも自己存在についての誤った見方である有身見に根ざしているのであって、彼らは要するに、自我観念の所依であるアートマンが因施設《いんせせつ》であること(すなわち仮有《けう》であり、仮名《けみょう》であり、因縁生《いんねんしょう》であり、空であること)を理解せず、自己存在の本質を形而上学的《けいじじょうがく》に、あるいは実有の概念をもってとらえ、アートマンの種々の特質を分別《ふんべつ》・想定しているとするのである。

したがってこのようなアートマンの否定とは、自己存在あるいは自我の本質を形而上学的にとらえ、あるいは部派仏教哲学におけるように実有の概念をもって自我の存在性をとらえて、それに執《しゅう》している分別をしりぞけることであって、外教者からしばしば誤解されたような自我そのものの否定ではない。いいかえると、形而上学的実体としてのアートマンを想定して種々に分別していることの否定であり、アートマンが実有としてその存在性を有するとすることの否定である。その否定はまた、反対者の説をただ否定しているのではなく、彼らの自我意識の所依《しょえ》となっているアートマンが不変の本体でも実有でもなく、相依施設であり、縁起的なるものであることを明らかにしようとするものにほかならない。

したがって、アートマンの否定は、たとえば唯物論者の順世派《じゅんせ》の徒が行なうように、アートマンの無存在を主張し、来世を否定し、行為と結果との因果関係を否定する無因論《むいん》すなわち虚無論のそれと同一でないことはいうまでもなく、アートマンの実有、形而上学的本体を否定するとともに、単なるアートマンの無も否定されるのである。『中論』第二三章・第三偈に「アートマンの有《う》と無とはいかにしても成り立たない」とあることによっても、それは明らかであろう。

『プラサンナパダー』には、問答を立ててアートマンを否定することの意味を次のように述べている。

〈反対者〉「アートマンは無であるということは、汝（中観派）にとってすでに決定していることなのか」

〈中観派〉「誰がそのようなことをいったか」

〈反対者〉「直前に、見等《けん》が存在しないからアートマンもまた存在しない、といったではないか」

〈中観派〉「なるほど、われわれはそのようにいった。けれども、その意味が汝によって正しく理解されていない。なぜならアートマンは実体を有すると分別されるとき、そのアートマンは自性《じしょう》（固有の性質、実体性）をもって存在するのではない。そこで、その誤った顚倒《てんどう》を直すために、そのアートマンに自性を執《しゅう》しているのをしりぞけることばを語ったにほかならない。けれども、そのアートマンの無を分別しているのではない。有に対する執着も、無に対する執着も、ともに排除されねばならないからである」

この問答によって、アートマンの否定はアートマンの有無に対する分別の否定を意味していることが、いよいよ明瞭になるであろう。これは結局、常見論《じょうけんろん》の立てるアートマンも、断見論《だんけんろん》のアートマンの否定も、ともに顚倒の見、すなわち逆立ちした見方であるということで、常見論が主張するような実体として存在するアートマンもなく、断見論が主張するようにアートマンは空無《くうむ》なのでもないということを示している。

しかし、このような中観派からの答弁にもかかわらず、アートマンの否定を説く無我説は正しく理解されず、アートマンの実在を認めて、その哲学思想を展開した諸学派から広く仏教は虚無論者（Nāstika）と見なされて、無因論者である唯物論者と同列に扱われたのもやむをえないものがあった。特に空論者《くうろんしゃ》（ここで空は無と同義と見られている）といわれた中観派は、その非難の矢面に立たされたのである。

この非難に対する中観派の反論もきわめて激しいものがあり、たとえば『プラサンナパダー』では、中観派を虚無論者と混同してはならないと次のように論じている。

〔反対者〕「中観論者は虚無論者と異ならない。なぜなら善悪の行為、行為者、果報《かほう》およびすべて世界は自性において空（無）であると語り、虚無論者もまたこれらは無であると語るからである。それゆえに、中観論者は虚無論者と異ならない」

〔中観派〕「それは正しくない。なぜかというと、中観論者はまさしく縁起論者であって、すべては因と縁とによって生起しているのであるから、この世もかの世もすべて無自性《むじしょう》である、と説くのである。

自性を主張する虚無論者はそうではなく、〔中観派のように〕縁起によって成立したものであるから自性においては空であるという意味においてすべて世界は無であると理解しているのではなくて、〔虚無論者は〕この世に属する事物のみを自性において認めて、それがかの世界からこの世界に来て、この世界からかの世界に去ることを見ず、この世界において認められるもの、およびそれに類するもの以外は無いと打ち消すのである」

〔反対者〕「そういっても、自性において存在しないものは無であると汝は理解しているというこの見解に関しては、われわれも同様である」

〔中観派〕「そうではない。なぜかというと、中観派は世俗よりして有《う》と認めているが、汝らは認めていないから同じではない」

このように反対者からの非難に対して中観派は、われわれは縁起論者である、と答えることによって虚無を主張する者と異なることを示し、さらに世俗よりしては有を認めているから、虚無論者とは同じではない、というのである。このことからも知られるように、中観派は虚無論者あるいは無因論者の立場と異なることはもちろん、有我《うが》論者あるいは実有論者の立場とも異なることを強調しているのである。

アートマンは世俗として存在する

それでは、このようにアートマンを縁起的に有として説き、またアートマンは世俗として有であるということについて、その意味を少し考えておこう。

チャンドラキールティは先述のように、サーンキャ説が立てるアートマンの観念を否定するなかに、アートマンを相依施設《そうえせせつ》として認め、あるいはまた名称のみとしてあるにすぎないという。「相依施設（upādāya prajñapti）」とは、「因施設《いんせせつ》」とも訳されるように、何かに因《よ》って（縁《よ》って）の仮設《けせつ》（表示）であり、たとえば薪に因って燃えているものが火と表示され、しかも薪に依って火があり、火に依って薪があるのである。なぜなら、火を離れて薪ということはないからである。相依施設とはこのような依存関係によって成立することであって、縁起と同義である。

「名称のみ（nāmamātra）」とは、名称とは「言説《ごんぜつ》（vyavahāra）」で、これは世間慣行のことばのことであるから、ことばがあるからといって、それが表示するものが実体としてあるのではないことを意味している。このように、自我観念の所依であるアートマンは実体として存在するのではなく、縁起としてあるのであって、そのものにアートマンという世間慣行のことばが用いられているにすぎないのである。

ところで、縁起的に有として語られ、薪と火との関係のように、五蘊との相依性、相互依存としての成立を語る相依施設としてのアートマンは、また世俗として有であると語られる。このことはアートマンが縁起のみであるということの論理的な側面のみならず、倫理的・実践的な主体としての側面を明らかにするものと思われる。そこに、中観派の世俗諦についてのとらえ方が反映しているといえる。特に、チャンドラキールティの特色ある世俗についての理解が注目されるのである。

チャンドラキールティは、世俗についての解釈を次のように三つにまとめて示している。

(1) 無明《むみょう》であること――覆障《ふくしょう》

(2) 相依であること――縁起

(3) 世間慣行であること――言説

すなわち世俗は、(1)無明すなわち無知が覆《おお》い、最高真理を見る障害となっており、(2)その上に縁起の存在も相依関係もあり、さらに(3)能知《のうち》・所知《しょち》(知るもの、知られるもの)、能詮《のうせん》・所詮《しょせん》(いい表わすもの、いい表わされるもの)の分別・判断による世間の慣行としての言説もある、ということである。

ここにはチャンドラキールティの特色ある世俗理解が示されているのであるが、特に(1)の解釈にそれを見ることができるであろう。これはナーガールジュナには見られない独自のものであるが、アートマンが世俗として有であるというのは、主体的なものが無明の存在であること、その上に相依性をもってすべてのものは存在すること――これが縁起として有であるということである――、さらに、そのものがアートマンというように世間慣行のことばをもって表現されるということであろう。

またチャンドラキールティは、アートマンの語義解釈を次のように述べている。

そのものに自我の観念がもたらされ、起こされているのがアートマンであって、もろもろの蘊(五蘊)に縁って施設《せせつ》されている人我がアートマンといわれる。

これは多少、サンスクリット語の語呂合わせ的な嫌いがあるとはいえ、アートマンが世俗として有であると語ることの根本的なあり方を如実に示しているといえよう。

アートマンが縁起として有であるということは、アートマンが「施設《せせつ》有としてある」ということであって、施設有はまた、仮有《けう》、仮名《けみょう》とも、単に仮《け》ともいわれる。いずれにしても、これらは実体として存在するのでないことを意味している。

『入中論』第六章では「アートマンは蘊に依止《えじ》して成り立つ」(一五〇)以下にこれを詳述しているが、その中心は縁起が世俗諦《せぞくたい》として認められるように、アートマンが施設有であること、すなわち五蘊に縁って施設されるものであるという、これ限りのことが世間言説の設定のために承認されねばならないということである。したがってこのように相依施設として設定されているアートマンは、「世間に広く認められているから、われわれ〔中観派〕は蘊・処《しょ》・界《かい》(人間とその認識の構成要素)に依止してアートマンを取者《しゅしゃ》(主体)として容認する」(一六二)ということであろう。

我《が》(われ)と我所《がしょ》(わがもの)の否定

『中論』第一八章は十一偈を収めている。そのうち第一偈については先に取り上げたが、それを含めて全十一偈をまとめて紹介すると、次の通りである。

(一) もしも我が五蘊そのものであるならば、我は生《しょう》と滅《めつ》とを持つことになるであろう。もしも我が蘊から異なるものであるならば、我は五蘊の特相を持たないことになるであろう。

我が存在しないならば、我に属するもの（五蘊）はどうして存在するであろうか。我と我に属するものとが消滅するゆえに、我に属するものという観念を離れ、我という意識を離れる。（二）

我に属するものという観念を離れ、我という意識を離れた、そのようなものもまた、存在しない。我に属するものという観念を離れ、我という意識を離れた、そのようなものを見るものは、〔真実に〕見ないのである。（三）

外に向かっても、内に向かっても、これは我に属するものであるとか、これは我である、とかいう観念が消滅したとき、執着はなくなり、それがなくなることから、生は滅する。（四）

業《ごう》と煩悩とが滅《めつ》してなくなるから、解脱がある。業と煩悩とは分別思考から起こる。それら分別思考は戯論《けろん》（ことばの展開）から起こる。しかし戯論は空において滅する。（五）

もろもろの仏は「我がある」とも仮説《けせつ》し、「我がない」とも説き、また、「いかなる我もなく、無我もない」とも説いている。（六）

心の対象領域が滅するときには、言語の対象は滅する。まさに法性《ほっしょう》（真理）は、不生不滅《ふしょうふめつ》であり、ニルヴァーナ（寂滅《じゃくめつ》、涅槃）のようである。（七）

一切は真実〔そのよう〕である、一切は真実〔そのよう〕ではない、一切は真実〔そのよう〕であり真実〔そのよう〕ではない、一切は真実〔そのよう〕ではなく真実〔そのよう〕でないのではない――これがもろもろの仏の教えである。（八）

他に縁《よ》って知るのでなく、寂静《じゃくじょう》であり、もろもろの戯論によって戯論されることなく、分別思考を離れ、多義でない――これが真実の特質である。（九）

Aに縁ってBが成り立つのであるならば、BはAと同一なのではなく、また別異なのでもない。それゆえ、断絶するのでなく、常恒《じょうごう》にあるのでもない。（一〇）

いかなるものにおいても、一義（同じ）でもなく、多義（異なる）でもなく、断滅《だんめつ》するのでもなく、常恒にあるのでもない――これが世間の導師であるもろもろの仏の甘露《かんろ》の教えである。（一一）

この十一偈のうち、直接に「我（アートマン）」の有無について論じているのは、最初の四偈である。ナーガールジュナはまず我を構成するものとして初期仏教以来説かれてきた心身の五つの要素（五蘊）について取り上げ、我が存在しないなら、我に属する（我を構成する）五蘊もまた存在しない、と我を否定するともに我に属する五蘊も否定するのである。これが人無我《にんむが》・法無我《ほうむが》ということであって、この無我は大乗仏教では空とも呼び、「われ」も「わがもの」もともに空であるから、すべてのものは空である（一切法空《いっさいほうくう》）と説いたのである。

チャンドラキールティの注釈書『プラサンナパダー』には、第一偈の注釈のなかに自著『入中論』を引いて次のように解説する。

もし我（アートマン）がそれら五蘊であるならば、五蘊は多であるから、それらの我もまた多となるであろう。またアートマンは実在するということになるであろう。そうして、実在するなら、誤認されることはないだろう。寂滅《じゃくめつ》のときには必ずアートマンの断滅があるであろう。涅槃以前には、各刹那《せつな》（瞬間）に生滅《しょうめつ》があるであろう。また作者《さしゃ》（業《ごう》＝行為の主体）が存在しないから果報《かほう》もなく、ある人のなした業（の果）を他の人が受けることになるだろう。

ここで「我（アートマン）がもし五蘊であるならば」というのは、アートマン、すなわち、我（われ）とか、自己とか、自我とか、主体とかという自己存在の本質を、身（肉体）的なものと見るか、あるいは心（精神）的なものと見るか、あるいは両者を合わせたものと見るか、ということであって、今日の人間を考える人間学を中心とした哲学においても、重要な人間観の視点となっている課題である。

五蘊とは、人間存在を構成する五種の要素（集合）であり、色・受・想・行・識の五蘊は、色と、受・想・行・識の四つとに大別することができる。色とは物質であり、人間でいえば身（肉体）である。受・想・行・識は順次、感覚・構想・意欲・識別のことであって、これらが心（精神）といわれているのである。したがって、五蘊説は人間を心身を持った存在として見ているのである。

ところで、『入中論』の所論は、アビダルマ仏教の法実有説《ほうじつう》（存在の構成要素についての実在論）の論理的矛盾を衝《つ》いて、それを否定することを意図している。したがってその視点から理解しなければならないであろう。たとえばアートマンが五蘊であるとすると、アートマンは多となって、自己が二つ以上存在することになってしまう。なぜなら法実有説に立てば、諸法はそれぞれ単独に存在すると考えられているからである。また、アートマンがアートマンを構成する諸要素そのものであるとすると、自己を成り立たせる諸要素すなわち諸法が実有であるから、アートマンは実有ということにならざるをえず、それでは無我の道理に合わなくなるというのである。前述の『入中論』の所論は、このようにすべてアビダルマ仏教における諸法実有論の論理的矛盾を衝いて、諸法無我説を明らかにしようとしているのである。

私たちは、日常の場において「われ」「自己」「主体」などのことばを用い、また、「われである」とか「われが存在する」と主張する。そこに「自己存在」という自己意識や形而上学的な「自己」という自我観念を生じて、さまざまのアートマンをめぐる所説《しょせつ》が展開されることになるのである。

日常的なレヴェルでは、自己は心身を持った存在である、と見ている。さらに「自己の身」とか「自己の心」とかといって、心身はわれ（我《が》）に属するものと見、これを「我所《がしょ》」と呼び、我と我所へのとらわれが煩悩のもとであり、その煩悩がさまざまな苦を引き起こすとするのである。この自己および自己のもの、すなわち我・我所への執着を断ち切る道を説き示し、その道を歩むことを勧めるのが無我の教えであって、この無我こそ仏道の真髄である。そこで「仏教はどの教えも無我を説く」といわれ、また「無我を説く教えこそ仏教である」ともいわれるのである。

このように無我の教えは我・我所への執着を否定しているが、日常的に用いている「われ」とか「わがもの」とかということを否定するものではない。そこに現実的にも論理的にも矛盾はないからである。

しかし『プラサンナパダー』に引用する『入中論』にあるように、外教者《げきょうしゃ》たち、特に思弁《しべん》哲学者たちは、互いに自我を形而上学的にとらえ、さまざまの説を展開している。すなわち、もろもろの外教者たちは、自我は本性が常恒《じょうごう》で、非作者《ひさしゃ》であり、享受者であり、属性《ぞくせい》を持たず、無作用である、と考えている。そのアートマン説に少しずつ違いがあるために、外教者たちの主張は異なることになる。

ナーガールジュナのアートマン説批判は、もっぱらこのような形而上学的に実体とされたアートマン説に向けられたのであって、そのなかには当然ながら説一切有部《せついっさいうぶ》をはじめとするアビダルマ仏教の形而上学的思弁も含まれていたのである。

『宝行王正論《ほうぎょうおうしょうろん》』の無我説

ところで、ナーガールジュナがサータヴァーハナ王に宛てた書簡形式の著作である『宝行王正論』のなかに、無我についての大変興味深い記述が見られる。

われ（我）は現に存在しないし、未来にも存在しないであろう。何ものも現にわれに属さないし、未来にも属さないであろう、と説かれて、愚か者は怖れを起こしますが、賢い人は恐れに打ち勝ちます。

（一・二六）

しかし、このような「われ（我）」は存在しないとか「われに属するもの（わがもの）」はないということは、自己とか主体とかというものそのものを否定しているのではない。否定しているのは、自己とか主体そのものを絶対化し、不変固有の存在と見ているものについてであって、そのことはこれに続く偈に明らかにうかがうことができる。

　この世はすべて「われがある」という我《が》意識の所産であり、「これはわがもの」という所有意識を伴っている、と世間の利益《りやく》をひたすらに説く者（仏陀）は教示しています。　（一・二七）

『華厳経《けごんきょう》』「十地品《じゅうじぼん》」（『十地経』）に「三界虚妄但是一心作」ということばがある。「三界《さんがい》は虚妄《こもう》にして但《た》だ是《こ》れ一心《いっしん》の作《さ》なり」と読むが、古来「唯心偈《ゆいしんげ》」と呼ばれている有名な句である。「十地品」は大乗菩薩の実践行を十段階にまとめて説いていて、ナーガールジュナが重視していたことは、この『宝行王正論』（第五章）に「十地品」の所説のなかから要点を取り上げて述べていることによっても知ることができる。この唯心偈の句は、上記の偈（一・二七）の内容に一致するものがあり、両者を合わせて読むと大いにその理解に役立つであろう。

　唯心偈にある「一心」とは、われわれの日常の平凡な心のことであって、この心が「われ」と思う自己へのとらわれ、すなわち我執《がしゅう》であり、「我意識」なのである。そうしてわれわれの現実の世のなかはまさしくこの我意識、自己へのとらわれが生み出している世界にほかならない。端的にいうと、「われが」の世界であり、「わがもの」の世界である。

　「われがある」「これはわがものである」ということは、究極の真理からすると、誤りで、真実の智慧から見れば、両者はともに存在しないからです。　（一・二八）

「誤り」とは虚妄ということであって、本当の存在ではない、真にあるのではなく幻のようなものだ、ということである。先の唯心偈では「三界は虚妄である」といっている。「三界」とは欲界《よくかい》・色界《しきかい》・無色界《むしきかい》という迷いの世界のことであるが、単純にこの現実の世界のことをいっていると考えてよい。したがって現実の世界は「われが、われが」と自己にとらわれる執着がもととなっている偽りの世界で、真の世界ではない。無常の世界であり、煩悩のさかまく世界であり、苦に満ちた世界であるということである。そうして、この現実の世界の虚妄性は、真実の智慧によって破られ、そこに真実の世界が現出するというのである。

五蘊は我意識から生じたものであって、その我意識は、真実には虚妄であります。もし種が虚妄であるなら、その芽がどうして真実に存在しえましょうか。（一・二九）

「真実には虚妄である」とは、真に存在するものではないということで、仮に存在するにすぎないということを表わしている。そのもの自体として存在しているのではないからである。もし真に存在するなら、そのものはそれ自体として存在し続けるであろう。たとえば我意識が真に存在するなら、それはいかにしても断たれることなくあり続けるであろう。しかし真実を知る智慧が得られると、我意識は断ち切られるのであって、このように我意識は虚妄で真実にあるのではないから、それより生じる五蘊もまた真実に存在するものとしてあるのではないというのである。

このように五蘊は真実にあるのではないと知ると、我意識は断たれます。一方また我意識が断たれますと、五蘊は存在することができません。（一・三〇）

たとえば、鏡によって自らの映った姿が見られますが、その映った姿は真実には存在しているのでは

ありません。（一・三一）

そのように我意識もまた五蘊によって存在することができますが、決して真実にはあるのでありません。それは自らの映像の姿と同じです。（一・三二）

たとえば、鏡によらなくては、自らの姿が見られません。そのように五蘊によらなくては、「われがある」ということもありえません。（一・三三）

ここに述べていることによっても知られるように、無我の道理を「鏡と影像」のたとえをもって実に巧みに説き明かしているのである。『宝行王正論』は直接には国王のために著わしたものであるが、ナーガールジュナ自身がいうように、国王のみならず、すべての人々の理解のために大乗仏教の教えと実践をわかりやすく説いているのであって、これはまさしくその好個の例であるといえるであろう。

ここにおいて鏡とは五蘊であり、影像とは我意識であって、五蘊の鏡に我意識の影像が現われるのである。我意識とは「われがある」という観念、自己のとらわれ、我執である。したがって「われ」とは実体があるのでなく、影像のように実在せず、虚妄であると知るとき、すなわち虚妄の存在をまさに虚妄と知るとき、我意識は断たれ、そして我意識がなくなると五蘊もまたそれ自体として成り立たないということを述べているのである。

寂滅《じゃくめつ》への道

さて『中論』第一八章は、アートマンの考察によってその実在性を否定するのであるが、その否定は決して一義的なものではなく、かなり複雑である。第六偈には、もろもろの仏たちは、「我がある」ともいわれ、「我がない」とも説かれ、さらにまた、「我があるのでもなく、我がないのでもない」とも示された、という。諸法無我《しょほうむが》を説くのが仏教であるといっても、画一的な教えとして説かれたのではなく、無我を基本としながらも、「我あり」と説かれることもあり、また「我なし」と説かれることも、「我ありでも我なしでもない」と説かれることもあったのである。仏たちの教え方はこのように矛盾しているように見えるが、それは教え方の問題であって、有無にとらわれているわれわれの分別思考の誤りを徹底してしりぞけて、正しい道に導くためであったのである。

そのほか、第一八章で特に注目されるのは、第五偈、第七偈、第九偈であろう。第五偈には、われわれの生（迷いの生存）が業と煩悩であり、その業・煩悩の生は分別判断から生じること、さらにその分別判断は戯論から起こることを明《あ》かし、その戯論は空において滅すること、したがってすべては寂静《じゃくじょう》となることを説いている。第七偈では、それをうけて、心が寂静となるときには、その対象領域が滅《めっ》してなくなり、そこにはことばも分別もなく、ただありのままの寂滅の世界があるのみで、それが

仏陀（ペーシャワル博物館）

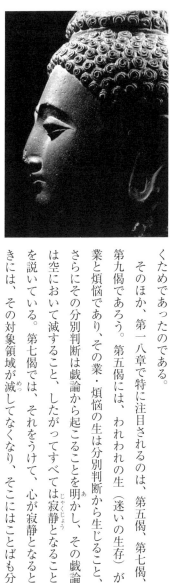

究極の真実である、という。第九偈は、まさしく究極の真実とはどういうものか、そのままの本質を説くのである。

ちなみに第二四章には、いわゆる「空の三態」ということを述べるが、そのなかの「空性《くうしょう》」を注釈するところに、チャンドラキールティはこの偈を引用している。この「空性」（空そのもの、空の本性）と、「空義《くうぎ》」（空の意味、空のいわれ）と「空用《くうゆう》」（空の目的、空のはたらき）とを合わせたものが「空の三態」と呼ばれているのである。次にそれを見てみよう。

空の三態

空の思想への批判

『中論』の思想は、一口でいうと、空の思想であり、それは「一切が空である」ことを明らかにするものである。『中論』全二十七章はそのために否定論証を駆使しているが、「観四諦品《かんしたいぼん》」第二十四（四諦の考察）は、そのなかでもいささか論述の趣きを異にし、まずはじめに空を認めない反対論者の反論をあげて、ついでそれに答えていくという次第を取っている。

この第二四章は四十偈からなるが、最初の六偈が空を認めない反対論である。

もしもこの一切が空であるならば、生《しょう》もなく、滅《めつ》もないことになる。そして〔苦《く》・集《じゅう》・滅《めつ》・道《どう》の〕四《し》聖諦《しょうたい》は存在しないということが、汝（空論者《くうろんしゃ》）に付随することになろう。（一）

四聖諦が存在しないのであるから、苦を知り、煩悩を断《だん》じ、道を修め、証《しょう》（悟り）を得ることも成り立たないであろう。（二）

それら（知《ち》・断《だん》・修《しゅ》・証《しょう》）が存在しないのであるから、四種の聖果《しょうか》も存在しないであろう。果が存在しないのであるから、果に住《じゅう》する者もなく、果に向かう者も存在しないことになろう。（三）

もしもそれらの人たち（八賢聖《はちけんじょう》、四向四果《しこうしか》の聖者）が存在しなければ、サンガ（僧伽《そうぎゃ》、教団）はなく、また〔四〕聖諦が存在しないから、正法《しょうぼう》（教え）もないことになる。（四）

法（教え）と僧（サンガ）が存在しないなら、どうして仏がありえよう。このように空を説く汝は、三宝《さんぼう》（仏《ぶつ》・法《ぼう》・僧《そう》）をも破壊することになる。（五）

また、空である〔と語る〕なら、果報《かほう》の実在と法（福《ふく》）と非法（罪）と、さらにまた一切の世間の言語表現も汝は破壊することになる。（六）

以上の空に対する反論は、要するに、空を主張するならば、四諦の教えが指し示す理論と実践を否定してしまうことになり、ひいては仏教を否定するのはもちろん、世間において用いられているさまざまな言語表現や慣習をも否定してしまうことになるというのである。

矢島羊吉博士は「空を説く立場においては四諦も成立せず、修行も無意味になり、仏の教えも仏果《ぶっか》もなく、さらに社会生活の規範としての世間の慣行も否定されることになるという反対論者の主張は、まさしく『中論』そのものの説いているところを、ことばの上ではそのままに再現していると言わざるをえないであろう」

(『空の哲学』、一六七ページ)と指摘し、続いて反対論者の空のとらえ方とナーガールジュナの空のとらえ方に相違があることについて、「反対論者の考える空が単に否定の意味しかもたないのに対し、論者(ナーガールジュナ)の考える空が、否定に終わるものではなく、同時に肯定の意味をもつというところにあると言うほかないであろう。そうしてまさしくそのことが、とくに第七偈から第一八偈にわたって説かれているのである」とその要点をまとめている。

第七偈には、まず反対論者が空について正しく理解をしていないと次のようにいう。

これに対し、われわれは答えよう。汝は空用《くうゆう》(空のはたらき)を知らないし、空性《くうしょう》(空そのもの)も、また空義《くうぎ》(空の意味)も知らない。そこでこのように、いたずらに労するのである。

ここには、空について、空用、空性、空義の三つのことがあげられていて、古来これを「空の三態」と呼んでいる。注釈者チャンドラキールティは、この空の三態についての認識を欠いているものは「あるがままのものの本質を知らない」と述べている。「あるがままのものの本質」とは、「すべては空である」ということであって、したがって「すべては空である」ことを知らないのは、現実の存在を如実《にょじつ》に(あるがままに)認識していないことにほかならない。

この「すべては空である(一切法空《いっさいほうくう》)」ということは『般若経《はんにゃきょう》』の随所に説かれ、ナーガールジュナはその教説を継承して空の思想を大成したのであるが、『般若経』やナーガールジュナの思想的立場とは著しく対照的な立場にいる実有《じつう》論者たちが、「ものはすべて実体をもって存在する」という実在論の上から、「すべてのものは空である」という空の思想はものの実在を否定する虚無論であると非難したので、そこでこれを取り上げ、その非難に答えることによって空の思想を説き明かそうとしたのである。

実体の否定としての空

すでに論じたことと重複するきらいがあるが、『中論』の思想を一応ここでまとめておくために、実在と空との問題に少し触れておく。

空（あるいは空性）とは、自性《じしょう》（実体、本体）が存在しないこと、すなわち無自性《むじしょう》を指している。無自性とは実体の否定であるから、「すべては空である」というのは、すべてのものが無自性であって、実体あるいは本体をもって存在するものは一つもないことを意味している。

ところがわれわれは、通常実体として存在するものが実際に存在するのであって、実体のないものは、たとえそれが存在するように見えても、実在ではなく虚妄の存在にすぎない、と考えている。このような見方は、法（存在の構成要素）の実有を説くアビダルマ仏教においても変わらない。もちろんそこでは、現象世界に見られるものがすべて直ちに実在であるというのではない。法の実有（説一切有部《せついっさいうぶ》では五位七十五法《ごいしちじゅうごほう》を立てる）を説いているのである。

説一切有部に代表されるアビダルマ仏教は、現実の世界を超越的な立場からとらえようとする。その点、現実の世界を現実に即して如実に見ようとする大乗仏教の思想的立場とは著しく異なる。いわば現実の外に立って現実を見ているのであって、超越的次元から現実を静観しているといってもよいであろう。アビダルマ仏教は、またその思想的立場がきわめて高踏《こうとう》的であり、思弁的であり、観念的である。

説一切有部は、その名の通り、一切の法は実有であり、三世《さんぜ》（過去・現在・未来）にわたって実在する、と説き、一般に「三世実有法体恒有《さんぜじつうほったいごうう》」ということばでその所説が紹介されている。物質的なものであれ、心的（心理的）なものであれ、あるいは論理的関係などであれ、すべてのものをそれ自体として存在するととらえているのである。彼らのいう「法体《ほったい》」とは、個々の存在そのものについて考えているのではなく、存在の背後にあって、存在をして存在ならしめているもののことを指しているのである。一般にはこれは実体とか、本体とかといわれている。

しかし、このような実体または本体を持つ存在と考えられている「法」（一切法）とは、実は個々の具体的事実としての存在を超えた「一般者《いっぱんしゃ》」、たとえば、この花、あの花という個々の花でなく、花というもの、すなわち一般者としての花であって、抽象的もしくは概念的に存在する花にすぎないのである。認識論的にいうと、対象化され客観化された存在である。すなわち、共通の認識の対象である範疇《はんちゅう》（カテゴリー）であり、「花」という概念であり、ことばなのである。ところが、法の実在を語るアビダルマ仏教の実有論者は、このようなものを実在的にとらえ、実体化して、一切法は三世にわたって実有であると主張しているのである。

そこでナーガールジュナは、この「一切法（sarva-dharmāḥ）」を「諸存在（bhāvāḥ）」といいかえ、「法体」すなわち本体を「自性（svabhāva）」ということばで示し、「自性」を定義して「まさしく作りかえられることのないもの、また他のものに依存することのないもの」（『中論』一五・二）といい、すべてのものにはそのような自性があるのではないことを説いたのである。この自性がないという無自性が空ということで、したがって、空においては自性の否定が常に意味されている。

いうまでもなく、「一切法は空である」と説く『般若経』の空の思想は、仏陀釈尊によって説かれた「諸《しょ》法無我《ほうむが》」という教えをうけて、それを大乗的に発展させたものである。それと同時に、人間の「我《が》」には実体がないが、それを構成する「法」は実在する、という「我空法有《がくうほうう》」を主張する説一切有部の学説とその思想的立場に対して、徹底した批判を行なったのである。いいかえると、無我の思想が哲学（理論）と宗教（実践）との両面において、徹底して追究されていったのである。

この『般若経』の思想がナーガールジュナに受け継がれ、空の思想と実践として深化されることになった。したがってそこには、アビダルマ仏教における法有《ほうう》の哲学（実在論）やその実践の立場に対して向けられた否定の精神があって、その否定を媒介として空の思想が展開している。すなわちナーガールジュナは実有論の立場に立ついかなる思想に対しても、論理的な矛盾を指摘して、その理論が破綻《はたん》してしまうことを論証しようとしたのである。

空の三態についての二つの解釈――「修《しゅ》」と「性《しょう》」

さて、第七偈は、上述のように実有論の立場からの空性への非難に対して、まず「空用、空性、空義」と

バーヴァヴィヴェーカ

いう空の三態をもって答えたものである。ところでこの空の三態についての注釈において、中観《ちゅうがん》学派の二人の代表的注釈者であるバーヴァヴィヴェーカとチャンドラキールティの間に違いが見られる。これは大いに注目されることであって、以下にその要点を見ることにする。

まず、バーヴァヴィヴェーカは次のように解説する。

> そのなか、空用とは、すべて戯論《けろん》を止滅《しめつ》することをいうのである。空性とは、すべてのとらわれを離れているものをいい、空を縁《えん》ずる（知る）智慧である。空義とは、真如《しんにょ》をいう。

これによると、空用、すなわち空のはたらきとは、すべて戯論（ことばの多元化、さまざまのことばの展開）を止滅する（止める）ことである。戯論は分別《ふんべつ》を生じ、分別は業《ごう》・煩悩のもとであるから（『中論』一八・五）、空の用（はたらき）は戯論とともに分別や業・煩悩を止滅することである。

次に空性とは、一切のとらわれ――主体と客体、有と無、善と悪、自と他、生死《しょうじ》と涅槃《ねはん》などを対立的にとらえ、それぞれが自体として成立すると考えること――を離れている無分別《むふんべつ》の智慧、すなわち空がそれ自身を開示し明らかにする智慧のことである。

空義とは、義は対象あるいは内容のことであって、無分別智《むふんべつち》によって明らかに知られるもの、すなわち無分別智によって知られる対象である真如（ありのままの真実）を指している。

これに対して、チャンドラキールティは、より詳しく解説するばかりでなく、空性と空義とについては前者とは異なった解釈をしている。いささか長くなるが、以下にチャンドラキールティの解説を紹介することにする。

ところで、空用とは何であるのか。それはすでに「我《が》の考察」（『中論』一八・五）のなかに、次のように述べられている。

業と煩悩とが滅してなくなるから解脱《げだつ》がある。業と煩悩とは分別思考から起こる。それら分別思考は戯論（ことばの展開）から起こる。しかし戯論は空において滅する。

したがって、すべて戯論を止滅するために空が説かれるのである。だから、すべて戯論を止滅することが空用である。ところが汝（反対者）は無ということが空の意味であると考えて、戯論の網のみを大きくしているのであって、空用ということを理解していないのである。

では空性とは何であるか。それもまた同じ（『中論』一八・九）に、次のように述べられている。

他に縁《よ》って知るのでなく、寂静《じゃくじょう》であり、もろもろの戯論によって戯論されることなく、分別思考を離れ、多義でない――これが真実の特質である。

このように戯論の寂滅《じゃくめつ》ということを本質とする空が、どうして無を意味するであろうか。だから汝は、空性そのものも理解していない。
また空という語が、ある意味を示すものとして用いられているが、その意味がここ（『中論』二四・一八）において次のように説かれるのである。

われわれは縁起なるものが空であると説く。それは仮設《けせつ》（仮の名称）であり、すなわち中道《ちゅうどう》である。

なぜなら、

縁によって生じるものは生じない。そのものに実体としての生起があるのではない。縁に依存するものは空であるという。空ということを知る人は、怠慢ではない。

という世尊《せそん》（仏陀）の偈頌のことばがあるからである。このように縁起ということがまさしく空ということであって、無ということが空ということではない。ところが汝は、無ということが空ということであると誤解してわれわれを非難している。したがって、空ということばの意味すら理解していない。

この注釈からも明らかなように、空用については両者の解説に違いはない。すなわち空用とは、すべての戯論を止滅することであり、また戯論から生じる分別や、さらに分別から起こる業・煩悩を止滅することである。「空は一切の見《けん》（ドグマ）の否定である」（『中論』一三・八）というのは、空用のことであって、このように空は否定を含んでいる。

しかしその場合、否定されるものはとらわれであり、分別である。分別はすべて事物を対象化し、概念やことばをもって固定的にとらえる思惟であって、見るもの（見る主体）と見られるもの（見られる客体）という主客相対を前提としている。このような分別においては対象化される以前の、ありのままの自己を知るという自覚の知、あるいは主客の対立を超えた「不二《ふに》の知」は生まれてこない。しかしこの智慧こそ「ありのままを知る」智慧であり、「真実（実相《じっそう》、真如、法性《ほっしょう》などという）を知る」智慧であって、そこでは主客二分の分別は否定されるのである。このように空用ということにおいて、分別から無分別へと転成することが示されている。

空性については、明らかに両者の間には解釈の相違が見られる。バーヴァヴィヴェーカによれば、それは空を知る智慧であり、あらゆるとらわれを離れていることである。「とらわれ」とは自己および世界を対象化している分別であるから、それを離れているとは、無分別智のことを指しているのである。それは主客、自他、善悪などの相対を超えた認識であるから「不二の智慧」であって、それが空であるというのは、この智慧そのものが空であり、いささかのとらわれ、空を知るという思いすらもないことを示しているのである。

これに対し、チャンドラキールティの解釈では、空とは戯論の止滅した、分別を超えた真如（法性）である。相対的対立を超えた不二平等の絶対の真実であり、実相である。ナーガールジュナ自身がいうように（『中論』一八・九）、自証《じしょう》（自覚）されるものであり、分別や概念（ことば）によってとらえられず、分別思惟を超え、平等一味《いちみ》である絶対の真理であって、法界《ほっかい》、無為《むい》、涅槃、法身《ほっしん》、仏性《ぶっしょう》、無上智《むじょうち》などと同じである。

第三の空義について、バーヴァヴィヴェーカはこれを真如と解釈する。これは空義の原語 śūnyatā-artha の artha（義）を対象あるいは目的と解し、空義を「空の対象」すなわち「無分別智である空によって知られるもの」

というように理解したことによる。このように空義を無分別智の対象、すなわち真如と解するなら、空そのものは無分別智ということになる。このような理解は、「悟りの智慧」に重点をおく、いわゆる「修《しゅ》の立場」によっているのであって、それはまた、空を「行《ぎょう》の面」から見ているともいえるであろう。

「修の立場」とは、「性《しょう》の立場」に対していわれるのであるが、「性」はものの本性、本質、真性《しんしょう》などを意味しているのに対し、「修」は行、実践、修習《しゅじゅう》などを意味する。あるいは、「修」はものの本性がそれ自身を完成していくことであり、自得《じとく》していくことであるともいえよう。空が空として、ものがものとして現成《げんじょう》し自得していくことであって、われわれの分別や戯論が否定され止滅していくことと相即《そうそく》している。それはまた、無分別智が分別の否定を媒介として、それ自身を完成していくことであるといえよう。

この無分別智によって自得されるものが真如であり、実相であるといわれているのであるが、空とは戯論や分別の寂滅、すなわち真如であるというのは、「性の立場」によっている。チャンドラキールティはこの立場から、空の本来的な意味をより一層明らかにしようとしたといえるであろう。

ここで「戯論」ということについて一言しておこう。「戯論（prapañca）」とは、「ことばの展開」ということがその原意であるが、一言でいうと「次々と分別が引き起こしていくことば」ということである。

仏陀の教えもことばであるが、それは仏陀の悟りの真理を開示《かいじ》することばである。戯論もまたことばであるが、それはさまざまな分別を生んでいくことばであって、教化のためのことばではない。われわれが日常ものを考え判断するために用いることばであって、そのことばを固定化し、さらに対象化していく。その意味において、戯論は分別のことばである。したがって、このことばにもとづいてわれわれの分別が限りなく展開していくのであって、そのときその分別の対象が実体化される。単に思惟の対象にすぎないものが、実在と見なされるのである。そこに思惟と存在との関係における混同が見られるのである。

空ということは、有《う》（実有《じつう》）ということと対照的にあるのではない。どちらの説が良いとか、悪いとか、ということではない。その思想的立場が全く異なるのである。空の三態は、その解説に注釈者によって違いがあるとはいえ、そのことを明らかに示している。

二つの真理――世俗《せぞく》と勝義《しょうぎ》

仏陀の説法と二諦《にたい》

『中論』第二四章には注目すべき重要な偈頌がいくつか見られるが、特に注目されるのは二種の真理説（二諦説）を立てて空性の教説を正しく位置づけた第八偈から第一〇偈であろう。

二つの真理にもとづいて諸仏の説法が行なわれている。世間慣行（言説《ごんぜつ》）としての真理と、最高真実としての真理とである。（八）

この二つの真理の区別を知らない人たちは、仏陀の教えの深い意味を知ることができない。（九）

世間慣行〔のことば〕によらなければ、最高の真理は説き示されない。最高の真理に達しなければ涅

槃は得られない。（一〇）

二種類の真理（二諦）とは、世間慣行としての真理（世俗諦《せぞくたい》）と最高真実としての真理（勝義諦《しょうぎたい》）とである。世俗諦とは loka-saṃvṛti-satya の漢訳であって、loka は世間（世間の人々）を、saṃvṛti は vyavahāra と同じく言語表現（言説）を、satya は真理を意味するので、世俗諦とは、世間の人々の言語表現における真理を指している。saṃvṛti の語義解釈には、後に紹介するチャンドラキールティに見られるように、ほかの解釈があって、世俗諦の理解は必ずしも一様ではない。

勝義諦とは paramārtha-satya の訳語で、paramārtha とは、最高（あるいは最高の人々）の目的、最高真実を意味するから、最高真実の真理、絶対の真理を表わし、結局、空性とか涅槃とかの究極の境地において得られる真理を指している。

第八偈に明らかに見られるように、ナーガールジュナは仏陀の教説には二種あることを述べ、それをうけてさらに第九偈には、この二種の教説が世俗の真理によるものと最高の真理にもとづくものであって、その違いを知らない人は、仏陀の教えの深い意味を理解することができない、と指摘している。これは反対論者が空性の教えを非難して、それはすべてを否定する虚無の思想であるから、そのような思想は世間に広く認められている道理からしても矛盾している、というのに対して、それをしりぞけるために、二諦説を立てて答えたものである。

すなわち、反対論者は空性を説く教えをよく理解せず、否定を語る空性の意味を一面的に受けとめて虚無論と同じように見て非難するのであるが、仏陀の教え（ことば）には、世俗（世間慣行）の真理によって語られているものと、勝義（最高真実）の真理そのものを示しているもの、という二種があるから、まずその区別（違い）をよく心得なくてはならない、というのである。

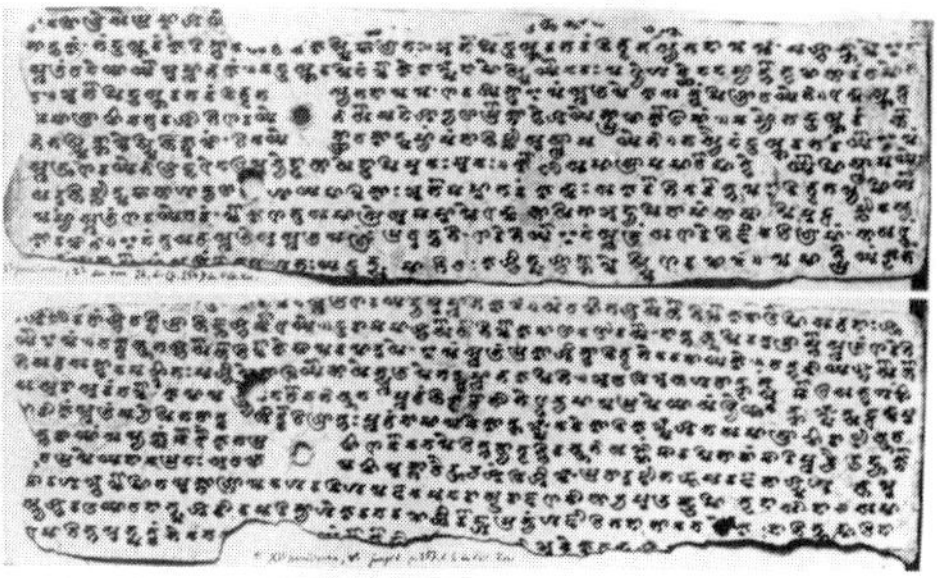

仏陀の説法を記した経典
（『法華経』ギルギット写本）

注意しなくてはならないのは、二種の真理とは真理が二つあって、その二つが並列して存在するということではない。後に見るように、世俗から勝義へ、また勝義から世俗へ、という二つの方向性を持った道理を内包したものとして考えられているのである。ナーガールジュナを継承する中観学派においては、この二種の真理の関係を超越的に見るか、あるいは内在的に見るかによって、その解釈にいささか違いが出てくるが、二種の真理説をもって反対論者の論難をしりぞけようとしたことは一貫している。

たとえば、バーヴァヴィヴェーカとチャンドラキールティとの両者を対比するなら、後者は世俗を超越したところに最高真実としての空性を見ているのに対して、前者は最高真実の空性を世俗に内在するものとして見ているのである。しかし最高真実としての空性を超越的に見るか、あるいは内在的に見るか、という視点の違いはあっても、またそれによって世俗と勝義との二種の真理についての解釈において多少の違いが見られても、と

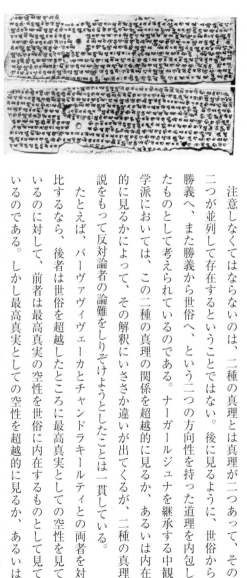

もに最高の真理に到ることなくしては涅槃を得られない（一〇）と語るナーガールジュナに基本をおいていたことはいうまでもない。

チャンドラキールティの二諦説

ところで『中論』をはじめ、中観学派の注釈者たちにおいて、二種の真理説が述べられている文脈を見ると、空性の否定論法は世間で広く認められていることと矛盾する、という論難があって、その論難をしりぞけるところに、二種の真理説が出ている。このことは『中論』第二四章に明らかに見ることができるが、チャンドラキールティの主著『入中論《にゅうちゅうろん》』にもほぼ同じような文脈で二種の真理説が説かれている。そこには、諸法他生《しょほうたしょう》論は世間極成《せけんごくじょう》（世間周知）のことであるという反対者の主張がかかげられ、それをしりぞけるために二種の真理説が持ち出されているのである。

世間極成とは、広く世間で認められていること、また諸法他生論とは、たとえば因果関係において因は果に対して他であり、因である種から芽という果が生じるということであって、そこで反対論者は、諸法他生論は世間であまねく認められているということを持ち出して、空性の教えはそれと矛盾するから虚無論の誤りに陥る、と難ずるのである。二種の真理説はこのような論難に対して、それをしりぞけるために定立《ていりつ》されたものである。

『入中論』はこの二種の真理についてかなり詳しく取り上げ、そこにはチャンドラキールティ自身の考えが加味されながら所論が述べられている。『中論』の注釈『プラサンナパダー』も参照しながら、その要点を取り上げておく。

『入中論』第六章・第二三偈と、それに対する自身の注釈に、チャンドラキールティは次のように述べている。

あらゆるもの（一切法）は、正見《しょうけん》と妄見《もうけん》によって知られる二種の本性を持つ。正見の人（仏）が見るのが真実であり、妄見の人（凡夫《ぼんぶ》）が見るのは世俗の真理である。（六・二三）

ここに二種の真理についての本性を誤りなく知る仏たちは、自己および世界のあらゆるものにおける二種の本性を説き明かしている。すなわち世俗と勝義とである。このなか、勝義とは、正しく観ずる人々のすぐれた智慧の対象としてその本性が認められる。しかしそれ自体として成立しているのではない。もう一つの世俗は、無明《むみょう》という眼病の膜《まく》に智慧の眼がすっかり覆われている凡夫の妄見によって知られるものであって、愚かな凡夫が見る対象が見るままに本性上存在するのではない。

このように、あらゆるものはこの二種の本性を持つ。またそのうち正見の人の対象が真実で、それは勝義諦を意味する。妄見の人の対象が世俗諦である。

この所論を見ると、二種の真理とは、迷いと悟り（妄見と正見）の対象として立てられている。これを古来「約境《やくきょう》の二諦」あるいは「約理《やくり》の二諦」と呼び、『中論』の「約教《やくきょう》の二諦」と区別されている。約境とは、対境《たいきょう》すなわち対象について、ということである。境とは、また領域といってもよく、「約境の二諦」とは、聖なる領域における真理と俗なる領域における真理、あるいは絶対の真理と相対の真理を指しているということも可能であろう。

一方「約教の二諦」とは、「言教《ごんきょう》の二諦」ともいわれ、教説について二種あることをいっているのである。ナーガールジュナの二種の真理説は直接にはこの「約教の二諦」を説いているのであって、そのことは第八偈から第一〇偈を見るなら、容易に知ることができる。ではなぜ言教の二諦を説いたのか、というと、そこにはナーガールジュナの言語観のことが考えられなければならないであろう。すなわち、言説《ごんぜつ》（ことば）はあくまで世間世俗の領域にあるもので、その点で教えといえども、ことばで示されている限りは世俗の領域を超えるものではない。しかし言教によらなければ世俗を否定し、世俗を超えて、絶対の真実に到ることはできないし、また絶対の真理に到ることなくしては涅槃の悟りは得られないのである。

ここで付言しておくと、ナーガールジュナの「約教の二諦」説は、教えに限定して、二種の真理を立てたものであり、それは空性の教説における否定の言説が、言説を超える絶対の真実を指し示していることを明らかにするためであった。

チャンドラキールティはこの二種の真理説をうけて、さらに二種の真理説のより原理的な面を明らかにしようとしたのであって、これが「約境の二諦」といわれているものである。すなわち俗なる領域と聖なる領域とがそれぞれ本性を異にし、世俗は妄見の世界、勝義は正見の世界であって、したがって両者の区別を明確に認識することが、空性という最高の真理に間違いなく到る道であり、反対論者はその区別を知らないから空性を虚無論であると誤解するのである、というのである。

ここには明らかに、二種の真理についての所論に違いが見られる。しかしこの違いはまた、チャンドラキールティの二種の真理説における独自性を示しているともいえるのである。

チャンドラキールティの「世俗」論

さてこのような独自性は、『入中論』における「世俗」の所論にも見ることができる。すなわちチャンドラキールティは妄見（世俗）のなかにも、さらに正見と妄見との二種があるから、それぞれとらえられる対象ととらえる認識にも二種がある、と次のようにいう。

妄見もまた二種である。すなわち明浄な目で見るのと、損傷した目で見るのとの二種で、損傷した目で見るのは明浄な目で見るのと対比すると誤りである。（六・二四）

「明浄な目」とは目に病のないことで、またありのままに対象を認識する目であり、「損傷した目」とはその逆である。明浄な目による認識に対して、損傷した目による認識は邪知《じゃち》（誤った認識）であるといわれる。このように認識に邪と正とがあるように、対象もまた二種である。そこで偈にいう、

損傷のない感官がとらえる対象を世間の人々は知覚するが、その知覚は世間そのものでは正しく、それ以外は世間よりしても邪である。（六・二五）

このようにチャンドラキールティは邪世俗《じゃせぞく》について解説し、眼病や黄疸《おうたん》、薬物などは感官を損傷する内《ない》の縁であり、鏡、洞窟、太陽光線などは感官を損なう外《げ》の縁であるから、これら内外の縁によってとらえられ

る妄想や影像、こだま、陽炎《かげろう》などは世俗よりしても正しい感覚ではなく、邪世俗であるといっている。また意識による知覚を歪《ゆが》める縁として、上記のほか、正しくない学説、誤った推論、夢などをあげている。

このように世俗よりしても邪であるのが邪世俗であるが、この所説を見ると、チャンドラキールティは世俗においても正しくとらえられたものと邪にとらえられたものとを明確に分け、さらに世間の人々が考える世俗における真理と、悟りを得た聖者たちが見る最高の真理とを区別して、二諦説を展開している。そしてこれを基本として、最高の真理を目指す教えが空性の教説であることを説き明かそうとしたのである。

二諦説への二つの解釈

『入中論』にはさらに世俗諦から勝義諦へと論述を進めているが、その詳細については別の機会にゆずり、次に『プラサンナパダー』を中心に、合わせてバーヴァヴィヴェーカにも触れながら二種の真理についての所論を検討しておく。

『プラサンナパダー』によると『中論』第二四章・第八偈は、ナーガールジュナが大悲《だいひ》の心をもって、空の教えを誤って理解している人たちに対して、その誤解を取り除こうと、仏陀の教説に示された二種の真理を誤りなく確定することを主として説かれたものである、という。

チャンドラキールティはまず世俗諦について、世俗と訳される saṃvṛti の語義解釈をしながら、その意味を次のように述べる。

（1）あまねく覆《おお》っている、すなわち、あらゆるものの真実（本性）を無明《むみょう》（無知）がすっかり覆っている。したがって、世俗は無明である。

（2）相互により合って生起している、すなわち、世俗は互いにつながり合って（ささえ合って）成立している。したがって、世俗は縁起である。

（3）印定《いんじょう》（認可）、言説という意味で、しかも能詮《のうせん》・所詮《しょせん》（あらわすもの・あらわされるもの）、能知《のうち》・所《しょ》知《ち》（知るもの・知られるもの）などの特質を持つ。すなわち世俗とは、言語表現（ことば）であり、能《のう》所《しょ》（主客）対立の上に成立する。

この注釈には、明らかにチャンドラキールティ独自のものがあり、特に第一の無明に覆われているのが世俗であるというところにそれを見ることができる。これらの解釈を総合すると、世俗とは無明に覆われ、互いにつながり合って存在している世界であり、また能所相対の言語表現によって知られる世界である、ということになるであろう。

次に「世間世俗《せけんせぞく》」については、それは世間の世俗であって、非世間の世俗と区別されるという。「非世間世俗」はただ存在するがままの事物についていわれるのであって、そこには世間の人々の思慮判断（分別《ふんべつ》）は介在せず、これを「唯世俗《ゆいせぞく》」という。また、眼のはたらきが損なわれて誤認している状態にあるものも非世間世俗であり、これを「邪世俗」という。これに対して世間世俗諦とは、世間世俗における真理ということであり、能詮・所詮として成立する言説（言語表現）はすべて世間世俗諦であって、最高の真実（勝義）としてあるのではない、というのである。
以上の世俗についての所論をまとめて表示すると、次のようになる。

それでは、最高の真実において、どのように言語がはたらき、あるいは理解（智《ち》）がはたらくのであろうか。なぜなら最高の真実は言語的展開（戯論）を超えていて説示《せつじ》されえないし、理解することもできないとされているからである。

最高真実としての真理（勝義諦）については、「最高であり真実であるというのが勝義であり、それこそ真理であるというのが勝義諦である」とチャンドラキールティは解説する。また最高の者（仏）が悟られた真実こそ最高の真理である、というのであるが、その最高の真理そのものはことばで説示することも知ることもできない、とチャンドラキールティはいい、最高の真理を超越的に見ている。

そのように見るなら、われわれはいかにして最高の真理に到ることができるであろうか。ナーガールジュナも、その継承者である注釈者たちも、その点についてはほとんど何も語ろうとしない。ただ徹底して世俗とその論理を否定することに終始し、言説をしりぞけて菩薩道の実践を強調する。あるいはそれと明確にいっているのではないが、すべてを否定し尽くすところに開かれる真理覚醒《かくせい》への道を考えていたのではないかとも思われる。

バーヴァヴィヴェーカの二種の真理についての解釈も、大筋においてほとんど変わらない。『中論』の注釈『般若灯論《はんにゃとうろん》』を主に参照しながら、いささか注記しておこう。

この大乗においては、諸仏の教説は二種の真理によっている。世間世俗諦の真理と最高真実の真理とである。世間世俗とは世間言説《ごんぜつ》（vyavahāra）である。すなわち、ものは生じ、持続し、滅する、あるいは、人は去る、食する、修習《しゅじゅう》する、ということで、それらは世間世俗からして誤りがないから、世間世俗の真理である。最高真実（勝義）とは、それは真実であり最高であるという意味である。あるいは最高すなわち無分別智《むふんべつち》の対象（義）であるから、最高真実である。真の本性は他のものによって知られない（すなわち、自覚されるのみの）ものなどとして、標示されるだけである。

最高真実そのものが真理にほかならないから最高真実の真理といわれるのであって、それはあらゆるとき、あらゆる面において、真実としてあり続けるからである。無分別智は、対象が真実であり、しかも対象が無い仕方によるので、最高真実である。そこに最高真実があるからである。無生《むしょう》（生じることがない）などの教説も、また聞《もん》・思《し》・修《しゅ》から生じる般若《はんにゃ》（慧《え》）も最高真実としてあるのであって、最高真実を悟って誤謬がないからである。

これによると、世俗は言説として考えられていて、チャンドラキールティのいう世俗の第三の意味と一致する。

またバーヴァヴィヴェーカの作と見ることに近年疑義が出されているが、『中観義集《ちゅうがんぎしゅう》』には、世俗に邪世俗と実世俗《じっせぞく》の二種があるという。これもチャンドラキールティのいう邪世俗と世間世俗とに相当する。

次に最高真実としての真理であるが、これに二つの意味があるという。第一はチャンドラキールティの解説と同じである。第二は、無分別智であり、無生など（すなわち空性）の教説であり、聞・思・修の三慧《さんね》であるという。バーヴァヴィヴェーカの二種の真理説における特色はここに見られるのであって、最高の真理はことばも思考も超越したものであるとともに、智《ち》となり教《きょう》となり行《ぎょう》となって世俗にはたらくものであるというのである。

『中観義集』には、この二つを「非異門勝義《ひいもんしょうぎ》」と「異門勝義」と呼んでいる。ここで「異門」とは教えのことである。この第二のものは、いわば世俗と最高真実とをつなぐ架け橋のようなもので、教えとなって顕現《けんげん》し、世俗にはたらく最高真実のことである。

バーヴァヴィヴェーカは最高真実の自己顕現として無分別智や教説などを見ていたのではないか、そこに空性の論理的解明をあくまで追究した彼の論理主義の立場があったのではないか、と思われる。

第五章

菩薩の道

『十住毘婆沙論《じゅうじゅうびばしゃろん》』——不退《ふたい》への道

大乗菩薩道《ぼさつどう》を説く論書

本書の序章に述べたように、大乗の菩薩（求道者）としてのナーガールジュナという視点からその著述を概観するとき、特に宗教的・倫理的実践を具体的に論じている『宝行王正論《ほうぎょうおうしょうろん》』、『勧誡王頌《かんかいおうじゅ》』、『菩提資糧論《ぼだいしりょうろん》』、その他が注目されるが、そのなかの一つに、しかも主要なものとして、『十住毘婆沙論』（以下『十住論』という）を加えることができるであろう。『十住論』の作者についてはなお検討すべき問題も残されているけれども、第二章で触れたように、偈頌《げじゅ》（本頌《ほんじゅ》と呼ぶ）と注釈（長行《じょうごう》、すなわち散文）のうち、少なくとも本頌はナーガールジュナ作と見ることができるからである。

『十住論』の現行本は、十七巻・三十五品《ほん》である。現行漢訳本のみが伝わり、サンスクリット原本もチベット訳も伝わっていない。しかし経録《きょうろく》（経典の目録）を見ると、本論の漢訳以前に、抄訳ではあるが早くからいくつかの別行本《べっこうぼん》があったことが知られる。したがって仏陀耶舎《ぶっだやしゃ》と鳩摩羅什《くまらじゅう》の共訳をもって、本論訳出《やくしゅつ》のはじめとすることはできない。たとえば『菩薩五法行経《ぼさつごほうぎょうきょう》』は「阿惟越致相品《あゆいおっちそうぼん》」第八の別行であり、また『初発意菩薩易行法《しょほついぼさついぎょうほう》』は「易行品《いぎょうぼん》」第九の、『菩薩悔過法《ぼさつけかほう》』は「除業品《じょごうぼん》」第十および「分別功徳品《ふんべつくどくぼん》」第十一の、それぞれ別行である。ちなみにこのように「阿惟越致相品」第八から「分別功徳品」第十一まで、四品それぞれの別行本があったということは、本論の成立を考える上にも、また本論の内容を見る上からも、大切な示唆を与えてくれるであろう。

後にやや詳しく触れることにするが、これら別行本があったという第八から第十一の四品は、「発菩提心品《ほつぼだいしんぼん》」第六と「調伏心品《ちょうぶくしんぼん》」第七とを合わせて、『十地経《じゅうじきょう》』の所説《しょせつ》によらず、『如来智印経《にょらいちいんきょう》』、『集一切福徳三昧経《しゅういっさいふくとくざんまいきょう》』、『大宝積経《だいほうしゃくきょう》』「普明菩薩会《ふみょうぼさつえ》」、『小品般若経《しょうぼんはんにゃきょう》』、『宝月童子所問経《ほうがつどうじしょもんきょう》』、『般舟三昧経《はんじゅざんまいきょう》』、『菩薩蔵経《ぼさつぞうきょう》』などによって、菩薩行《ぼさつぎょう》についての要説が本頌にまとめられている。したがって本論から抄出した別行本があったと考えるより、独立した論があって、後に本論に取り入れられたと考えた方がよい。

いずれにしても、本論は、仏陀耶舎が暗記していた原文を誦出《じゅしゅつ》し、それにもとづいて鳩摩羅什が耶舎とともに訳出したといい、また耶舎が誦出をやめたので中断した、と伝えている。そのことからしても、訳出にあたっての基本方針に両者の間に何らかのくい違いを来たしたのではないか、とも思われるのである。しかし事情は全く不明で、推測の域を出ない。経録や高僧伝の記載、また現行の本論の内容、さらに他の経論との関係をより詳しく検討する必要があり、これらは今後の課題である。現時点では、本論の全体はともかく、少なくとも本頌はナーガールジュナ作で、第一章で述べたように「諸経要集（Sūtra-samuccaya）」と呼ばれていた、というのが筆者の一応の結論である。

本論の構成——在家と出家の菩薩行

本論は、先のように現行本では論全体を三十五品に分けている。三十五品全体の概要を見ると、そのうち

「序品《じょほん》」第一は総説であり、「入初地品《にゅうしょじぼん》」第二から「略行品《りゃくぎょうぼん》」第二十七までが菩薩の十地《じゅうじ》のなかの初地《しょじ》における在家菩薩の実践を、ついで「分別二地業道品《ふんべつにじごうどうぼん》」第二十八から最後の「戒報品《かいほうぼん》」第三十五までは、同じく第二地《じ》における出家菩薩の実践を明らかにしている。これが本論自身の考え方であって、そのことはたとえば「入寺品《にゅうじぼん》」第十七の終わりに、「第二地の中には多く出家菩薩の所行《しょぎょう》を説く」と述べることによっても明らかで、第二地では出家菩薩の実践を説き明かすと見ているのである。

これに対して初地は、在家菩薩の実践を明らかにすると見るのであるが、出家菩薩と在家菩薩とのそれぞれの実践といっても、両者は必ずしも明確に分けられているのでない。なぜなら在家菩薩の立場に立ちながらも、出家の行法《ぎょうぼう》をなすという「共行《ぐうぎょう》（出家・在家の共通の実践）」をも説き明かしているからである。したがって初地においては、在家菩薩の実践と出家・在家の両菩薩共通の実践とが説かれると見ているのであって、「入初地品」第二から「入寺品」第十七までが在家菩薩の実践を、次の「共行品《ぐうぎょうぼん》」第十八から「略行品」第二十七までが在家・出家の両菩薩の共通の実践を説いているとするのである。このことは、「入寺品」第十七の終わりに、先のことばに続いて「在家・出家の菩薩の共行、今、当《ま》さに説くべし」といっていることによっても明らかであろう。

また、「分別二地業道品」第二十八以下が第二地における出家の菩薩の実践を明らかにするということは、この第二十八品の最初に、「諸《もろもろ》の菩薩は已《すで》に初地を具足《ぐそく》することを得て、第二地を得んと欲せば、当《ま》さに十種の心を生ずべし」と述べ、『十地経』ほか、『大集経《だいじっきょう》』「無尽意菩薩品《むじんにぼさつぼん》」、『大宝積経』「普明菩薩会」、同じく「郁伽長者会《いくがちょうじゃえ》」、『集一切福徳三昧経』等によって、出家菩薩の実践を説き明かしていることからも知ることができる。

したがって本論の構成を要約すると、「序品」第一が総説、「入初地品」第二から「入寺品」第十七までの十六章は在家菩薩の実践を、「共行品」第十八から「略行品」第二十七までの十章は在家と出家の菩薩の共通の実践を、「分別二地業道品」第二十八から「戒報品」第三十五までの八章は出家菩薩の実践を、それぞれ述べていることになるのである。

在家菩薩の実践――布施《ふせ》・帰依《きえ》・持戒《じかい》など

次に各品の内容について、本論を通して見ながらその要点をあげることにする。

まずはじめの「序品」第一は、この論を造る趣旨を述べる。すなわち、帰敬偈《ききょうげ》を注解しながら、十地のこと、さらに菩薩のことを注釈し、本論全体の総論を述べる。

次に在家菩薩の実践を説く第二品から第十七品においては、まず「入初地品」第二から「釈願品《しゃくがんぼん》」第五までの四章は、『十地経』の所説にもとづいて、十地の名称とその意味、十地を得る因縁《いんねん》（八法）、初地が歓喜《かんぎ》地《じ》といわれる意義（以上第二品）、歓喜地の特質（七相《しちそう》）、および必定《ひつじょう》の菩薩のこと（以上第三品）、初地を浄化する実践（二十七法。以上第四品）、菩薩の十大願《じゅうだいがん》、浄土荘厳《しょうごん》の十相（以上第五品）、などを説き明かしている。

次の「発菩提心品《ほつぼだいしんぼん》」第六、「調伏心品《ちょうぶくしんぼん》」第七、「阿惟越致相品」第八、「易行品」第九、「除業品」第十、「分別功徳品」第十一の六品は、すでに述べたように『十地経』にはもとづいていない。この六品は初期大乗経典の所説によって、菩薩道の思想と実践とを説いている。これら六品の内容については、後にやや詳しく述べるのでここでは省略する。

次に「分別布施品《ふんべつふせぼん》」第十二は、菩薩の布施の行が慈悲心にもとづいていること、布施に浄と不浄とがあって、菩薩は浄施《じょうせ》をなすべきこと、さらにこの浄施の功徳《くどく》をことごとく菩提《ぼだい》のために廻向《えこう》すべきこと、また布施の減退（損減《そんげん》）と布施の増進（増益《ぞうやく》）などについて、『十地経』の初地や『大集経』「無尽意菩薩品」などの所説によって説き明かしている。「分別法施品《ふんべつほっせぼん》」第十三は、財施《ざいせ》に対して法施を説き、法施こそ最高の布施であると讃えて、智者（菩薩）はまさしく法施をなすべきであると勧める。法施とは、いうまでもなく仏法を説くことである。なお本頌のなかに『決定王経《けつじょうおうきょう》』をあげているが、いかなる大乗経典であるかいまだ詳《つまび》らかにしない。この経典には、仏法の功徳や説法のことが讃えられているという。

次の四品、すなわち「帰命相品《きみょうそうぼん》」第十四、「五戒品《ごかいぼん》」第十五、「知家過患品《ちけかげんぼん》」第十六、「入寺品」第十七は、『大宝積経』「郁伽長者会」（『郁伽長者経』）によって在家菩薩の実践を説いている。その内容は興味深いものがあるが、ここでは省略し、ただ上記四品の散文の注釈がほとんど『郁伽長者経』の所説を引いていて、わずかに「入寺品」第十七の後半の一部に『十地経』によっているところが見られるにすぎないことを指摘するに止《とど》める。また『郁伽長者経』は在家菩薩と出家菩薩とのそれぞれの実践を説いているが、在家生活よりも出家生活を讃えていることによっても知りうるように、究極的には出家菩薩の実践を強調しているのである。しかし、この部分は『十住毘婆沙論』には引用されていない。

四品のうち、最初の「帰命相品」における帰命《きみょう》とは、仏《ぶっ》・法《ぽう》・僧《そう》に帰依することである。この三帰依《さんきえ》は、次の「五戒品」に説かれる五つの戒めを守る持戒《じかい》とともに、在家者が仏教徒となる基本であって、ともに在家の法、すなわち仏教信仰の道として説かれている。五戒《ごかい》とは、殺生《せっしょう》をしない、ものを盗まない、淫らな行ないをしない、嘘をいわない、酒を飲まない、という五つの戒めであって、これは単に自分自身のためだけでなく、他を利益《りやく》するためという、自利利他《じりりた》の行であることが強調されている。

「知家過患品」第十六には、菩薩は在家生活のさまざまの過患《かげん》（過失、患《わずら》い）を知って、妻子への執着を捨て、布施・持戒などの六波羅蜜《ろっぱらみつ》の行につとめるべきことを勧める。「入寺品」第十七では、在家生活の過患を知って、塔寺《とうじ》に往詣《おうけい》し、仏塔を礼拝して説法を聞き、八斎戒《はっさいかい》を受け、出家生活がすぐれていることなどを思念することなどを説き明かす。

仏塔を右遶（うにょう）して礼拝するチベット人の僧俗（ブッダガヤー）

在家・出家の両菩薩に共通する実践——頭陀《ずだ》と念仏三昧《ねんぶつさんまい》

次に「共行品」第十八から「略行品」第二十七までの十章において

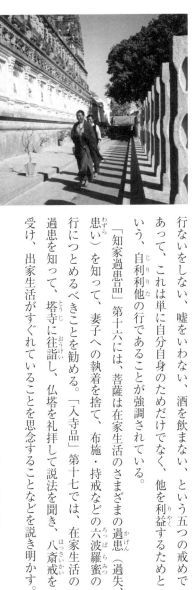

伎楽の供養（オーランガバード石窟）

は、在家菩薩と出家菩薩の共行《ぐうぎょう》の実践法が説かれる。このことは「入寺品」第十七の末尾に「第二地の中には多く出家菩薩の所業《しょごう》（実践行）を説く。在家・出家の菩薩の共行《ぐうぎょう》、今、当《ま》さに復《ま》た説くべし」といっていることによっても知ることができる。

「共行」とは、出家菩薩の実践法を在家菩薩が実行することであり、在家菩薩が在家生活をいとなみながら出家菩薩の実践法をも行なうことから、「共行」と呼んでいるのである。このような共行は、在家仏教ともいうべき大乗菩薩教団に見られる特色であって、出家生活の優位性を認めながらも、在家と出家との区別を超えた普遍的な実践の立場を示している。当然のことであるが、このような共行は仏教の伝統を重んずる小乗仏教では認められていない。出家と在家とは峻別されていて、たとえ出家の実践法を実行することがあっても、在家はあくまでも在家の人であって、比丘《びく》ではない。また両者の共住も認めていない。

ところで「共行品」第十八以下の十章において説いている共行は、頭陀行《ずだぎょう》と念仏三昧の行とが中心となっている。頭陀行とは衣食住に関する少欲知足《しょうよくちそく》の禁欲的生活であって、頭陀はサンスクリット語の dhūta の音写で、もと「ふるい落とす」という意味である。すなわち、煩悩の垢《あか》をふるい落として衣食住に関して貪《むさぼ》らず、ひたすら仏道修行に専念することで、これに十二種が立てられている。本来出家修行者のために説かれたのであって、在家生活とは全く相容《あいい》れない生活法である。念仏三昧とは、仏の功徳《くどく》を観想《かんそう》し心を統一することであって、心を調《ととの》えて仏にその心を専注するのが念仏三昧の行である。

「共行品」第十八には、最初に、

問うて曰《いわ》く、なんじ言わく、当《ま》さに在家・出家の共行を説くべし、と。今、これを説くべし。

答えて曰く、忍辱《にんにく》、法施、法忍《ほうにん》、思惟《しゆい》、法を曲げず、法を尊重する、法を障《さ》えず、法を供養《くよう》する、信《しん》解《げ》する、空を修《しゅ》する、貪嫉《とんしつ》せず、所説《しょせつ》に随《したが》って行ずる、灯明施《とうみょうせ》、伎楽施《ぎがくせ》、乗施《じょうせ》、正願《しょうがん》、摂法《しょうぼう》、思量《しりょう》して衆生《しゅじょう》を利安《りあん》する、一切に等信《とうしん》なる、此《こ》れは是《こ》れ在家・出家の共行の要法《ようぼう》なり。

とあって、これらの内容を本頌に要約して示しながら解説する。ひたすら悟りを目指して仏法を実行し、衆生の利益《りやく》と安楽のためにつとめることを勧めているのである。さらにこれについで、仏について三十二相《さんじゅうにそう》を中心に説明する。

次の「四法品《しほうぼん》」第十九は、仏に三十二相という功徳の特相がそなわるための実践は「慧《え》を以って本《ほん》とする」が、この慧すなわち智慧について、それを失う四法《しほう》と、それを得る四法とをまずあげて説明し、ついで善根《ぜんごん》功徳を損う四法と、それを増進する四法、諂曲相《てんごくそう》（曲った心）の四法と直心相《じきしんそう》（まっすぐな心）の四法、四種の敗壊《はいえ》（暴悪な）菩薩の法と四種の調和《じょうわ》（柔順な）菩薩の法、四種の菩薩の誤りと四種の菩薩の道、四種の像《ぞう》（似せものの）菩薩の法と初行《しょぎょう》の四功徳《しくどく》などを対比して、それぞれ前者の四法を捨てて後者の四法を実践すべきことを勧める。さらに四広大蔵《しこうだいぞう》（仏に会うことなどの四種の広大な宝蔵《ほうぞう》）をはじめ、悪事を捨て善事をなすさまざまの実践を四法ずつにまとめている。ちなみに、この所説は主として『大宝積経』「普明菩薩会」によっている。

「念仏品《ねんぶつぽん》」第二十は、善根功徳《ぜんごんくどく》の力によって諸仏を眼前に見ることができるが、その他の方法として般舟《はんじゅ》三昧《ざんまい》による見仏《けんぶつ》があるとし、この三昧よって仏を観想する方法は具体的には三十二相八十種好《はちじっしゅごう》という仏の相《そう》好《ごう》（姿）を観ずることであると説く。したがってここにいう念仏とは、観仏《かんぶつ》のことである。この般舟三昧を実践するにあたって、その前提としての頭陀行が求められているが、頭陀行は明らかに出家の実践である。この所説は『般舟三昧経』によっているが、この経の聞き手であるバドラパーラ（跋陀波羅《ばつだはら》。賢護《けんご》と訳す）は在家菩薩であって、しかも頭陀行を実行している。ここに「共行」という意味がある。

「四十不共法品《しじゅうふぐうほうぼん》」第二十一は、「念仏品」における観仏が三十二相八十種好という仏の色身《しきしん》（形ある身体）を観ずることであったが、仏の法身《ほっしん》（真理そのものとしての身体）を観ずることを説いている。四十不共法とは、本論に見られる独特の説で、六神通《ろくじんずう》や十力《じゅうりき》をはじめすぐれた仏の功徳、すなわち仏の超人的な特性をまとめたものであって、身体的な特相で示される仏の色身に対して、これを法身と呼んでいる。

なお「四十不共法品」には、四十不共法のうち、はじめの九法が説き明かされて、それが次の二品、すなわち「四十不共法中難一切智人品《なんいっさいちにんぼん》」第二十二と「四十不共法中善知不定品《ぜんちふじょうぼん》」第二十三に続いていく。第二十二品は、仏が一切智人《いっさいちにん》すなわち全知者であることを難ずる非難に答え、第二十三品は、四十不共法のうちの第十「善《よ》く不定《ふじょう》の法を知る」以下、三十一法の不共法を説明していて、ともに第二十一品の補遺ともいうべきものである。

「讃仏品《さんぶつぽん》」第二十四は、仏の功徳をたたえて念仏三昧を達成することを明らかにする。次の「助念仏三昧品《じょねんぶつざんまいぼん》」第二十五はこれをうけて、念仏三昧に役立つ実践を説く。はじめに「菩薩はまさにこの四十不共法を以って、諸仏の法身を念ずべし。仏は色身に非《あら》ざるが故に」と説き示し、続いて仏の色身にも法身にも執着してはならない、と誡《いまし》めていることが注目される。今ここでは、念仏三昧の実践としてさまざまな四法《しほう》あるいは五法が説かれ、さらに在家菩薩の二十法、出家菩薩の六十法などが示され、また般舟三昧の果報《かほう》（報い）を説いている。

「譬喩品《ひゆぼん》」第二十六は、さまざまな譬喩によって初地の特相である七法《しちほう》を明らかにする。七法とは堪受《かんじゅ》（忍耐、努力）、不諍《ふじょう》（争わない）、喜《き》、悦《えつ》、清浄《しょうじょう》、悲心《ひしん》（あわれみ）、無瞋《むしん》（怒らない）であって、すでに「地相品」第三に『十地経』の所説によって説き明かされている。

「略行品《りゃくぎょうほん》」第二十七は、初地の行をまとめて要約する。したがって共行の説明は、「助念仏三昧品」までの八章で実質上終わっている。平川彰博士は、この共行を説き明かす十章の主題について次のようにいわれているが、けだし適切な指摘である。

それは般舟三昧としての念仏三昧であるといってよい。そしてその根底に頭陀行があることが知られる。しかし頭陀行は第二地を解説するうちの解頭陀品《げずだぼん》（第三十二）に細説されているために、共行品では説明を略したのである。しかし念仏三昧については、共行を説くところで細説するため、第二地の説明をなす護戒品《ごかいぼん》第三十一のなかに、

初地の中に已《すで》に般舟三昧の見現在仏助三昧法《けんげんざいぶつじょさんまいほう》を説きたり。所謂《いわゆ》る三十二相・八十種好・四十不共法を以って念仏するに、一切法において貪著《とんじゃく》する所なし。

と述べ、すでに初地で説明をしているとして、離垢地《りくじ》（第二地）では説明を略しているのである。（「十住毘婆沙論における出家と在家」、壬生台舜編『龍樹教学の研究』所収）

出家菩薩の実践――十善《じゅうぜん》の道

出家菩薩の実践を説くという「分別二地業道品」第二十八から「戒報品」第三十五までの八章は、『十地経』第二地の「離垢地」の解説である。

このうちはじめの「分別二地業道品」は、第二地を得ようと思うなら十心を生ぜよ、と説く。十心とは、直心《じきしん》（まっすぐな心）、堪用心《かんゆうしん》（熟練した心）、柔軟心《にゅうなんしん》（和らいだ心）、降伏心《ごうぶくしん》（魔に打ち勝つ心）、寂滅心《じゃくめつしん》（静寂な心）、真妙心《しんみょうしん》（最高の心）、不雑心《ふぞうしん》（純正な心）、不貪心《ふとんしん》（貪《むさぼ》らない心）、広決心《こうけつしん》（広やかな心）、大《だい》心《しん》（大いなる心）のことであり、これを十方便心《ほうべんしん》と呼んでいる。ついで『十地経』第二地の中心をなしている十善業道《じゅうぜんごうどう》（身《しん》・口《く》・意《い》における十種の善い行ない）について説き明かし、その果報を示してこの善業をなすことを勧める。

「分別声聞辟支仏品《ふんべつしょうもんびゃくしぶつぼん》」第二十九には、十善業道は三乗《さんじょう》（大乗と小乗の辟支仏《びゃくしぶつ》・声聞《しょうもん》の二乗）のいずれにおいても大利《だいり》をもたらすが、実践の仕方によって、すなわち大悲の心の有無や三界《さんがい》（三つの迷いの世界）を怖れるかどうかによって、十善業道は声聞や辟支仏（独覚《どっかく》）の修行道ともなり、あるいは菩薩道における実践ともなり、あるいは人天《にんてん》の果報を生む善法《ぜんぽう》、すなわち世間的倫理ともなる、と説く。

「大乗品《だいじょうぼん》」第三十は、仏の悟りに到る実践である菩薩道としての十善道を説く。それは自利利他の行であり、二乗・人天にすぐれているのは、五事《ごじ》をもって実践するからである。五事とは、願《がん》（菩薩の誓願《せいがん》）、堅心《けんしん》（堅固な心）、深心《じんしん》（すぐれた心）、善清浄《ぜんしょうじょう》（浄らかな心）、五方便《ごほうべん》（五つのすぐれた方法）のことである。

「護戒品《ごかいぼん》」第三十一は、十善業道の果報について、それぞれ総相《そうそう》（全体）と別相《べっそう》（個別）との二種を説く。たとえば総相の果報とは、人・天に生まれることであり、別相の果報とは、不殺生《ふせっしょう》によって長寿あるいは少病であることである。このように「護戒品」までの四章は十善業道についての解説で、『十地経』第二地が十善業道を中心に据えて説いているのに対応している。したがってほとんど『十地経』第二地の所説によって、本頌がまとめられている。

「解頭陀品」第三十二からの四品、すなわち第三十二と「助尸羅果品《じょしらかぼん》」第三十三、「讃戒品《さんかいぼん》」第三十四、「戒報品」第三十五は、『十地経』第二地の所説によるのでなく、本論独自の解説をしているところがある。「解頭陀品」はまさしくその例であって、ここには十二種の頭陀行が説かれているが、『般舟三昧経』や『郁伽長者経』によっていて、『十地経』にはその所説は出ていない。

「助戸羅果品」第三十三は、戒を守るためのさまざまな補助的行を説く。尸羅《しら》はサンスクリット語のśīlaの音写で、戒を意味する。「讃戒品」第三十四は、戒を守ることを讃嘆し、たとえによって持戒のさまざまな功徳を説く。なおこの品は散文の注釈のみで、本頌は存在しない。最後の「戒報品」第三十五は、持戒の果報を述べる。

以上が本論の内容のあらましである。やや冗長になったが、しかしこれによって、在家と出家を視野に入れたナーガールジュナの大乗菩薩としての実践の一面がよくうかがえると思う。

大乗菩薩道の根本としての「十地《じゅうじ》」

次に本論が大乗菩薩道について具体的にどのように説いているかを、本論前半の在家菩薩の実践を説く箇所から二、三の主要なものにしぼり、本頌とそれがもとづく経典を中心に見ておこう。この箇所には求道者が発心《ほっしん》して、いかにして仏の悟りに向かう道から後戻りしない「不退《ふたい》」の位に到達できるかという、大乗菩薩道にとって根本的な問題が取り上げられ、特にそのなかの「易行品《いぎょうぼん》」第九は中国や日本の浄土教にも大きな影響を与えているからである。

まず「入初地品《にゅうしょじぼん》」第二について見ると、この品は十一偈の本頌を数えることができるが、そのなかの第一偈に次のようにいう。

此《こ》の中、十地の法は、去《こ》・来《らい》・今《こん》の諸仏が、諸《もろもろ》の仏子《ぶっし》の為《た》めの故に已《すで》に説き、今〔説き〕、当《ま》さに説く。

この偈は『十地経』の次の説示《せつじ》によって、それを要約したものである。

唯《た》だ、諸《もろもろ》の仏子よ、一切の菩薩に十の智地《ちじ》有り。是《こ》れを以って過去・未来・現在の諸仏、已《すで》に説き、当《ま》さに説き、今説く。この密意《みっち》に由《よ》って我れ是の言《ごん》を作《な》す。

『十地経』は、経題が示す通り、大乗菩薩の修行階位である十地によって菩薩行を説き、智慧・慈悲を完成して無上《むじょう》の仏果《ぶっか》に到る道を明らかにしている。十地はそのまま大乗菩薩の実践を示していて、今ここには、この十地こそ如来が心に深く秘めていた真理であることが強調され、そこで過去・未来・現在の三世《さんぜ》の諸仏がことごとくこの十地を説くのである、という経典のことばが取り上げられているのである。それはここに菩薩道における十地の普遍性が示されていると、ナーガールジュナが見ていたからであろう。

このように本論が、「序品」第一に続いてそのはじめに、『十地経』によって十地の根本である大乗菩薩道をたたえていることは、大いに注目される。『宝行王正論』第五章にもナーガールジュナは十地のことを取り上げていて、『十地経』を重視していたことがうかがわれるが、それは後にチャンドラキールティにも受け継がれ、十地の順序にしたがって主著『入中論《にゅうちゅうろん》』が著わされている。ちなみにそこでは、第六現前地《げんぜんじ》における空性《くうしょう》の修習《しゅじゅう》が詳しく論じられ、般若波羅蜜《はんにゃはらみつ》の完成が目指されている。

「入初地品」第二が最初に取り上げている菩薩の実践は、第五偈から第七偈に示される次の八法《はっぽう》である。

若《も》しは厚く善根《ぜんごん》を種《う》え、善く諸行《しょぎょう》を行じ、

善く諸《もろもろ》の資用《しゆう》を集め、善く諸仏を供養し、（五）
善知識《ぜんじしき》に守られ、深心《じんしん》を具足《ぐそく》し、
悲心《ひしん》をもって衆生《しゅじょう》を念じ、無上法《むじょうほう》を信解《しんげ》す。（六）
此《こ》の八法を具し已《おわ》れば、当《ま》さに自ら発願《ほつがん》して言うべし、
我れ自ら度《ど》するを得已《えおわ》って、当《ま》さに復た衆生を度すべし。（七）

この三偈は『十地経』の次の所説によっている。

唯《た》だ、諸《もろもろ》の仏子よ、若《も》し衆生有って、善く善根を積み、善く資糧《しりょう》を集め、善く諸行を修め、善く諸仏に事《つか》え、善く白法《びゃくほう》を聚《あつ》め、善友《ぜんゆう》に摂《せっ》せられ、善く意楽《いぎょう》を浄め、広大の増上意楽《ぞうじょういぎょう》に随順《ずいじゅん》し、妙《たえ》なる勝解《しょうげ》を具《そな》え、悲愍《ひみん》の現前《げんぜん》するは、仏智《ぶっち》を求める為《た》めなり。

『十住論』本頌では八法であるが、そのよりどころとなっている『十地経』の所説では、「善く白法を聚める」と「善く意楽を浄める」ということの二法を加えて、十法が説かれている。また第七偈には『十地経』の所説には直接出ていない発願のことが述べられている。しかし、いずれにしてもまず『十地経』の所説が取り上げられているのである。

「成《じょう》」の発心《ほっしん》と「不成《ふじょう》」の発心

このように『十住論』がもとづく経典は『十地経』が中心であることは、全三十五品のうち、半数近くが

『十地経』によっていることからしても容易に知ることができる。しかし、その他の大乗経典によっている章（品）も半数を超えているのであって、本論がさらに広く諸大乗経典によって菩薩道について述べていることを忘れてはならない。今その一例として、「発菩提心品《ほつぼだいしんぼん》」第六の本頌六偈を見てみよう。

初めて菩提心を発《お》こすに、或《あ》るは三、〔或るは〕四《し》の因縁《いんねん》あり。

一には、諸《もろもろ》の如来が菩提心を発こさしむ。　（一）

二には、法の壊《こわ》れんと欲するを見て守護する故に発心す。　（二）

三には、衆生の中に於いて大悲《だいひ》あって発心す。　（三）

四には、或るは菩薩有り、教えて菩提心を発こさしむ。

五には、菩薩の行を見て、亦《ま》た随《したが》って発心す。　（四）

或《あ》るは布施《ふせ》し已《おわ》るに因《よ》って菩提心を発こす。

或るは仏身《ぶっしん》の相《そう》を見て、歓喜《かんぎ》して発心す。　（五）

七つの発心の中に於いて、仏《ぶつ》教えて発心せしむと、

護法《ごほう》の故の発心と、憐愍《れんみん》の故の発心との

是《かく》の如き三心《さんじん》は、必定《ひつじょう》して成就《じょうじゅ》するを得《う》る。

其《そ》の余《よ》の四心《ししん》は、必ずしも皆《み》な成就せず。　（六）

この六偈は、すべて『如来智印経《にょらいちいんきょう》』によっている。この経典は漢訳三本が現存し、智印《ちいん》（慧印《えいいん》）三昧《ざんまい》に

よって仏国土《ぶっこくど》に生まれるという観仏三昧《かんぶつざんまい》を説く経典として注目されている。また「阿惟越致相品」第八もこの経典によっているところがあって、本論でもきわめて重視されていたことがわかる。そこに次のように説かれている。

弥勒《みろく》、七法《しちほう》の菩提心を発《お》こす有り。何等《なんら》をか七と為《な》すや。一には仏《ぶつ》・菩薩の如く菩提心を発こす、二には正法《しょうぼう》将《ま》さに滅《めっ》せんとするに護持《ごじ》の為《た》めの故に菩提心を発こす、三には諸《もろもろ》の衆生衆苦《しゅく》に逼《せ》められるを見て大悲の念を起こし菩提心を発こす、四には菩薩教えて余《よ》の衆生に菩提心を発こさしむ、五には布施の時自ら菩提心を発こす、六には他が意《い》を発《ほっ》するを見て随学《ずいがく》し発心す、七には如来三十二相八十種《さんじゅうにそうはちじっしゅ》好《ごう》の荘厳《しょうごん》を具足《ぐそく》するを見、若《も》しは聞き発心す。

弥勒、是《かく》の如き七つの因縁にて菩提心を発こす。仏・菩薩の如く菩提心を発こすと、正法将《ま》さに滅せんとするに護持の為めの故に菩提心を発こすと、諸《もろもろ》の衆生衆苦《しゅく》に逼《せ》められるを見て大悲の念を起こし菩提心を発こすとの、此の三心《さんじん》を発こすは、能《よ》く諸の仏・菩薩の為めに正法を護持す。又、能く速く不《ふ》退転地《たいてんじ》を得て仏道を成就す。後の四つの発心は剛強《ごうきょう》にして伏《ぶく》し難きも法を護《まも》ること能《あた》わず。

このように発菩提心の七《しち》因縁を説き、さらにそのうち、前三者は「成」、後の四者は「不成」であると説いている。この所説によって本頌に要約しているのである。「成」の発心とは、正法を護持し、必ず菩提を成就する発心のことであり、「不成」の発心とは、正法を護持することができず、また菩提を成就できずに失うことがあるのをいう。

これは一例であって、他の諸品においても経典の所説によって、大乗菩薩道の要説をまとめた本領が作られていることは同様である。

「不退《ふたい》」の菩薩と「退《たい》」の菩薩

「阿惟越致相品《あゆいおっちそうぼん》」第八には、阿惟越致《あゆいおっち》（不退）の菩薩が惟越致《ゆいおっち》（退）の菩薩と対比して説かれていて大変興味深いものがあり、注目される。

「阿惟越致」とは avaivartya または avaivartika、あるいは avinivartaniya の音写語で、不退転《ふたいてん》または不退と訳される。修行において後戻りをしない、という意味である。したがって阿惟越致の菩薩とは、不退の菩薩ともいわれ、仏の智慧の完成を求めて発心し、その完成を目指して菩薩道の修行につとめ、決して後戻りをしない求道者のことである。後戻りとは、退歩することであるが、ここでは修行によって得た境地から転落し発心も修行も失うことで、菩薩が二乗《にじょう》（小乗）あるいは六道《ろくどう》（輪廻《りんね》の迷いの世界）に堕することをいうのである。

不退の菩薩に対比して、修行によって得た境地から転落することのある求道者を惟越致の菩薩と呼んでいる。「惟越致」とは退転、退ということである。第八品はさらに惟越致の菩薩を敗壊《はいえ》の菩薩と、漸漸《ぜんぜん》に（次第に）精進《しょうじん》して後に阿惟越致（不退）を得る菩薩とに分けて見ている。本論には「敗壊は不調順《ふちょうじゅん》に名づく」といい、その実例として弊害のある悪馬をあげて、「但《た》だ馬の名のみ有って馬の用《ゆう》有ること無し、敗壊の菩薩も亦《ま》た是《かく》の如し」と解説している。すなわち菩薩といっても名だけで実がなく、菩薩としての因《いん》、中身が腐り壊れている者のことである。

ちなみに『菩提資糧論《ぼだいしりょうろん》』に、菩薩に得忍《とくにん》の菩薩と未得忍《みとくにん》の菩薩とがあることを述べているが、それぞれ阿惟越致の菩薩と惟越致の菩薩との対比に相当するであろう。「忍《にん》」とは無生法忍《むしょうぼうにん》であって、空を悟る智慧のことである。

まず阿惟越致の相（すがた）について、本頌の第一偈および第二偈に次のように述べる。

衆生に於いて等心《とうしん》、他の利養《りよう》を嫉《ねた》まず、
乃至《ないし》、身命《しんみょう》を失うも法師《ほっし》の過ちを説かず、
深妙《じんみょう》の法を信楽《しんぎょう》し、恭敬《くぎょう》を貪《むさぼ》らず、　（一）
此《こ》の五法を具足《ぐそく》するは、是《こ》れ阿惟越致なり。　（二）

この二偈は『如来智印経』の次の所説によっている。

一には諸《もろもろ》の衆生に於いて平等心を起こす。二には他の得利《とくり》を見て嫉妬せず。三には護法の者を見て寧《むし》ろ身命を失うとも其《そ》の過《とが》を説かず。四には能《よ》く一切の利養《りよう》を捨てる。五には甚深《じんじん》の法を信じ世間の経《きょう》書・文頌《もんじゅ》を信ぜず。弥勒、菩薩にして此の五法を成《じょう》ずるを不退転と名づく。

これに対して、無上の悟りから退転することもある惟越致の菩薩のなかでも、さらに名ばかりの菩薩である「敗壊の者」の相について、第三偈・第四偈に次のように述べている。

若《も》しは志幹《しかん》有ること無く、好んで下劣《げれつ》の法を楽《ねが》い、
深く名《みょう》・利養に著《じゃく》し、其《そ》の心端直《たんじき》ならず、
他家《たけ》を悋護《りんご》し、空《くう》の法を信楽《しんぎょう》せず、　　（三）
但《た》だ諸《もろもろ》の言説《ごんぜつ》を貴ぶ、是《こ》れを敗壊の相と名づく。　　（四）

この二偈もまた『如来智印経』の次の所説によっている。

一には不善《ふぜん》の色《しき》を起こす、二には鄙行《ひんぎょう》を信用《しんゆう》す、三には利養に貪着《とんじゃく》す、四には檀越《だんおつ》を護惜《ごしゃく》す、五には諂曲《てんごく》を懐《いだ》き、行は真実ならず、口に説くと雖《いえど》も行称《かな》わず、是《こ》れを名づけて五毀滅正法《ごきめつしょうぼう》と為《な》す。

本論の解説によると、「志幹有ること無し」とは顔や姿に気色《きしょく》がなく威徳《いとく》が浅薄なことであり、「下劣の法を楽う」とは、大乗以外の小乗や外道《げどう》の教えを求め好むこと、「他家を悋護す」とは余人が利養・恭敬《くぎょう》・讃嘆《さんだん》を得るのを見て嫉妬して喜ばないこと、「空の法を信楽せず」とは、空の法は三解脱門《さんげだつもん》（空・無相《むそう》・無《む》願《がん》）であるが、これを信受《しんじゅ》せず貴《とうと》ばないことである。

空観《くうがん》の道

このように阿惟越致（不退）ということを基準に大乗菩薩を見ると、本論の「阿惟越致相品」第八では不退の菩薩と退の菩薩とに分かれ、退の菩薩はさらに、漸漸《ぜんぜん》に精進して後に不退に到る菩薩と敗壊の菩薩とに分けられている。こうして三種類の菩薩が示されているが、順次、上品《じょうぼん》の菩薩、中品《ちゅうぼん》の菩薩、下品《げぼん》の菩薩、

あるいは上輩《じょうはい》・中輩《ちゅうはい》・下輩《げはい》の菩薩とでもいうことができる。

先に不退の菩薩と敗壊の菩薩とについてその特質を述べたので、次に漸漸に精進して後に不退に到る菩薩について、その特質がどのように説かれているかを見ることにする。第五偈と第六偈にいう。

菩薩は、我《が》を得ず、亦《ま》た衆生を得ず、
分別《ふんべつ》して説法せず、亦た菩提を得ず、
相《そう》を以って仏を見ず、此《こ》の五功徳《ごくどく》を以って　（五）
大菩薩の阿惟越致を成《じょう》ず、と名づくを得《う》る。　（六）

この二偈は、『如来智印経』に、

一には我を得ず、二には衆生を得ず、三には法界《ほっかい》は得《とく》無く説《せつ》無きを了達《りょうだつ》す、四には菩提を得ず、五には色身《しきしん》を以って如来を観《かん》ぜず。

とあるのによっている。「得ず」とは、執着を離れることで、たとえば「我を得ず」とは、自我へのとらわれを離れることである。このようにあらゆるものへのとらわれを離れる菩薩は次第に不退の境地に到るというのであって、これは空観の実践を強調しているのである。

退から不退への道がすべてが無我《むが》であり、空である、と観ずる無我の実践であり、空観であることは、きわめて注目に値する。この空観は三三昧《さんざんまい》（三解脱門ともいう）の空三昧《くうざんまい》であり、また「相を以って仏を見ず」あるいは「色身を以って如来を観せず」とは無相三昧《むそうざんまい》のことであるからである。

なお、第七偈には、不退の相（特質）について、

般若《はんにゃ》に已《すで》に広く阿惟越致の相を説く。

といい、退と不退とについては、『小品般若経《しょうぼんはんにゃきょう》』の「阿惟越致品《あゆいおっちぼん》」にすでに詳しく説かれていると指摘する。仏道修行の実践の現実において、大乗仏教の求道者である菩薩たちが、いかに強く不退を得ようと願っていたか、ここに見ることができるのである。

易行《いぎょう》の道

「易行品」は『十住論』全三十五品のなかの一品で、第九品に収められている。僧祐《そうゆう》撰『出三蔵記集《しゅつさんぞうきしゅう》』によると、「初発意菩薩易行法《しょほついぼさついぎょうほう》」一巻の記載があり、これによって別行本があったことが知られるが、これは早くから流布していたらしい。また『法経録《ほうきょうろく》』巻五や『開元釈経録《かいげんしゃっきょうろく》』巻十六によると、「易行品諸仏名《しょぶつみょう》経《きょう》」とも呼ばれていたことが知られる。

すでに述べたことであるが、『十住論』からの抄出については、他の品にも見られ、同じく『出三蔵記集』には「菩薩悔過法《ぼさつけかほう》」一巻が記されている。これは「除業品《じょごうぼん》」第十と「分別功徳品《ふんべつくどくぼん》」第十一の二品を抄出したものである。また『開元釈経録』巻二および巻十六には「菩薩五法行経《ぼさつごほうぎょうきょう》」一巻の記載がある。これもまた『十住論』からの抄出で、「阿惟越致相品」第八に相当する（以上、詳しくは筆者による『新国訳大蔵経　釈経論部12　十住毘婆沙論I』大蔵出版、一九九四年、の「解題」を参照）。

また「易行品」第九は、浄土教の伝承の上において、特に浄土真宗の開祖親鸞聖人《しんらんしょうにん》によって早くから重視されてきた。親鸞は、浄土真宗開宗の功績は恩師法然《ほうねん》にあるとし、法然に至るまでの相承《そうじょう》として「七高《しちこう》僧《そう》」と通称される七人の高僧を選定している。その第一祖として龍樹《りゅうじゅ》（ナーガールジュナ）をおいたのは、この「易行品」の著作があったことがその主な理由である。なぜなら「易行品」には、難行に対して易行の道が示され、現生不退《げんしょうふたい》、憶念称名《おくねんしょうみょう》のことが説かれているからである。

今ここでは、次の二点にしぼって検討しておく。一つは従来「易行品」は『十住論』から切り離して別に取り上げられ、特に真宗においては、教義上の独自の観点から難易二道《なんいにどう》と称名不退《しょうみょうふたい》とを中心として解説されるのがほとんどであった。しかし、「易行品」を『十住論』全体の上から見て、その内容を検討していく必要があるということである。この観点に立つとき、「易行品」の内容の従来見落とされていた面が明らかになり、それによってかえって真宗における内容理解の独自性がより鮮明になると思われる。

もう一つは「易行品」は諸仏への恭敬《くぎょう》、憶念称名を不退に到る易行の道として説くが、大乗菩薩道の上から見たとき、その意義は何かということである。

「易行品」は、まず現在の十方十仏《じっぽうじゅうぶつ》を恭敬心《くぎょうしん》をもって憶念し称名せよ、と説き、続いて諸仏・諸大菩薩の憶念称名を説いている。このなかに阿弥陀仏の憶念称名も出てくる。この諸仏の憶念称名がすみやかに不退に到る道であると説くのは、いかなる理由によるのか、そのことを検討していくならば、そこに大乗仏教における仏教信仰を見る視点を考えざるを得ないであろう。この視点は菩薩道において仏教信仰をどのように位置づけるか、また仏への信仰と悟りに到る修行実践という「信《しん》と行《ぎょう》」との関係はどうか、などの考察にも一つの示唆を与えるであろう。

先に述べたように、「易行品」は『十地経』の所説とは直接に関係がない。そこに取り上げられていることは、主として『宝月童子所問経《ほうがつどうじしょもんきょう》』や『般舟三昧経《はんじゅざんまいきょう》』によっている。それはともかくとして、「易行品」は、直前の「阿惟越致相品」第八の所論《しょろん》をうけて、後に続く「除業品」第十、「分別功徳品」第十一へと展開していく。そうして先述のように、これらはいずれも抄出された別行本があったのであり、早くから流布していたのである。そのことは、これら四品に何か特別の意味があったのではないかと推測させる。おそらく大乗菩薩道において不退に到ることを目指す人々に、諸仏の憶念称名（信方便《しんほうべん》）と、さらに懺悔《さんげ》・勧請《かんじょう》・随《ずい》喜《き》・廻向《えこう》の四悔法《しけほう》（四品行《しほんぎょう》）の行儀《ぎょうぎ》の実践、すなわち礼仏《らいぶつ》・懺悔の道があることを広く説くためではなかったかと思われる。

先述のように、大乗菩薩道においては、不退の位に到ることが特に重視されている。なぜなら、この位に到るなら、菩薩は悟りを開いて仏になることに決定し、再び小乗の修行者である声聞《しょうもん》・独覚《どっかく》の立場や凡夫《ぼんぶ》の位、あるいは悪趣《あくしゅ》（地獄・餓鬼《がき》・畜生《ちくしょう》）に転落することがないからである。大乗仏教においては、自利利《じりり》他《た》の悟りの完成を目指す菩薩がこの不退の位に到る道が説き明かされているが、大乗仏教の修行者である菩薩たちは、現生《げんしょう》（この生涯）においてすみやかに不退に到ることを強く願い求めたのである。

「阿惟越致相品」に説かれる三種の菩薩のあり方をうけて、「易行品」はまずはじめに、「菩薩は不退に到るため、さまざまの難行につとめ、長い間かけてその完成を目指すのであるが、その間にあるいは声聞・独覚の立場に転落する恐れがある。そこですみやかに不退に到る易行の道はないのか」と問いを出す。

これに対して、「それは怯弱下劣《こにゃくげれつ》の言《ごん》（心弱い劣った人間のいうこと）であり、大人志幹《だいにんしかん》の説（志の堅固なすぐれた人の口から出ることば）ではない」と誡《いまし》めながらも、信方便の易行の道が諸仏によって説かれている、と答え、その内容を説き示していく。信方便とは、諸仏を憶念恭敬し、その名を称《とな》えて帰依《きえ》する、ということで、ひたすらなる仏への帰依信仰の道のことである。

そこで「易行品」は、まず現在の十方十仏を恭敬心をもって憶念し称名せよ、と『宝月童子所問経』によって説き示し、続いて諸仏・諸大菩薩について憶念し、その名を称えることを説くのである。このなかに浄土教に展開した阿弥陀仏への帰依礼拝《らいはい》、憶念称名も出てくる。「易行品」は、この憶念・称名によって、すみやかに不退に到ることができる、と説いているのである。

礼仏《らいぶつ》と懺悔《さんげ》の実践

さて「易行品」の所論は、次の「除業品」第十から「分別功徳品」第十一へと展開していく。「除業品」のはじめには、同じく問いが出る。

但《た》だ阿弥陀等の諸仏を憶念し、及び余《よ》の菩薩を念じて阿惟越致を得《う》るや。更に余の方便《ほうべん》有りや。

信方便の易行のほかに、不退に到る方便（方法）はないのか、と問うのである。これに対して、

阿惟越致を求める者は、但《た》だ憶念し、称名し、礼敬《らいきょう》するのみに非《あら》ず、復《ま》た応《さ》さに諸《もろもろ》の仏所《ぶっしょ》に於いて

懺悔し、勧請し、随喜し、廻向すべし。

と答え、それら四法《しほう》について説き明かしていく。

懺悔・勧請・随喜・廻向の四法（四品行）は、「四悔《しけ》」または「四悔過《しけか》」といわれ、菩薩の悔過法《けかほう》である。懺悔とは、自己および他の一切の罪過《ざいか》を懺悔すること、勧請は、諸仏の入道場《にゅうどうじょう》を求め説法を請《こ》うこと、随喜は、自他のあらゆる福をたたえともに喜ぶこと、廻向は、こうして得られた功徳をすべて他のためにふり向け、悟りに役立てていくことである。

この悔過法は懺法《せんぼう》として後に浄土教儀礼のなかに取り入れられていくが、すでに初期大乗の仏名《ぶつみょう》経典である『菩薩蔵経《ぼさつぞうきょう》』（同系統の経典に『舎利弗悔過経《しゃりほつけかきょう》』、『大乗三聚懺悔経《だいじょうさんじゅさんげきょう》』がある）に四品行として説かれている。そこに早くから大乗仏教における信仰が、在家者たちのなかに広まっていった様子をうかがい知ることができる。なお、この「四悔」についての所説は、同じくナーガールジュナ作の『菩提資糧論』第四九偈から第五四偈に至る偈頌とほとんど同じである。これは『十住論』がナーガールジュナの真撰であるとする一つの論拠でもある。

このように、「阿惟越致相品」から「分別功徳品」に至る四品は、不退の菩薩とその実践、不退に到る信方便の易行、ついで同じく不退に到る方便としての四悔過法を説いていて、一連のものとして見ることができる。その主題は、菩薩が不退の位に到る道としての菩薩の実践（難行）に対して、易行の道としての信方

便と余の方便としての四悔法（四品行）によって、すみやかに不退に到ることを説き示すところにある。「阿惟越致相品」から「易行品」を経て「除業品」、「分別功徳品」に展開することの関連については、畝部俊英教授は次のような有益な示唆を述べられている。

「易行品」は仏所説《ぶつしょせつ》・仏称讃《ぶつしょうさん》の諸仏・大菩薩の名号《みょうごう》を、衆生に憶念、恭敬、称名することを「易行」として勧めているのであるが、「易行品」の次の「除業品」以下の展開を見るならば『菩薩蔵経』で仏所説の十方十仏の個所があって、その諸仏に対し、合掌、礼拝、称名し、その上で、懺悔などの四品行を修《しゅ》することが勧められているように、「易行品」は「除業品」より「分別布施品」に至る三章（引用者注：ここは、「分別功徳品」に至る二章、と訂正すべきであろう）で「余の方便」として勧められている懺悔などの四品行を修するにあたって、諸仏を奉請《ぶじょう》するための、釈尊が称讃して説く、いくつかの〈仏名パリヤーヤ〉が収録されていることになる。（「十住毘婆沙論易行品における称名思想」『同朋仏教』二八）

すなわち「易行品」は、四悔法（四品行）を説く「除業品」、「分別功徳品」との関連から見ると、単に「衆生の称名」を説いているのではなく、懺悔などの四悔法を修するにあたっての礼仏の行儀を示しているのであって、それは「仏所説・仏称讃の〈仏名パリヤーヤ〉が読誦《どくじゅ》または暗誦《あんしょう》され、諸仏が在家菩薩の道場に奉請される。そうして、奉請された諸仏・大菩薩に対し、恭敬・合掌・礼拝・称名が行われ」（同前）ることなのである。〈仏名パリヤーヤ〉のパリヤーヤとは、反復される経文（章句）のことである。

この釈迦（諸仏）が称讃する諸仏・菩薩への恭敬・憶念・称名の礼拝が不退に到る易行の信方便とされるのであり、さらにその上に四悔法（四品行）が修められるのであって、これは在家の菩薩、特に在家の仏教信者に対して説き勧められた、と考えられる。いうまでもなくこれらの行法《ぎょうぼう》は、仏教信仰の基本をなすものである。『十住論』はこれらを大乗菩薩道の上から意義づけているのであって、特に在家者に対して広く説き勧めているのである。

次に、信方便の易行の道は、大乗仏教においていかなる意義を持っているか、という点について考えてみたい。

仏教を通じて不退に到る（あるいは聖位《しょうい》に入る）ことは、修道《しゅどう》における重要な目標であり、悟りの世界に入る転換点として位置づけられているが、特に大乗仏教では、自利利他の無上《むじょう》の悟りを実現することを目指して、不退の位に入ることが切実に願い求められたのである。

ところが現実はあまりにも苦悩と汚濁《おじょく》に満ち、さわりが多い。仏道を歩む者としての反省に立つとき、自身はあまりにも無明《むみょう》と煩悩に満ちた存在である。悟りはおろか、不退に到ることも容易ではない。厳しい困難な修行を長い間にわたってなさねばならない。その間にどんな邪魔が入り、あるいは障礙《しょうがい》があるかもしれない。また誘惑に負け、挫折し堕落するかもしれない。難行でなく、すみやかに不退に到る易行の道はないのか。現生にすみやかに不退に到る道を説いているものがあれば、それをぜひ聞きたい。このような願いが生じてくるのも当然であろう。

「易行品」は、先述のように、経録には「易行品諸仏名経」と記されていた、という。このことからしても、「易行品」が、いわゆる「仏名経典」と密接な関係があったのではないかと推測できる。

「易行品」は、まず十方十仏の現在の仏たちの憶念称名を説いているが、これは『十住論』自体がいうように、『宝月童子所問経』によっている。また『菩薩蔵経』に出る十方十仏ともほとんど変わりがないことも指摘されている。『宝月童子所問経』は「仏名経典」に収められるものである。現存するいくつかの「仏名経典」は、その名の通り諸仏の名を列記している。このように仏名を列記しているのは、諸仏を奉請し恭敬礼拝するためであったと思われる。

「易行品」の内容を見ると、「仏名経典」と同じように、まず十方十仏を列記し、続いて現在諸仏、過去八仏、東方八仏、過去・現在・未来のすべての諸仏、さらに諸大菩薩の名を列記している。

　若《も》し人疾《と》く不退転地《ふたいてんじ》に至らんと欲せば、応《ま》さに恭敬の心を以て執持《しゅうじ》して、名号を称《しょう》すべし。

と、一心に名号を称えるなら、不退にすみやかに到ることができると説き勧めるのである。これを見ると、「易行品」はまさしく「仏名経典」そのものであるといえる。

「仏名経典」を見ていると、在家信者たちの仏教信仰、さらにその礼拝・恭敬の行儀がよく反映している。これは容易に推測できるが、畝部教授は前の論文で、『菩薩蔵経』のなかに、四品行を修するにあたって、灯《とう》・酥《そ》・油香《ゆこう》・花・果実・水などを用意することが示されていること、続いて十方十仏の名があげられ、これら十方の諸仏に対して、一日一夜、六時《ろくじ》に（すなわち六回）行道礼拝《ぎょうどうらいはい》することが勧められていること、さらにその上に四品行が定型的な文の形式で表白《ひょうびゃく》されていることを紹介し、「この菩薩蔵経の説示《せつじ》の次第を見てみると、〈仏言《ぶつのたまわく》〉と言葉を改めて、十方十仏の名号が説かれている理由が分ってくる」と述べられている。続いてそれが、懺悔・随喜・勧請・廻向の四品行を説く「除業品」、「分別功徳品」の前に「易行品」がある理由であるとし、これは従来見られなかった「易行品」への視点であって、この視点に立つとき、不退に到る易行としての憶念称名という信方便の意味が変わってくる、と論じられている。

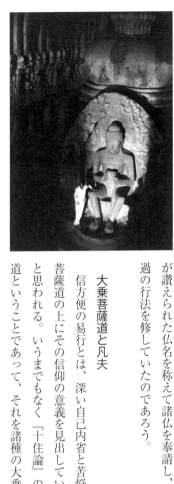

私もこの説を肯定するもので、仏教遺蹟などに伝わる数々の仏像や仏画（壁画）、あるいは礼拝空間を見ても、人々がいかに深い仏への帰依礼拝をささげていたか、それをうかがい知ることができる。彼らは釈迦が讃えられた仏名を称えて諸仏を奉請し、礼拝供養して、悔過の行法を修していたのであろう。

インド仏教の礼拝空間（エローラの塔院窟）

大乗菩薩道と凡夫

信方便の易行とは、深い自己内省と苦悩のなかから、大乗菩薩道の上にその信仰の意義を見出していったものである、と思われる。いうまでもなく『十住論』の主題は、大乗菩薩道ということであって、それを諸種の大乗経典の所説をまとめて説き明かしているのである。この大乗菩薩道において何よりも大切なのは、入初地《にゅうしょじ》（初地に入る）ということである。なぜなら菩薩が「如実《にょじつ》の菩薩」すなわち真の菩薩となるのは、入初地ということによるからである。不退に到るとは、このことにほかならないのである。「易行品」が問題として取り上げたのは、現実に生死《しょうじ》の苦悩のなかにある凡夫が、いかにして入初地を得ることができるか、ということであった。それは「如実の菩薩」における仏道と、離れてあるのではない。

本論の主題が菩薩道ということにある以上、諸仏の憶念称名という信方便も、それを離れて別にあるのではない。また信方便の易行と大乗菩薩道の難行とが、単に平面的・相対的に並列されているのでもない。衆生の苦悩という現実を如実に知るなら、自身こそ生死の苦悩のなかにある身にほかならない。如実の菩薩になってはじめて衆生の苦悩が如実に自己の問題となり、果てしない生死の苦悩からの解脱の道がそこから見出されてくるであろう。この点から見ると、信方便の易行とは、まさしく生死海《しょうじかい》に沈んでいる苦悩の身にとって、大乗菩薩道を具現する大道《だいどう》なのである。したがって諸仏への恭敬による憶念称名は、大乗仏教の真精神を表わすものであり、すべてのものの仏道を満たすものなのである。いいかえると、大乗菩薩道を完成する真の道として説かれているのである。

「易行品」は、理論的に大乗菩薩道とその実践の理想を説く立場に立っていない。苦悩の衆生の現実を問題として大乗菩薩道を論じようとしているといえる。この場合忘れてはならないのは、論自体がいかなる立場から述べられているかということである。そこで、本論の作者自体の求道心と実践的立場が問われねばならない。さらにまた、大乗菩薩道の求道においていかなる精神的苦悩があり、自身が問題となっていたか、そのことがたずねられなければならない。

すでに『十住論』を造るのは、鈍根《どんこん》の機《き》（劣った素質の者）のためである、と本論の「序品」に述べられている。また「易行品」のはじめには、すみやかに不退に到る易行の道を求めるのは、心弱く劣ったもののいい分である、と誡められている。しかし実践主体的に受け取るなら、これは「生死海における苦悩の衆生」であるわが身を問題としていると見るべきであろう。苦悩の衆生とは決して対象化された衆生のことではない。まさしくわが身の姿にほかならないからである。

『十住論』は一体誰を対象として説いているのか、その「所被《しょひ》の機《き》」について考えることも大切であろう。いうまでもなく、『十住論』は大乗菩薩道の行を説く実践の書である。苦悩の衆生であるわが身にとって、大乗菩薩道における実践とは何か、一切衆生とともに歩むことのできる大乗菩薩道とはどういうものか、「所被の機」について深く考えながらそれを明らかにしようとしたのが『十住論』、特に「易行品」から「除業品」、「分別功徳品」ではなかったか、と思われる。

この視点に立つとき、信方便の易行における大乗菩薩道の意義がより一層明らかになってくるであろう。

『菩提資糧論《ぼだいしりょうろん》』——般若《はんにゃ》と方便《ほうべん》

ナーガールジュナ真撰《しんせん》をめぐって

大乗仏教における菩薩道について説き明かしているナーガールジュナの著作としては、まずは以上の『十住論』をあげるべきであろう。しかしそのほかに『菩提資糧論』もあり、その内容からして、これも菩薩道についての重要な著作であると考えてよい。本書はナーガールジュナ作と伝えているが、はたしてナーガールジュナの真作であるかどうか、まずそのことを明らかにしておこう。

筆者はすでに本書の「龍樹真撰」について検討し、『印度学仏教学研究』（第一七巻・第二号）に論文を掲載している（その論旨は拙著『ナーガールジュナ研究』四四ページ以下に再録）。詳しくはそれを参照していただくことにして、ここではその要点を記しておく。

現行の漢訳本によると、本書はわずかに一六七偈からなる小作品である。サンスクリット本は伝わらず、またチベット訳も存在しない。ただ漢訳一本のみがあるにすぎないが、これには比丘自在《びくじざい》のかなり詳しい注釈がついている。本書については隋代《ずいだい》の経典目録である『静泰録《じょうたいろく》』にはじめてその記載が見えるが、そこには「菩提資糧論六巻　龍樹菩薩造《ぞう》　六十七紙《し》　隋大業年《たいぎょう》達摩笈多《だるまぎゅった》、東都上林園《とうとじょうりんえん》に於て訳す」と記している。さらに『開元録《かいげんろく》』になると、「菩提資糧論六巻　聖者《しょうじゃ》龍樹本《ほん》　比丘自在釈《しゃく》　内典録《ないてんろく》に見ゆ」とあり、同入蔵録《にゅうぞうろく》には、本書は『十住毘婆沙論』十四巻二百七十六紙とともに二十巻二帙《ちつ》としている。これらをまとめると、本書は隋・大業五年（六〇九）に南インドの僧ダルマグプタ（達摩笈多）が東都上林園にて比丘自在（Īśvarabhikṣu ?）の注釈とともに訳出したことがわかる。六十七紙は、『大正新修大蔵経《たいしょうしんしゅうだいぞうきょう》』の行数に直すと、一紙ほぼ三十行と思われるので、まさしく現行の漢訳『菩提資糧論』の分量と一致する。

次にチベットの史料であるプトンの『仏教史』には、ナーガールジュナの伝記が載っていて、そのなかに本書について次のように述べている。すなわち在家生活における規範を述べる書は『勧誡王頌《かんかいおうじゅ》』であり、出家生活の実践行を説く書は『菩提資糧論』である、という。前者はサータヴァーハナ王に宛てた書簡であり、チベット訳と漢訳三本が現存する。後者は主として出家者、すなわち出家の菩薩の実践原理を述べたものであるとする。

　ちなみに後者の書名はチベット文ではByaṅ chub kyi tshogsであり、サンスクリット文に直すとBodhisaṃbhāra（悟りへの糧《かて》＝菩提資糧）となる。英訳者オーヴァーミラーはBodhigaṇa（悟りの群れ）と還元しているが、これは第二章でも述べたように修正すべきであろう。おそらくこれが原名と考えられるが、『十住論』の散文の注釈部分には、「助菩提《じょぼだい》の中に説く」「助道経《じょどうきょう》の中に説く」「助道法《じょどうほう》の中に説く」あるいは「助道《じょどう》の中に説く」といって、しばしば本書の偈頌を引用する。これらはみな本書のことを指しているのであって、訳語の違いにすぎない。

　このように、チベット史料にも中国の経典目録にも、本書についての記載があるが、ただ著者はナーガールジュナであるとするのみで、そのほかは何も記していない。

　ところが幸いなことに、『十住論』のなかに本書からの引用があるほか、ナーガールジュナの弟子であるアールヤデーヴァの『四百論《しひゃくろん》』について、チャンドラキールティが著わした注釈のなかにも「聖者ナーガールジュナは『菩提資糧論』に次のように説かれた」といって、漢訳の第四五偈に相当する偈頌が引用されている。今、それをチベット訳で残るこの注釈から和訳しておく。

他の苦はいうまでもなく、衆生の利益《りやく》のためには、地獄の大苦をも忍ぶなら、その人の右手には菩提がある。

さらにこの注釈には、これ以外にも『菩提資糧論』の偈頌が引用されている。また『弥勒菩薩所問経《みろくぼさつしょもんきょう》論《ろん》』巻一にも、「龍樹菩薩摩訶薩集菩提功徳論《まかさつしゅうぼだいくどくろん》中に偈を説いて曰《いわ》く」として本書の偈頌が引用されている。『集菩提功徳論』とは『菩提資糧論』のことである。

したがって、インド仏教では古くから本書はナーガールジュナの著作として普及し、注目されていたことが知られる。私が本書をナーガールジュナの真作とする理由の一つは、ここにあるのである。しかし他の著作との関係を見ることなど、今後の課題はきわめて多い。

重視される般舟三昧《はんじゅざんまい》

さて本書には、比丘自在の注釈を含めて、『般若経《はんにゃきょう》』をはじめ、『維摩経《ゆいまきょう》』、『大宝積経《だいほうしゃくきょう》』、『法華経《ほけきょう》』、『十住断結経《じゅうだんけつきょう》』、『無尽意経《むじんにきょう》』、『清浄毘尼方広経《しょうじょうびにほうこうきょう》』などの初期大乗経典の所説《しょせつ》が受け継がれ、それらの思想的影響や展開も見られるのであって、大変興味深いものがある。さらにまた注目されるのは、『般舟三昧経』の思想と実践が取り上げられていることであって、初期大乗仏教からの伝統として、般舟三昧が出家菩薩たちの実践として特に重視されていたと思われる。

『般舟三昧経』は見仏三昧《けんぶつざんまい》（念仏《ねんぶつ》三昧ともいう）を説き明かしているが、「般舟三昧」とは音写語であって、

原名は「現におられるすべての仏たちが目前に立たれる瞑想」ということである。本書の偈頌にはこの般舟三昧を説いて、

菩薩は乃《いま》し諸仏現前住《げんぜんじゅう》の牢固《ろうこ》なる三昧を
得るに至るまで、応《ま》さに放逸《ほういつ》を起こすべからず。（三二）

刺繍で表現された千仏の図（ニューデリー博物館）

といい、続いてこの三昧をたたえて、菩薩は般舟三昧を父とし、大悲《だいひ》と無生法忍《むしょうぼうにん》（諸法の不生《ふしょう》を悟る空の智慧）を母としていることを示して、

諸仏現前住の牢固なる三摩提《さんまだい》、
此《こ》れを菩薩の父と為《な》し、大悲と忍《にん》とを母と為す。（三三）

と説いている。『十住論』においても、この三昧を「深三昧《じんざんまい》」とたたえ、仏たちを眼前にありありと見ることのできる見仏を重視している。たとえば「念仏品《ねんぶつぼん》」第二十に、

仏《ぶっ》が跋陀婆《ばっだば》のために説く所の深三昧あり。
是《こ》の三昧の宝を得れば、能《よ》く諸仏を見ることを得《う》る。

と説いている。この偈頌が『般舟三昧経』によっていることはいうまでもないが、跋陀婆とはパドラパーラの音写であって、この経の対告者《たいごうしゃ》（聞き手）である。彼は在家の菩薩であるが、出家者の修行法である頭《ず》

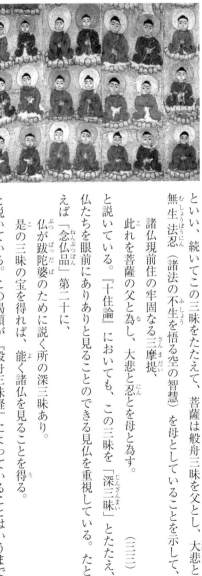

陀行《だぎょう》（少欲知足《しょうよくちそく》の禁欲の修行生活）を実践していたとされる。いずれにしても『般舟三昧経』の説く見仏三昧が重視されている点においても、『菩提資糧論』と『十住論』とは共通しているのである。

菩薩の福徳《ふくとく》を積む行と誓願《せいがん》

『菩提資糧論』に述べられている大乗菩薩道の内容については、本書の主題や目的を含めて今後明らかにされていくことが望まれるが、その内容について一言触れておくと、大乗菩薩——出家の菩薩であれ、在家の菩薩であれ——によって実践されるところの悟りの糧（菩提資糧）、すなわち智慧と福徳をわが身の上に体得することを中心とする菩薩の実践（菩薩行《ぼさつぎょう》）を取り上げ、その思想と実践法を要約したものである、といえよう。したがってナーガールジュナの大乗菩薩観を知る上にも、また広く大乗菩薩道についての内容を知る上にも、きわめて重要な著作であるのである。

特に大乗菩薩道を諸種の大乗経典の所説によってその大綱をまとめ、大乗仏教の基本を示している『十住論』、あるいは広く大乗菩薩の実践について、政道をはじめさまざまの社会的活動の側面において、その実践法を具体的に教示している『宝行王正論《ほうぎょうおうしょうろん》』と本書との間に見られる密接な関係からして、その重要性は決して看過できないのである。

本書と『十住論』と『宝行王正論』との三つの著作の間における密接な関係を具体的に表わしているのが、『菩提資糧論』第五八偈の次の詩句である。

一時《いちじ》に作《な》す所の福、若《も》し形色《ぎょうしき》有れば、
恒沙数《ごうしゃじゅ》の大千《だいせん》も亦《ま》た容受《ようじゅ》する能《あた》わず。

『十住論』「分別功徳品《ふんべつくどくぼん》」第十一には、これとほとんど同じ偈頌がある。

若《も》し一時《いちじ》に於いて行《ぎょう》ずる福徳に形有らば、
恒河沙《ごうがしゃ》の世界も乃《すなわ》ち自ら容受せず。

さらに『宝行王正論』第五章・第八六偈にもほとんど同じ偈頌がある。幸いにサンスクリット文が伝えられているので、次にその和訳を掲げておく。

このように誦《とな》える人の福徳は、もしそれが形あるものであるとしたら、たとえガンジス河の砂の数ほど世界があっても収まらないであろう。

このように、少し字句に違いはあっても、同じ偈頌が三つの書に出てくる。一体われわれはこれをどのように考えたらよいのであろうか。最も単純に考えると、一人の作者が同じ偈頌を三つの著作に載せている、ということであって、その場合、当然のことであるが『十住論』と『菩提資糧論』と『宝行王正論』との三書は、同一人によって著わされたということになる。

またこの結論は変わらないとしても、別の解釈も可能であろう。すなわちこの偈頌は、同一の表現でもって大乗仏教における菩薩の福徳をたたえて、その功徳がはかり知れないほど大きいものであることを説いているということである。

福徳の行とは何かというと、本書と『十住論』とにおいては、十方の諸仏の前で自らの罪を懺悔《さんげ》し、諸仏の住世《じゅうせ》と説法を請願《せいがん》し、自他の福徳をともに喜び、その功徳をもって衆生の悟りに振り向けようという、懺悔・勧請《かんじょう》・随喜《ずいき》・廻向《えこう》の四法《しほう》（四悔《しけ》ともいう）のことであるとする。これら四法は大乗仏教における菩薩行の基本であって、四法の行儀《ぎょうぎ》は仏への信心を深めるものとしてたたえられ、後に広く大乗仏教における信仰儀礼となって展開する。その功徳を説いているのが、上記の偈頌であるとするのである。

四法の行儀を説いている『菩提資糧論』の偈頌は、

　我が是《かく》の如き悔過《けか》と勧請と福に随喜すると
　及び菩提に廻向するとは、当《ま》さに知るべし、諸仏の如くなりと。（五五）
　我が罪悪を説悔《せっけ》すると、仏に請《こ》うと、福に随喜すると、
　及び菩提に廻向するとは、最勝《さいしょう》の所説の如くならん。（五六）
　右の膝輪《しちりん》（ひざ）を地に著《つ》け、一髆《いっぱく》（一方の肩＝右肩）の上衣《じょうえ》を整えて、
　昼夜　各《おのおの》三時《さんじ》に合掌し是《かく》の如く作《な》す。（五七）

であって、『十住論』「除業品《じょごうぼん》」第十から「分別功徳品」第十一にかけて説かれる偈頌も、字句の違いがあっても全く同じである。このように本書と『十住論』とでは、同じ文脈と内容で菩薩の福徳がたたえられているのである。

一方、『宝行王正論』ではいささか事情が異なり、仏像や仏塔の前で毎日三度、「菩薩の誓願二十頌《じゅ》」を誦

えることについて、その福徳のはかり知れないことをたたえるために、同じ偈頌が用いられている。これについては、後に『宝行王正論』を取り上げるときに詳しく述べることにする。

菩薩の心がまえと三十《さんじゅう》二《に》相《そう》を得る実践

また『菩提資糧論』と『十住論』との密接な関係を示しているものとしては、次の『菩提資糧論』第二四〜二八の五偈がある。

未《いま》だ大悲《だいひ》と〔無生法《むしょうぼう》〕忍《にん》を生ぜずば、不退転《ふたいてん》を得《う》ると雖《いえど》も、
菩薩には猶《なお》、死有り。放逸《ほういつ》を起こすを以ての故なり。（二四）
声聞《しょうもん》と独覚《どっかく》の地に若《も》し入《い》れば、便《すなわ》ち死と為《な》す。
菩薩の諸《もろもろ》の解知《げち》する所の根《こん》を断《だん》ずるを以ってなり。（二五）
仮使泥犁《たといないり》（地獄）に堕《だ》するも菩薩は怖れを生ぜず。
声聞と独覚の地を便ち大恐怖《だいくふ》と為す。（二六）
泥梨の中に堕するも畢竟《ひっきょう》じて菩提を障《さ》えるに非《あら》ず、
声聞と独覚の地は則《すなわ》ち畢竟じて障えると為す。（二七）
寿《じゅ》（生命）を愛する人は斬首《ざんしゅ》を怖畏《ふい》すと説くが如し。
声聞と独覚の地には是《かく》の如き怖れを作《な》すべし。（二八）

この五偈に対応するものが、『十住論』「略行品《りゃくぎょうぼん》」第二十七に見られる。煩を恐れず対応する偈を参考までにあげると、次の通りである。

若《も》し未だ大悲と無生忍《むしょうにん》を成《じょう》ぜざれば、
不退《ふたい》なるも、而《しか》も放逸を行《ぎょう》ぜば、是《こ》れ則ち名づけて死と為す。
若し声聞地《しょうもんじ》および辟支仏地《びゃくしぶつじ》に堕《だ》せば、
是れを菩薩の死と名づく。亦《ま》た一切失《いっさいしつ》と名づく。
地獄に堕すと雖も応《ま》さに怖畏《ふい》を生ずべからず。
若し二乗《にじょう》に堕せば菩薩は応さに大いに畏《おそ》るべし。
地獄に堕すと雖《いえど》も永く仏道を遮《しゃ》せず。
若し二乗に堕せば、畢竟《ひっきょう》じて仏道を遮す。
仏《ぶつ》、命を愛する者は斬首《ざんしゅ》を則ち大いに畏る、と説きたもう。
是《かく》の如く仏に作《な》らんと欲せば、二乗を応さに大いに畏るべし。

両者を対照すると、一見して明らかなように、同じ内容が示されている。すなわち、仏陀の悟りを求める菩薩が大悲と無生法忍を得なければ、なお仏道から退転《たいてん》する恐れがあり、それは何かというと、声聞・独覚（辟支仏《びゃくしぶつ》）の二乗（小乗）の境地に留まってしまうことである、というのである。

この場合、『十住論』「略行品」の偈頌は『菩提資糧論』からの引用であると考えることも可能であるが――

—その逆を考えることはできない。なぜなら『十住論』には、明らかに『菩提資糧論』を参照していると見ることのできる内容が随所に述べられているからである——、もしそうであるとしても、単に引用しているのではなく、『十住論』自体のなかに本頌《ほんじゅ》（その著作そのものとしての偈頌）として取り入れられていると見るべきであろう。『十住論』の散文の注釈を見ると、これらの偈頌を本頌としてその注釈をしているのである。

『菩提資糧論』、『十住論』、『宝行王正論』の三書における内容の類似性は、また三十二相業《さんじゅうにそうごう》の記述においても見られる。三十二相業とは、三十二相は転輪王《てんりんおう》とか仏とかの偉大なる者にそなわる三十二の姿であり、それらを生み出す因《いん》となるすぐれた行ないを数え上げたものである。

三十二相の名称と因業《いんごう》については、『十住論』では「念仏品《ねんぶつぼん》」第二十に示され、『宝行王正論』（二・七六～九五）に出る名称と因業によく一致する。ちなみに『大智度論《だいちどろん》』巻四や同巻二十九に出る三十二相についての記述は、その名称や順序、および因業の内容において、いくつかの相違が見られる。このことは、『大智度論』の著者についての問題にも関係してくるが、今はこの点には触れないことにする。

『菩提資糧論』（一〇四～一一二）には、三十二相業についての記述があるが、これは三十二相を一つ一つ列記してその因業を説いているのではない。初発心《しょほっしん》の菩薩——未得忍《みとくにん》菩薩と呼ぶ——の行を、(1)修法《しゅほう》、(2)修行《しゅぎょう》、(3)修相《しゅそう》の三つに分けて説くうちの、(3)修相を要約するということで説かれている。それはともかく、『十住論』や『宝行王正論』と対比してその内容を見ると、共通のものが多く、少なくとも理解がより容易になるのである。

六波羅蜜《ろっぱらみつ》の根本は般若波羅蜜《はんにゃはらみつ》

さて、『菩薩資糧論』は次のように帰敬偈《ききょうげ》、および以下の三偈頌から始まる。

今、諸仏の所に於いて合掌して頂敬《ちょうきょう》す。

我れ、当《ま》さに教えの如く仏菩提《ぶつぼだい》の資糧を説くべし。（一）

何ものか能《よ》く欠けることなく菩薩の諸《もろもろ》の資糧を説くや。

唯《た》だ独《ひと》り諸仏の別《べっ》して無辺《むへん》の覚《かく》（菩提）を得たるもの有るのみ。（二）

仏体《ぶったい》に無辺の徳あり、覚の資糧を根《こん》と為《な》す。

是《こ》の故に覚の資糧も亦《ま》た辺際《へんざい》有ること無し。（三）

当さに彼《か》の少分《しょうぶん》を説くにも仏《ぶつ》・菩薩に敬礼《きょうらい》すべし。

是の諸《もろもろ》の菩薩等《とう》は、仏について応《ま》さに供養《くよう》すべし。（四）

これらの偈頌によっても明らかなように、本論は大乗仏教が説き明かす菩薩行の要点をまとめ、以下に仏の悟りのためになくてはならない糧《かて》（資糧）として智慧と福徳を説いて、その功徳をたたえるのである。題名にある「菩提」とは仏の悟り、すなわち自利利他《じりりた》の悟りであり、「資糧」とは saṃbhāra の訳で、資具《しぐ》、必要物、材料、聚具《しゅぐ》などを意味し、悟りに資する糧、すなわち福徳と智慧あるいは功徳のことである。まず仏の悟り（智慧）は無辺であり、仏は無辺の徳を有するものであるが、それは「悟りの糧」が無辺であることによるという。

帰敬偈以下の四偈頌に続く本論の偈頌は、総説（五〜二三）と各説（二四〜一六六）とに分けて見ることができる。総説のはじめに、「資糧の体《たい》」すなわち最も根本の悟りの糧は何か、ということについて、次のように述べている。

既に菩薩の母為《た》れば、亦《ま》た諸仏の母為り、
般若波羅蜜は是《こ》れ覚《かく》（菩提）の初めの資糧なり。（五）

施《せ》・戒《かい》・忍《にん》・進《しん》・定《じょう》、及び此《こ》の五の余《よ》は、
皆智度《みなちど》に由《よ》るが故に波羅蜜の所摂《しょしょう》なり。（六）

此の六波羅蜜は、総《す》べて菩提の資糧なり。
猶《なお》し虚空《こくう》の中に尽《ことごと》く諸《もろもろ》の物を摂《おさ》めるが如し。（七）

菩薩の母であり、したがって諸仏の母とたたえられる般若波羅蜜が、根本の悟りの糧であり、施し・戒め・忍耐・精進《しょうじん》（努力）・禅定《ぜんじょう》などもみな、般若波羅蜜がもととなるとき、波羅蜜のなかにおさめられるのであって、それはたとえば虚空のなかにすべてのものがおさめられているように、六波羅蜜のなかに悟りの糧がすべておさめられている、というのである。後に再び取り上げることにするが、ここに述べられていることは明らかに般若経典の所説によっている。

次の偈頌は、ある論師《ろんじ》の考えとして、四功徳処《しくどくしょ》が悟りの糧であるとしていることを取り上げている。

復《ま》た有余師《あるよし》の意は、諸《もろもろ》の覚《かく》の資糧とは
実《じつ》と捨《しゃ》と及び寂《じゃく》と智《ち》との四処《ししょ》の所摂《しょしょう》なり、と。（八）

四功徳処とは、単に四処ともいい、六波羅蜜の異説として主張されていたのではないかと考えられる。興味深いことには、『十住論』「序品《じょぼん》」第一にも、

我れ、今、この論を造るは、諦《たい》と捨《しゃ》と及び滅《めつ》と慧《え》の
是《こ》の四功徳処を自然《じねん》にして修集《しゅじゅう》す。

と、四功徳処のことに触れていることである。「処」とは基本、よりどころで、功徳の生じるところであるから四功徳処というのである。注釈によると、「諦」は実語《じつご》すなわち仏の教戒《きょうかい》で、戒波羅蜜《かいはらみつ》に、「捨」は施与《せよ》で、施《せ》波羅蜜に、「滅（または寂《じゃく》）」は心寂静《しんじゃくじょう》で、忍《にん》波羅蜜と禅《ぜん》波羅蜜に、「慧《え》（または智）」は智慧で、般若波羅蜜に、それぞれ相応《そうおう》し、精進《しょうじん》波羅蜜は四処のすべてに及ぶ、という。

また『十住論』の「入初地品《にゅうしょじぼん》」第二には、「如来の家」を注釈して、「有《あ》る人言わく、是《こ》れ四功徳処、所謂《いわゆ》る、諦・捨・滅・慧なり。諸《もろもろ》の如来は是《こ》の中より生ずる故に、名づけて如来の家と為《な》す、と。有る人言わく、般若波羅蜜と及び方便《ほうべん》とは是れ如来の家なり」と述べていて、いろいろの意見や解釈があったことを伝えている。

「菩薩の父母」とは

ついで本論は、慈《じ》・悲《ひ》・喜《き》・捨《しゃ》の四無量心《しむりょうしん》を取り上げて（九～一二三）、総説を終わり、別説へと入っていく。別説はまた、二つに大別される。第一は「無生法忍《むしょうぼうにん》」を得た得忍《とくにん》菩薩の行を説き（一二四～四八）、第二はまだそれを得ていない未得忍《みとくにん》菩薩の行を説くのである（四九～一六六）。この別説に取り上げられている菩薩の行は、得忍の菩薩であれ、未得忍の菩薩であれ、ともに衆生利益《りやく》を目指すための悟りの行であって、その根本をなすものが般若と方便であるということである。以下、この般若と方便を中心に、本論が述べていることを要約しておく。

菩薩は、はじめから、衆生の能力に応じて教化し、大乗に導くが、これは方便によってである。その功徳は、無数の衆生を教化して阿羅漢《あらかん》（小乗の聖者）の悟りに導くのと、ただ一人を教化して大乗に導くのとを比較したとき、後者がはるかにすぐれている。菩薩はまた、たとえ縁がなくても衆生をよく教化し、大悲の心を起こして決して見捨てることがない。そのためにもっぱら利他《りた》の行をなすのであって、これが「摂方便《しょうほうべん》」（救いの方便）といわれる。

菩薩はそこで、一如法界《いちにょほっかい》の絶対の真理に到達する悟りに向かって怠《おこた》ることなくつとめながらも、菩薩の行ないは常に衆生の救済に向かうのである。それは自己の意志的努力によってではない。法界のおのずからなるはたらきであって、そこには自己の分別《ふんべつ》も無くとらわれも無い。このように分別を離れている菩薩が努力をなすのは、現実の重い苦を自ら担《にな》うからであって、そこに慈悲のはたらきがある。これが菩薩の方便であって、この方便の力は、無努力の努力とでもいうことができよう。「無功用《むくゆう》の妙用《みょうゆう》」とはそのことである。ところで菩薩にとって最も注意を要するのは、般若に留まってしまうことである。それを説くのが、先にも引用した以下の一連の偈頌である。

未《いま》だ大悲と忍《にん》を生ぜずば、不退転《ふたいてん》を得《う》ると雖《いえど》も、
菩薩には猶《なお》、死あり。放逸《ほういつ》を起こすを以ての故なり。（二四）

般若の智慧を目指して不退転の境地に達した菩薩であっても、大悲と無生法忍が生じることがなければ、もはや菩薩ではない、なぜならその菩薩は無努力の努力を欠き、つまり衆生救済に向かう努力を放棄しているからである、というのである。「忍」とは、無生法忍のことであって、菩薩は第七地《だいしちじ》をへて第八地に入ると、この無生法忍を体得するという。無生法忍とは、すべてが空であるという絶対平等の道理を受け入れることである。第七地の菩薩は衆生救済のための巧みな手だてである方便の習得において特にすぐれる、という。この方便は第六地にて修習《しゅじゅう》にすぐれる般若波羅蜜から出てくるのである。また、

声聞と独覚の地《じ》に若《も》し入《い》れば、便《すなわ》ち死と為《な》す。
菩薩の諸《もろもろ》の解知《げち》する所の根《こん》を断《だん》ずるを以ってなり。（二五）
仮使泥梨《たといないり》（地獄）に堕《だ》するも菩薩は怖れを生ぜず。
声聞と独覚の地を便ち大恐怖《だいぐふ》と為す。（二六）

という。なぜなら、

泥梨の中に堕するも畢竟《ひっきょう》じて菩提を障《さ》えるに非《あら》ず、
声聞と独覚の地は則《すなわ》ち畢竟じて障えると為す。　（二七）

からである。このように菩薩は、たとえ地獄に堕ちて苦を受けることがあっても、声聞・独覚の地に堕ちてはならないと強調する。なぜなら声聞・独覚の二乗《にじょう》は菩薩が目指すべき仏の悟りを究極的にさまたげ、それは菩薩の死にほかならないからである。

菩薩の悟りにおいては、大悲と無生法忍とが重要である。そこで、

諸仏現前住《げんぜんじゅう》の牢固《ろうこ》なる三摩提《さんまだい》、
此《こ》れを菩薩の父と為し、大悲と忍《にん》とを母と為す。　（三三）

と説いている。諸仏現前住の牢固なる三摩提（三昧《さんまい》）とは、諸仏が目の前に立たれるそのお姿をありありと見る三昧ということで、見仏三昧《けんぶつざんまい》とも念仏《ねんぶつ》三昧ともいい、『般舟三昧経』に説かれている。この三昧はまた空《くう》三昧ともいわれ、般若に相当するといってよい。ところで、この偈頌に続いて、

智度《ちど》は以て母と為し、方便を父と為すとは、
生み及び持《たも》つを以っての故に菩薩の父母と説く。　（三四）

という偈頌が示されている。ここでは智度（般若波羅蜜）すなわち般若を菩薩の母とし、方便を父としているが、それは般若は菩薩を出生《しゅっしょう》し、方便は菩薩をしてよく菩薩たらしめるからである。

涅槃《ねはん》に到って涅槃に入らず

菩薩が涅槃に到ってしかも涅槃に入ることがないのは、方便のはたらきである。この涅槃に到って涅槃に入らない（住《とど》まらない）ということは、やがて無住処涅槃《むじゅうしょ》の教えとなって展開し、大乗の教えの大きな特色となっている。ナーガールジュナはこれについて、

我れ、涅槃の中に於いて応さに即ち証《しょう》を作《な》すべからず。
当《ま》さに是《かく》の如き心を発《お》こすべし、応《ま》さに智度《ちど》を成熟《じょうじゅく》すべし。（六七）

と述べている。涅槃にあって涅槃の悟りに入らないという心を発《お》こして、涅槃を完成しなければならない、というのである。このように大乗の悟りは悟りを完成しても、悟りの世界に入ってしまわないのであって、このような悟りこそ最もすぐれた悟りであるという。ナーガールジュナがここで示しているたとえは、実に勇壮で力強いものがある。

射師《しゃし》の箭《や》を放つに各々転《おのおのうた》た相《あ》い射《い》、
相い持《たも》ちて堕《だ》さしめざるが如く、大菩薩も亦《ま》た爾《し》かり。（六八）
解脱門《げだつもん》の空中に善《よ》く心の箭を放って、
巧便《ぎょうべん》の箭、続き持《たも》ちて、涅槃に堕せしめず。（六九）

たとえば、矢を射る人が、次々と矢を放って、空中に向かって放った矢を地上に落とさないようにするのと同じで、菩薩が涅槃の境地に入らないのは、空に向かって放った心の矢に次々と巧便の矢を放って、心の

矢を空中に持《たも》ち続けるようなものである、というのである。「巧便」とは巧方便《ぎょうほうべん》、すなわち巧みな手だてのことである。このように菩薩が涅槃の境地に入らないのは衆生利益の巧方便のためであるが、菩薩は衆生を利益しながらも衆生にとらわれないのである。これは最も大きな難事であり、希有《けう》なことであり、不可思議である。また菩薩は、この巧方便ゆえに、

極《きわ》めて流転《るでん》を厭《いと》うて、而《しか》も亦《ま》た流転に向かい、

涅槃を信楽《しんぎょう》して、而も亦た涅槃に背《そむ》く。（七六）

このような矛盾した菩薩の歩みこそ、般若の弁証法《べんしょうほう》ともいうべきものであって、般若の不可思議性であり、般若の巧方便としての現実性であろう。このような般若と巧方便のゆえに、菩薩は煩悩の世界にあって、しかも煩悩に溺《おぼ》れることがない。現実は煩悩を本性としているが、煩悩といっても本来は夢・幻のごとく空である。夢・幻のごとくというのは涅槃においても同じで、それも空であって、空であるということに執着してはならない。ただ空のみというほかはなく、そこにおいては一切は平等である。

しかし、現実のわれわれの分別・意識はこの一如《いちにょ》平等を見ることができず、煩悩と涅槃とを本来別々のものと見、煩悩を断たなくては涅槃はありえないと考える。しかし一如平等を見るならば、そこには煩悩もなければ涅槃もなく、煩悩即菩提《ぼんのうそくぼだい》である。もし煩悩を焼き尽くすならば、菩提の生じるもとはなくなってしまう、という。

このようにすべては空であると知るのは、般若の智慧であるが、しかもこの般若の智慧は自ら智慧である

ことを否定する。そうして、この否定において自由無碍《むげ》のはたらきが可能となるのである。般若はそのことにおいて方便を内在している。それはまた、方便のない般若はないといってもよい。したがって煩悩を除いてほかに涅槃があるのではない。次の二偈は端的にそのことを述べていて、大いに注目されよう。

応当《まさ》に煩悩を畏《おそ》るべし、煩悩を尽くすべからず。
当《ま》さに衆《しゅ》の善を集める為《ため》に遮《しゃ》を以って煩悩を遮すべし。（七七）

菩薩は煩悩を性《しょう》とし、是《こ》れ涅槃を性とせず。
諸《もろもろ》の煩悩を焼くに非《あら》ずして菩提の種子《しゅじ》を生ず。（七八）

ここでは明らかに煩悩を涅槃へのさまたげと見ることを否定している。「煩悩を性とす」というのは、煩悩にとらわれることではない。煩悩の止滅《しめつ》が涅槃であって煩悩と涅槃は同じではないが、煩悩のほかに涅槃があるのではない。煩悩のなかに涅槃の境地が開かれるのであって、これを知ることが般若に内在する方便の妙用《みょうゆう》である。そうでなければ凡夫《ぼんぶ》が仏になることは不可能であろう。また、

恒《つね》に諸法《しょほう》の中に於いて取らずして、而《しか》も捨《しゃ》を行《ぎょう》ず。
是《こ》れ諸《もろもろ》の衆生のために受担《じゅたん》して荷負《かぶ》せんと欲《ほっ》すればなり。（一六二）

という。これは菩薩があらゆるものに執着せず、偏らず、平等であるのは、衆生のためであって、いかなる重荷であってもそれを荷《にな》っていこうとするからである。これはみな、般若と方便にもとづくのであって、すなわち一如平等を見て執着を離れるのは般若の智慧によってであり、何ものにもとらわれずして、しかも衆

生の苦を自ら荷っていこうとするのは方便によってである。また、

正法《しょうぼう》を正しく観《かん》じて我《が》無く我所《がしょ》無きも、
亦《ま》た大悲及び大慈《だいじ》を捨てること勿《なか》れ。（一六三）

ともいう。正法を正しく観ずるのは般若である。この般若の智慧を得るなら、とらわれるべき自我もなく、自己のものもない。したがって救うべき衆生もなく、救うということもない。しかも菩薩は、すべての衆生の苦を抜いて無上《むじょう》の楽《らく》を与える大慈大悲の心を捨ててはいない。このことは大慈大悲が般若からおのずとはたらき出ることを示しているのであって、これが方便の力にほかならない。

『般若経』から曇鸞《どんらん》へ

般若と方便については、かつて筆者はその思想の展開を、『般若経』からナーガールジュナ、さらに曇鸞へとたどりつつ論じたことがある（「般若と方便」『岩波講座東洋思想第11巻　インド仏教2』岩波書店、一九八八年、に所収）。以下にそのなかから『般若経』の所説と曇鸞における所論を取り上げ、その要点をまとめておく。

『般若経』については、鈴木大拙師のすぐれた著書があり（『般若経の哲学と宗教』法蔵館、一九五〇年）、そこでは『般若経』の主要な教えが二十一項目に要約されている。そのなかに般若と方便とについて、おおよそ次のように述べられている。

【般若について】

『般若経』は般若の智慧の実践を勧め、これをたたえることを目的としている。般若は諸仏菩薩を出《しゅっ》生《しょう》する母体で、仏の本質である一切智《いっさいち》の完成にわれわれを導くが、一切智と般若とは同じ意味に用いられる。この般若の智慧によって、菩薩はすべて空であることを知る。空とは事物のありのままなる真実であって、如《にょ》、一如《いちにょ》、実相《じっそう》ともいう。

ところで菩薩は声聞・縁覚のように空という絶対の境地に沈潜するのではない。一切法《いっさいほう》の如を見るも、しかもその眼は無明《むみょう》と苦の現実に向けられている。般若の智慧は、事物の本質である如を深く見ることと現実の苦を見ることとの二つを一つにまとめて持っている。この後者の面は「善巧方便《ぜんぎょうほうべん》（巧方便）」といわれ、般若の智慧は自らの内に一切衆生の救済を完成する方便を宿している。これを般若の弁証法《べんしょうほう》と呼ぶ。

【方便について】

この般若の弁証法は、大乗思想の全体系のあらゆるところに見られる。菩薩の行は菩薩の生であって、般若と慈悲・方便という二つの矛盾した（逆方向の）原理が菩薩の生において調和してはたらいている。これが『般若経』の主要な教えとなっているのであって、つまり菩薩の眼は、二つの相反する方向に、内と外とに、向いている。したがって菩薩の生も、空の方向と衆生の方向とに進んで行く。

菩薩は永遠の寂静《じゃくじょう》に身を沈めようとはしない。苦海《くかい》の波高きところに身を留め、いかなる苦難も甘受してやまない。菩薩は般若に内在する方便によって、一切衆生とともに生死《しょうじ》の苦を受ける。苦に生きる故に、菩薩は生の意味を知ることができる。もしこのように現実を生きることがなかったら、菩薩の方便は単なる抽象となり、何の力もないものとなってしまう。菩薩の誓願《せいがん》も願望以上のものではなくなってしまう。

このように要約できる『般若経』における般若と方便との所説を見ると、ナーガールジュナが『菩提資糧論』において述べている般若と方便との所論は、全面的に『般若経』によっていることが明らかに読み取れるであろう。

一言つけ加えておくと、般若経典のなかでも『大品《だいぼん》般若経』になると、般若と方便とについてさらに展開した思想を述べている。すなわち般若を完成して究極の悟りである一切智に到った菩薩は、その境地に立ちながら、巧みな方便によって、さまざまな世間智《せけんち》の活動をなす、という。そうして菩薩は、世間において衆生救済の活動をしながら、一切のとらわれを離れ、決して世間に埋没することがない。如の境地を失うことがないのである。無明と苦のなかにあってそれに溺《おぼ》れることなく、煩悩のなかにあってそれに汚されない。これは菩薩に巧みな方便がそなわっているからである。そこで菩薩は汚れなき般若を得ていながらも、煩悩をともなう姿や形を取って現われ、衆生を導くのであって、しかも本来の姿を失わない、というのである。

般若と方便とについて、すぐれた解釈を示し、その論理の構造を説き明かしたのは中国浄土教の始祖である曇鸞であろう。「無相《むそう》の相《そう》」とか、「無知の知」とか、あるいは「無生《むしょう》の生《しょう》」ということが、そのことをよく表わしている。曇鸞の言葉を借りるなら、「無相（空）のゆえによく相ならざることなし」「真智《しんち》は無知なり。……無知のゆえによく知らざることなし」ということであって、「無生の生」とは往生《おうじょう》のことである。ちなみに『蓮如上人御一代記聞書《れんにょしょうにんごいちだいききがき》』第三十七条には、「無生の生とは、極楽《ごくらく》の生《しょう》は三界《さんがい》をへめぐるこころにてあらざれば、極楽の生は無生の生といふなり」と蓮如上人がいわれたということを伝えている。

ところで曇鸞は『浄土論註《じょうどろんちゅう》』において、般若と方便ということについて、静と動という例をもって、実に巧みに両者の間における論理的構造を説き明かしている。

般若とは絶対の真実としての如（ありのまま）に到る智慧であり、方便とは世間相対の現実をもれなく知る智慧である。絶対の真実に到る智慧は、思慮判断である分別知《ふんべつち》が絶えて寂静《じゃくじょう》であり、寂静の智慧は無知であるまま、しかも世間をもれなく明らかに知る。一方、世間相対の現実をもれなく知る智慧は、つぶさに世間を知るままに無知、すなわち無分別智《むふんべつち》である。

このように如に到る般若の智慧と現実の種々相を知る世間智《せけんち》としての方便とは、別々に離れてあるのではない。般若の智慧はそのまま方便の智慧となってはたらき、方便の智慧は般若の智慧を失わず、静すなわち心行寂滅《しんぎょうじゃくめつ》である。このように動であってしかも静を失っていないのは般若の功であり、静であってしかも動を廃していないのは方便の力であって、動にして静、静にして動である。

この曇鸞の言葉は、まさしく般若の弁証法ともいうべきものであって、大乗仏教の教義のあらゆる面においてこの道理が見られる。この道理は、たとえば「水と波」で示すなら、水が動けば波、波が静まれば水であって、水（静）と波（動）とが別々ではなく、しかも水は無相であり波は有相《うそう》であって同じではないということができよう。

剣道の極意もこの静中の動、動中の静ということでもって示すことができるであろう。達人の剣は正眼《せいがん》にかまえたときは静、しかも静のなかにいかなる剣にも対応できる動が秘められている。一方相手と打ち合うときは動、しかもそのまま静のかまえを失っていない。まさに静にして動、動にして静である。

このように曇鸞は般若と方便とが異であって同、同であって異であることを、動と静ということでもって見事に説き明かしているのである。

『宝行王正論《ほうぎょうおうしょうろん》』――繁栄と至福の法

王への書簡

さて、ナーガールジュナの諸著作のなかでとりわけ興味深いのは、『宝行王正論』と『勧誡王頌《かんかいおうじゅ》』との二書である。ともに南インドに覇《は》を唱えたサータヴァーハナ朝の王に対して説かれた韻文書簡形式の著作であって、大乗仏教の思想と実践について平易にかつ具体的に説き示し、その法（教え）を信奉するよう勧めている。特に前者においては、政道論をはじめ、広く倫理・道徳や日常生活の全体にわたる諸問題が取り上げられている。しかも大乗仏教における菩薩道の実践的視点からそれらの諸問題が取り上げられていて、その所論には現実の諸問題の解決に資するものも多く見られる。さらに政治をはじめ、教育、福祉、生活・経済、倫理・道徳などと仏教との関係を考える上に、大いに参考になるといえる。

『宝行王正論』が大乗仏教の思想と実践の基本を説いている重要な書であることは、たとえばチベット仏教の僧院において必ず学ぶべき入門書として読まれていることによっても明らかであろう。しかし、インドやチベットの仏教ではともかく、中国や日本の仏教では、本書はほとんど注目されることなく今日に至っている。

『宝行王正論』は、一部欠損があるが、サンスクリット本が現存する。題名はRatnāvalīで、その意味は「一連の宝珠《ほうじゅ》」である。漢訳は陳代《ちんだい》に真諦《しんだい》（四九九〜五六九）が訳した『宝行王正論』一巻があり、ほかにチベット訳があって、ともに完訳である。チベット訳では題名をRājaparikathā-ratnamālāとしている。Rājaparikathāとは「王への教誡《きょうかい》」、ratnamālāとは「宝珠の花輪（宝蔓《ほうまん》）」を意味する。全体で五百偈、五章に分けられている。ただしチベット訳では、第一章・百偈、第二章・百一偈、第三章・百一偈、第四章・百偈、第五章・百一偈、合わせて五百三偈となっている。

中観《ちゅうがん》派の代表的論師《ろんじ》の一人チャンドラキールティは、本書をナーガールジュナ作として『プラサンナパダー』にしばしば引用しているので、ナーガールジュナ作と考えてさしつかえない（なおサンスクリット本については、拙著『ナーガールジュナ研究』五〇ページ以下にやや詳しく論じているので、それを参照されたい）。

本書制作の意図と目的については、第一章のはじめの帰敬偈《ききょうげ》に続いて、

王よ、あなたに法（ダルマ、真理）が栄えますように、ひたすら善なる法を説きましょう。法は〔あなたのような〕正しい法の器《うつわ》において成就するのですから。（二）

と述べているから、王に正しい法を説き、法の繁栄を願うものであったことはいうまでもない。正しい法とは「二種の法」、すなわち「繁栄の法」と「至福の法」のことで、世に繁栄をもたらす法と最高の安穏（解《げ》脱《だつ》の境地）に到る法を意味する。しかしそれとともに、本書の「むすび」にあたる第五章の二偈には、次のように述べられている。

この法（教え）は、ただ王に説くのみならず、他の人々にも道理に合わせて説かれているのです。彼らに利益《りやく》を与えようと思うからであります。（九九）

自他のすべてが完全な悟りを完成するように、王よ、この法が説かれることを、日々よくお考えください。（一〇〇）

本書が王のために説かれたことは、チベット訳に「王への教誡」という題名が付せられていることによっても明らかであるが、しかし本書はただ王のためにのみ説いたのではなく、すべての人々を利益するために説いたといっている。すなわち、自他のすべてが完全な自利利他《じりりた》の悟りを完成するようにと願って、そのために本書を著わしたというのであって、本書制作の目的をよく示しているといえよう。

世間《せけん》と出世間《しゅっせけん》の幸福

以下、本書の内容について簡単に述べておく。本書は全五章からなり、章名は、漢訳では次のようになっている。なお、（　）内はサンスクリット文の章名を和訳したものである。

第一章　安楽解脱品《あんらくげだつぼん》（繁栄と至福の教え）
第二章　雑《ぞう》品（雑説）
第三章　菩提資糧品《ぼだいしりょう》（悟りの糧《かて》）
第四章　正教王品《しょうきょうおう》（王道の教え）
第五章　出家正行品《しゅっけしょうぎょう》（菩薩行の教え）

第一章にある「安楽」とは、世間における幸福、すなわちこの世で享受する幸せのことであり、「解脱」とは、世間のあらゆる苦の束縛を脱した最高の幸せ、喜びのことである。注意すべきことは、現世の幸せと世間を超えた最高の幸せとが別々に並んであるのではないことである。

繁栄とか至福とかということばは仏教の用語としてはほとんど見られず、インドの哲学・宗教、たとえば『ヴァイシェーシカ・スートラ』などに現われる用語である。仏教では通常、安楽と解脱（涅槃《ねはん》）といい、前者は誠実な心で教えを聞き、悪を止《と》め善を行《ぎょう》ずることによって得られ、後者は心を正し純化して、智慧をもって執着を断じて得られるとする。おそらくナーガールジュナの頃になると、サーンキャ派やヴァイシェーシカ派が台頭し、その哲学思想がここにも反映しているのであろう。

ナーガールジュナが仏法を繁栄の法と至福の法との両面からとらえ、繁栄から至福へのプロセスを立てて考えているのは、法による人間完成によって繁栄と至福を達成するところに仏教の真髄があると確信していたからであろう。ナーガールジュナはそのことを国王をはじめ、在家の人々に広く説き示そうとしたのではなかったかとも思われる。

「繁栄の法」は、第一章・第七偈から第二四偈に次のように説かれる。

身《しん》・口《く》・意《い》によるすべての行為を正しく考察して、自他の利益《りやく》を知り、常に行ないをなすならば、その人は賢者であります。（七）

殺生《せっしょう》をしない、ものを盗まない、淫らな行為をしない、嘘をつくことと両舌《りょうぜつ》と悪口《あっく》とへつらいのことばをやめること、（八）

貪《むさぼ》りと怒りと邪《よこしま》な考えを捨てること、以上が十善《じゅうぜん》の行ないであって、その反対が十不善《じゅうふぜん》の行ないであります。（九）

このように十善と十悪の行ないをあげ、続いて、

酒をつつしむこと、節度ある生活、他を害さないこと、心のこもった施し、尊敬に値する人への供養、慈愛、これらが要約すると法であります。（一〇）

と述べて、さらに善悪の行ないによってもたらされる果報《かほう》をあげ、これらが「繁栄の法」とその果報である、と結んでいる。

これに続いて、第二五偈以下に「至福の法」を説く。しかし、もともと「至福の法」は深遠であって到底説き尽くせないものである。ナーガールジュナはこの微妙なる無上《むじょう》の法を説き明かしたというが、それは説き示し得ないものを説くということで矛盾ではないか、と思われるかもしれない。このパラドックスから脱する道はただ一つ、それは否定に徹することである。

たとえばナーガールジュナは、無我《むが》の法を鏡に映る影像のたとえをもって示し、有《う》とか無とかにとらわれている有無の邪見《じゃけん》を捨てよという。またそのために陽炎《かげろう》のたとえを巧みに駆使するが、これについてはすでに第三章で『六十頌如理論』を紹介したときに取り上げた。有無の邪見を捨てるとは、有と無への執着を滅することで、これが涅槃である。また無我について、ナーガールジュナが多く原始経典によって人無我《にんむが》・法《ほう》無我《むが》を説いていることも注目されるであろう。

「法」による統治

第二章は「雑説」といわれるが、それは、この章は第一章の補説として雑多な法の側面としての宗教的・倫理的な行ないを取り上げているからである。ここにもまた、ものの生滅《しょうめつ》を否定するのに、幻の象のたとえが用いられている。ものが生滅するように見えるが、それは幻としての生滅があるのであって、真実には生滅があるのではない。たとえば、幻の象はどこから来るのでもなく、どこへ去るのでもない。ただ心の迷妄によってのみ存在するのであって、真実にはあるのではないようなものである。したがって、そのようなものの生滅にとらわれてはならないのである、と巧みに比喩をあげて説き明かしている。

ものの生滅にとらわれるのは、それが真実にあるのではないということを知らないからであって、ものを如実《にょじつ》に知る智慧によって執着は断ち切られる。そこで、

このように法を正しく理解しないことによって、破滅に到り、法を正しく理解することによって、この世の幸せと無上の悟りを獲得します。（二二）

とナーガールジュナはいい、続いて、

それゆえに、この法に対する誹謗《ひぼう》をやめ、無見《むけん》（善悪の因果《いんが》を否定する虚無論）を捨てて、あらゆる目的を達成するために、正しい智慧を目指して努力してください。（二三）

この法を正しく理解しないならば、我《が》意識が起こり、そこから善・不善の業《ごう》が生じ、善・不善の業から善・不善の生存形態が生じます。（二四）

それゆえに、我意識を止《と》める法が正しく理解されないならば、ともかくも施し、戒め、忍耐の法に専念してください。（二五）

と教えるのである。ここで「法を正しく理解しない」とは、有無にとらわれて、ものの無我であることを如実に知らないことである。第二四偈は『中論《ちゅうろん》』第一八章・第五偈との対応を思い起こさせる。

次にナーガールジュナが王に対して説く言葉は、きわめて重要で、特に政治の道（政道）の基本精神を示しているものとして大いに注目されよう。

王よ、いかなる行ないであっても、法を先とし法を中間とし法を後として、それを全うするなら、この世にあってもかの世にあっても衰滅することはありません。（二六）

法によって名声と安楽が生じます。またこの世の死に臨んでも怖れはなく、かの世の安楽も広大です。

それゆえに、常に法を実行してください。（二七）

法こそが最高の政道です。なぜなら法に世間は感動し、世間が感動するときに、王はこの世においてもかの世においても欺《あざむ》かれないからです。（二八）

一方、政道が法に背《そむ》いているなら、世間はその政道に心を寄せません。心を寄せなければ、王はこの世においてもかの世においても喜びがありません。（二九）

このような法による統治には先例があり、われわれはそれをアショーカ王に見ることができる。アショーカ王は武力による全インドの統一を目指したが、戦いの悲惨な結果を見て、法による統治に転換したという。ここで「法」とは、自他に喜びと利益を与えるもののことであり、倫理的あるいは宗教的真理である善や徳であり、人間性を培《つちか》う正しい行為規範のことである。あるいはまた敬虔な信仰心や他への思いやりや慈愛など、人間の心を豊かに育てる人間の真理としての道徳や宗教のことである。この法を王が尊重し、政治理念の中心に据《す》えることをナーガールジュナは勧めているのであって、政道の基本精神を大切にして、人民のために政治を行なうべきことを説いているのである。

ついでナーガールジュナは、布施《ふせ》・愛語《あいご》（やさしい言葉）・利行《りぎょう》（有益な行為）・同事《どうじ》（協同）の四摂《ししょう》事《じ》によって、世間の人々の庇護とともに法の護持《ごじ》をなすように王に教え（三三）、さらに第三四偈以下には、王が誠実であり（嘘をつかず）、施しをなし（物惜しみせず）、自己をよく制し、知恵をそなえる、という四種の福徳の行につとめるなら、神々や人々にたたえられるという。また、有益なことを知ったら好ましくなくとも直ちに実行せよと説き、生命や権力などの無常を思念して厭離《おんり》の心を起こし、法を求めよ、という。続いて飲酒や賭け事を禁止し、淫欲と殺生を戒《いまし》めるのである。

大乗仏教が自利利他《じりりた》の悟りを説いていることはよく知られていることであるが、そこでナーガールジュナは、

　したがって、非法を捨てて、怠ることなく、法によってください。自らと世の人々が無上の悟りを得ることを願われるならば。（七四）

アショーカ王の石柱（サールナート博物館）

と説いて、非法すなわち不善（悪）を捨てて法によるようにせよ、と教誡し、

　その悟りの根本は、山の王のように堅固な菩提心《ぼだいしん》と、十方にあまねくゆきわたる慈悲と、二によらない（不二《ふに》平等の）智慧とであります。（七五）

と、菩提心と慈悲と智慧との三者が大乗の悟りの根本であることを教えるのである。なおチャンドラキールティは『入中《にゅうちゅう》論《ろん》』の冒頭で、菩薩の因はこの三者であると述べている。『入

中論』は中観学派の立場から菩薩の十地《じゅうじ》を説いた彼の主著といえるものであるが、そのはじめにこの所説が取り入れられていることは、彼がいかに『宝行王正論』を重視していたかを示すものであろう。

自利利他の実践

第三章には、まずはじめに仏陀の相好《そうごう》（姿）は、はかり知れない福徳に由来することを述べる。章名にある「菩提の資糧」とは、福徳と智慧との二資糧のことを指している。資糧とは、因であり、養うもの、育てるもの、完成をもたらすもの、などのことを意味している。すなわち、菩提の資糧とは仏陀の悟りのもとになるもののことで、それが二種類あるというのである。

この二種の資糧が仏身《ぶっしん》との関係から取り上げられている。ナーガールジュナの仏身についての考え方は、色身《しきしん》と法身《ほっしん》との二身説《にしんせつ》であって、色身とは人間の姿・形を持った仏陀のことであり、法身とは姿・形を超えた永遠の仏のことである。あるいはまた色身は肉体をもって現われ出た仏で、生身《しょうじん》の仏ともいわれ、法身は、無色無形の絶対の一如《いちにょ》そのものを仏身とし、文字通り、法を身体としている仏、すなわち永遠の仏、絶対の存在としての仏であり、この法身が仏の本性なのである。ナーガールジュナはこの二身について、色身は福徳の資糧から、法身は智慧の資糧から生じるという。

大乗の菩薩は、倫理的・宗教的な行ないから生じる福徳によって自他の繁栄を目指し、仏道修行による智慧の体得につとめてあらゆる執着を絶ち、衆生の至福を願う人である。このように説いて、ナーガールジュナはまず像塔造立《ぞうりゅう》やサンガ庇護などの福徳の行ないを王に勧める。

仏像、塔、僧院、殿堂などを、尊崇の念をもって、富豊かなお方〔である王〕よ、造立しなさい。（三二）

といい、以下に具体的に造立の仕方・方法について教示する。

仏像はあらゆる宝をもって作って、形の美しいものとし、美しく描かれた〔仏〕は蓮華の上に座するようにしなさい。（三三）

正しい法と比丘《びく》サンガとを、あらゆる努力を尽くして庇護しなさい。金や宝の飾り網で、自ら塔を飾ってください。（三四）

金銀の宝花や、金剛石、珊瑚《さんご》、真珠、青玉、瑠璃《るり》、大青玉をもって、塔に供養をしてください。（三五）

このような仏塔供養に続いて、説法者への供養、尊像への祈り（供養）、菩薩への供養などを勧め、異教徒に仕えることを戒め、また仏典書写のための資具《しぐ》を施与《せよ》し、学堂を起こし、学資を支援するなど、王のなすべきことを具体的に述べている。次のいくつかの偈頌はその好例であるので、煩をいとわずに引用しておこう。

老人、幼少者、病人をはじめ衆生の苦を除くために、地方に医者や理髪師などを置き、田地《でんち》の報酬を定めなさい。（四一）

庵《いおり》、園林、堤《つつみ》、池、宿舎、小亭などをつくり、寝具、食物、草、木を、知恵すぐれたる王よ、備えつけてください。（四二）

すべての町に、家屋、僧院、宿舎を、水の乏しい道路のすべてに〔飲み物を支給する〕小亭を、つくってください。（四三）

病人、孤児、苦に悩む者、賎しい者、貧しい者などを、慈愛をもって常に救い取り、彼らの養護に心を用いてください。（四四）

時節に応じた飲食物、穀物、果実などの食べ物を乞う人に、施しをしないようなことがあってはなりません。（四五）

靴、傘、濾過器《ろかき》、抜刺具《ばっしぐ》、針、糸、扇を屋舎や僧院に備えつけてください。（四六）

三種類の果実、三種類の辛薬《しんやく》、バター、糖蜜《とうみつ》、眼薬、除毒剤を屋舎に備えつけ、処方の薬や呪文を書いてください。（四七）

身体や首、足につける塗油、毛氈《もうせん》、椅子、粥《かゆ》や銅瓶《どうびん》、斧などを屋舎に用意してください。（四八）

このように民衆の福利のための諸事業を行なうことを王に説き、さらに、

災厄、凶作、災害、流行病などで荒廃した国にあっては、人民を救済するのに寛大であってください。（五二）

と労役や租税の減免をはじめ、資産の平等、享有物の施与などを王に示し、これらの施しに過ぎた施しはないと、利他のための施しを勧めるのである。たとえば毒であっても、それが役立つなら、施すべきであり、最高の食物であっても、役に立たないなら、施すべきではない、また毒蛇に噛《か》まれたら、その人の腕を切断

しても助けねばならないし、利他のためなら不善であってもなさねばならない、と仏陀は説いているという（六二一〜六五）。

このように福徳の行としての倫理的実践とその心がまえである利他（無我《むが》）の精神を広く説いて、仏の教えを尊び、よく学んで、実行することを王に勧めているのである。

第四章「王道の教え」は、それを踏まえて、まさしく統治者としての王の姿勢と王の政治の具体相とを説き示している。王道の基本理念が大乗仏教にあることは、すでに述べた通りなので再論は避け、ここでは王の政治について具体的に述べていることを少し取り上げておく。

まず宗教上の施設、特に僧院における使命と役割の重要性をあげ、その機能が発揮されて常に仏《ぶっ》・法《ぽう》・僧《そう》の三宝《さんぽう》が栄えるところに真の政治の姿があると王に説く。また長官の任命にあたっては、宗教上のあらゆる務めを怠らず、私欲がなく、学があり、務めに励む者を法官（宗教長官）に、また政道を知り、法に遵《したが》い、信仰があり、徳をそなえ、恩を知る人を長官にと進言する。

さらに刑罰には常に慈愛と恩恵をもって臨み、恐ろしい罪を犯した者であっても特に慈愛の心を向けるようにと説いている。また囚人の釈放、牢獄の改善、拷問や死刑の廃止、各地の視察、有徳者ほかの適切な処遇などを説き示している。これらはいうまでもなく、権力や武力などの「力の政治」ではなく、宗教や倫理の教えにもとづく「徳の政治」であって、これもまたアショーカ王にその先縦《せんしょう》を見ることができる。

第五章は、大乗仏教の出家修行者の道を王に説き示している。比丘であろうと菩薩であろうと、出家修行者は常に心身が清浄であることが求められる。そのために悟りの道に少しでも反するような罪の行ないがあれば、それを告白し懺悔《さんげ》するのである。第五章には、まずはじめにそのような罪を五十七数えている。それらを見ると、怒り、恨み、張り合い、嫉《ねた》み、物惜しみ、驕《おご》りなど、心に関するものばかりが取り上げられている。

ついで菩薩の功徳《くどく》として六波羅蜜《ろっぱらみつ》と慈悲をあげ、菩薩の十地《じゅうじ》を要約して示し、大乗仏教の特質がこの十地にあるという。これはナーガールジュナが『十地経』をいかに重要視していたか、それを物語るものであろう。

なお、仏塔または仏像の前で礼拝《らいはい》し毎日三度誦《とな》えられる「菩薩の誓願《せいがん》二十頌《じゅ》」のことが、第六六〜八六偈に出ている。これは「仏・法・僧と、菩薩とに、恭敬《くぎょう》し帰依《きえ》して、供養するにふさわしい人々に礼拝する」に始まる二十の偈頌であるが、そのなかで特に注意されるのは、第二〇偈にある、

衆生のなか、たとえわずかであっても、いまだ解脱しない限り、そのために無上の悟りを得ても、輪《りん》廻《ね》に留まるものとなるように。

という誓願であろう。そうしてこれに続いて、菩薩が誓願を誦えることをたたえて、その功徳がはかり知れないことを述べるのであるが、その偈頌が『十住論』や『菩提資糧論』にも出ていることについては、すでに触れた通りである。

誓願の内容には『無量寿経《むりょうじゅきょう》』に示される誓願と重なるものがあり、また四十八願《しじゅうはちがん》系よりも二十四願《にじゅうしがん》系に相当するものが多く見られるが、誓願は行（修行）によって成就するのであって、その誓願は大悲《だいひ》から起

こされるのである。そこで「大悲の誓願」とか「悲願《ひがん》」とかといわれている。悟りを得ても解脱に到らない者が一人でもいる限り、決して涅槃に入ることはない、といわれるのは、大悲のためである。これが後に、無住《むじゅう》処《しょ》涅槃の教えとして体系化されていくのである。

大乗非仏説《ひぶっせつ》への反論

以上、『宝行王正論』に述べられる順序にしたがって、そのあらましを述べてきた。ところで、本論には大乗仏教とは何か、また小乗仏教とはどのように関係するのか、ということをめぐる議論が見られる。その内容には、大乗仏教を体系化した論師であるナーガールジュナの所論として大変興味深いものがあるので、次にこの問題について検討してみることにしよう。

まずナーガールジュナは大乗仏教をどのように考えていたのだろうか。第四章・第六七偈以下には、大乗は仏説に非《あら》ずという大乗仏教への非難を取り上げ、その非難をしりぞけるために、大乗の要点を説いて、大乗は仏説であることを明らかにする。そこに彼の大乗についての考えをうかがい知ることができる。

菩薩の資糧《しりょう》が、大乗においては如来によって説き示されています。しかるに、その大乗が無知でしかも憎しみを持つ人々によって非難されています。（六七）

大乗を謗《そし》る人は、善と悪の違いを理解せず、善であるのに悪であると誤り、あるいはまた、徳を憎んでいます。（六八）

大乗を謗る人は、悪は他人を害するものであり、善は他人に恵みを与えるものである、と知りながら、しかも善を憎む、といわれます。（六九）

大乗は功徳の宝庫で、自らの利益を顧《かえり》みることなく、他人の利益をともに味わうことを喜びとするものです。その大乗を憎む人は、同じ大乗によって焼かれます。（七〇）

大乗に信仰を寄せていても、誤って受け取る人は憎むでありましょう。また信仰のない他の人は、怒って憎むでありましょう。そこで信仰のある人でも焼かれると説かれています。まして憎む人においてはいうまでもありません。（七一）

ナーガールジュナはこのように、大乗への非難は大乗の教えに対する無理解や誤解から生じることをまずはじめに指摘する。そうして教えの意味を正しく受け取るように勧め、たとえば毒をもって毒を制するというように、毒もまた薬となる、と次のようにいう。

たとえば、毒であっても、それをもって毒を除くことがある、と医師によっていわれている。そのように、たとえ苦毒であっても、それをもって害毒を除くことがある、と説いて、何の矛盾がありましょう。（七二）

すべてのものは心を先とし、心を最上とする、と聖典に説いています。したがって利他の心を持つ人たちは、たとえ苦毒をもってであっても、利他をなすでありましょう。どうして害悪をなすでしょうか。（七三）

大乗では何事も利他の心を先とし、その心を最上のものとしているので、たとえ苦毒であっても、それをもって利他の福利をなすのであって、大乗を非難する人がいうように、決して害悪をなすことはない、とその非難に答えるのである。そうして、

たとえ今、苦毒であっても、未来に有益であるならば、それを行なってください。まして安楽であり、自らにも他の人々にも利益をもたらすものであるなら、それをなすべきことはいうまでもありません。

これは永遠の法です。（七四）

と、大乗では自らにも他の人々にも利益をもたらす実践を勧めているのであって、それは永遠の法、すなわち普遍的真理である、と強調する。また、小さな楽（幸せ）を捨てることによって大きな楽が得られるなら、小さな楽は捨てるべきであり（七五）、たとえ利益が無いと見られているものであっても、賢者が見ると、利益がある（七七）、と注意をうながしている。

すなわち、大乗はすべての人々の福利のためにあるといっているのであって、したがってたとえば、今、苦毒であっても、未来の福利のためなら、それが用いられるというのである。大切なことは、その用い方であって、それを誤れば、蛇使いが毒蛇をつかみ損ねて自ら噛《か》まれるように、自身が破滅するのである。この用い方が「方便《ほうべん》」といわれるのであり、仏の智慧はこの方便をそなえている。したがって仏の智慧には、毒はあくまで毒であって絶対に用いるべきではない、というとらわれはなく、自由無碍《むげ》のはたらきをなすのであって、これが大乗であり、空・無我の教えであるというのである。

大乗を仏説に非ずとする非難は、通常「大乗非仏説」論といわれている。しかしたとえば、わが国において富永仲基《とみながなかもと》（一七一五〜一七四六）からはじまる「非仏説」論は、彼の「加上《かじょう》の論理」に見られるように、主として歴史的観点からの「非仏説」論であって、ここで「大乗への非難」として述べている大乗非仏説とは同じではない。ナーガールジュナはあくまで大乗非仏説を教説上の問題として取り上げているのであって、その非難を除くために、大乗とは何か、ということを中心に、大乗の法（教え）の本質とその特色とを、ここで明らかにしようとするのである。

大乗においては、すべて果報《かほう》は慈悲を先とし、智慧によって汚れなきものである、と説いている。その大乗を思慮ある人なら、誰が非難しましょう。（七八）

高潔な精神のない自他の反対者は、大乗がきわめてすぐれ、深遠であるために、心が乱れ、迷妄に落ちています。そのために今日、大乗を非難しています。（七九）

このように大乗への非難があることを述べ、それをしりぞけるために大乗は仏説であることを示そうとするのである。そこで彼は、大乗の要点をまとめて次のように説いているのである。

大乗は、施し、戒め、忍耐、努力、禅定《ぜんじょう》、智慧、慈悲からなっています。したがって、大乗にどうして悪く述べられた教えがありましょう。（八〇）

施しと戒めによって利他を、忍耐と努力によって自利を完成します。禅定と智慧は解脱のためにあります。これが大乗の要点です。（八一）

仏陀の教えは要約すれば、利他と自利と解脱のためにあります。それらは六つの完全なる徳（六波羅蜜《ろっぱらみつ》）のなかに収まります。それゆえに、これは仏説です。（八二）

諸仏は、大乗には福徳《ふくとく》と智慧からなる菩提への大道《だいどう》がある、と示されました。しかしその大乗は、智慧なくして見ることはできません。（八三）

虚空《こくう》のようにはかり知ることのできない功徳を持っているから、勝利者（仏陀）は不可思議の功徳をそなえている、と大乗において説かれます。それゆえに、この仏陀の偉大性を認めねばなりません。（八四）

戒めのみについても、聖者シャーリプトラでさえも遠く及ぶところではありません。どうしてかの不可思議な仏陀の偉大性を認めようとしないのでしょうか。（八五）

ナーガールジュナがここで大乗の要点としているのは、六波羅蜜の行である。そうしてそれらによって利他と自利を完成し、輪廻からの解脱を得るのであるから、大乗は仏説であるという。この六波羅蜜の行とともに、ナーガールジュナが菩提（悟り）の行として重視しているのは、福徳と智慧の行、すなわち福徳を積み、智慧を修めることである。ともに菩提（悟り）の資糧（糧《かて》）であるので、福徳と智慧の二資糧、あるいは略して福智《ふくち》の資糧と呼んでいる。

「諸仏によって示された」とは、仏たちの教えである、ということで、大乗は仏たちの説かれた教えであることを明示しているといえよう。このことは、従来仏教というと、仏陀釈尊の説かれた教えとして限定されたものであったのが、大乗になると、菩提（悟り）を得た人、すなわち仏たち（諸仏）の教えもまた仏教である、と広く解釈されるようになったことを反映しているのである。

なお、福徳と智慧との二種の資糧については、本書第一章の最初に取り上げられ、また『菩提資糧論』は、まさしく題名の通り、この福徳と智慧の二資糧のことを説いている。『菩提資糧論』の内容についてはすでに取り上げ、本書との対応も論じたので、今は「大乗の法」を二種の法としてまとめて示している本書第一章の偈頌のみをあげておくことにする。福徳と智慧とは、ここでは繁栄の法と至福の法として説かれている。

先に法による繁栄があるところには、後に至福が現われます。何となれば、繁栄を達成した人は、次第に至福へと向かうのですから。（三）

繁栄とは幸福であり、至福とは解脱にほかならない、と説かれています。それを達成する道は、要約すると、信仰（誠実な心）と智慧とであります。（四）

信仰があれば法を受け入れ、智慧がそなわると法を真実に理解します。この両者のうち、智慧が要《かなめ》であって、信仰はそれに先行します。（五）

欲望や嫌悪や恐怖や迷妄のために法に背《そむ》くということがないならば、信仰のある人であると知らねばなりません。その人は至福を受ける最上の器《うつわ》であります。（六）

大乗と小乗の共通点と違い

大乗とは何か、ということで特に注目されるのは、ナーガールジュナが、大乗は「仏陀の偉大性」を説き、また「不生《ふしょう》の空」を説いている、と指摘していることである。仏陀の偉大性とは仏陀にそなわる不可思議の功徳のことで、大乗はその仏への信仰を勧め、仏を讃仰《さんごう》する道を教えているというのである。不可思議の功徳とは三十二相《さんじゅうにそう》であり、あるいは仏の相好《そうごう》のことであろう。三十二相については、本論第二章・第七六～九六偈に説かれ、『十住論』の「念仏品《ねんぶつぼん》」第二十に出る三十二相とその因である福徳の行についての解説は、これとよく一致する。ナーガールジュナがいかに仏の偉大性を仰いでいたかは、それに続く次の偈頌に明らかであろう。

三十二相をそなえた仏陀（マトゥラー博物館）

> 転輪聖王《てんりんじょうおう》のすべてに三十二相がそなわっているといわれますが、清浄、端正、明晰《めいせき》であることにおいては、到底仏たちには及びません。（九八）

次に「不生の空」ということについて、ナーガールジュナは第四章で次のようにいっている。

> 大乗では空が不生として、他では滅《めつ》（寂滅《じゃくめつ》）として、説かれます。不生と滅とは意味が同じです。そのことを心に留めねばなりません。（八六）

この偈頌の趣旨は、空ということは大乗の教えにはじめて出て

ヴィシュヴァンタラ本生（キジル石窟壁画）

くるのではなく、すでに声聞乗《しょうもんじょう》（小乗）に説かれている、というところにある。チャンドラキールティは主著『入中論』のなかにおいて、大乗と小乗との違いを論じており、そこに上記の偈頌を引用して、諸法の空を説くところに大乗は小乗と違いがあるのではなく、後に取り上げるが、菩薩の誓願《せいがん》、修行、廻向《えこう》などを説くところに違いがあるとする。それはともかくナーガールジュナは、大乗に説く空も、仏陀の偉大性も、仏教の正しい道理によって見るなら、その所説に、ほかと違いがあるのではないと主張しているのである。

次に大乗が仏説であるとすると、その大乗の特質はどこにあるのだろうか。同じく第四章で、ナーガールジュナは次のようにいう。

　声聞乗には、菩薩の誓願と修行と廻向とが説かれていません。したがって、この声聞乗によって、どうして菩薩となりえましょう。（九〇）

　また菩薩が菩提を得るための四依《しえ》が説かれていません。一体ほかの誰が勝利者（仏）を凌駕《りょうが》して、このことに関して、権威となりえましょう。（九一）

　四依、四聖諦《ししょうたい》、二利《にり》、七菩提分《しちぼだいぶん》をそなえている道が、声聞の道と同じであるなら、それによって、

誰が仏というすぐれた果報を得ましょうか。（九二）

声聞乗の聖典のなかには、菩提への道を実践するために説かれた言葉はありません。しかるに大乗には説かれています。それゆえに、賢者たちは大乗を受持《じゅじ》するのです。（九三）

大乗仏教は、一言でいうなら、自利利他の悟りを目指す菩薩の仏教である。すべての衆生の救いのために最高の悟りを目指す菩薩にとって、欠くことのできない第一の要件は誓願である。菩薩はすべての衆生を解脱せしめようという誓願を発《お》こし、それを果たさぬ限り自ら悟りを得て涅槃の境地に入ることはない。次の『小品般若経《しょうぼんはんにゃきょう》』の言葉は、それを端的に表わしている。

こうして菩薩は衆生を見捨てることはない。そこで次のような大きな願いを建てるのである。……わたしはあらゆる衆生を見捨てることなく、かれらを解脱に達する道へ入らしめずにはおかぬ、と。もし菩薩がこのような誓願の心を起こす時は、かれらはその誓いを未だ果さぬうちは、究極の真実、すなわち真の悟りを得て、仏の境地に入ることは決してない。（山口益編『仏教聖典』平楽寺書店、一九七四年〔第三刷〕、四八六ページ）

すでに『ジャータカ（仏陀の前生譚《ぜんしょうたん》）』には、自己のすべてをささげ、あるいは犠牲にしても、他のために奉仕し、施し、苦に耐え、智慧のある菩薩（釈尊の前生の姿）のことが語られている。その根本には、すべてのものに利益《りやく》を与え、助けていこうという心があり、それが願いとなって菩薩はそれに全存在をかけるのである。その精神を受け継ぎ、すべてのものの悟りを願うのが大乗の菩薩である。

そこで菩薩は誓願を立て、その誓願を成就するためにあらゆる修行につとめ、修行によって得られた功徳のすべてを他のためにふりむけていく（廻向する）のである。「四依」とは、「依」は adhiṣṭhāna の訳で、精神の堅固性、すなわち決意とか決心を意味し、真理への決意、施与の決意、煩悩を滅尽《めつじん》する決意、智慧への決意という四つの決意のことである。「二利」とは、自他の利益《りやく》を指している。

また同じく第四章で、ナーガールジュナは大乗への非難と妨害をやめ、浄信《じょうしん》を起こすべきことを勧めて、

大乗への浄信と、大乗に説かれることを実践する修行とによって無上の菩提（悟り）が得られます。

しかもその途中においてあらゆる幸福があります。（九八）

と示し、続いて在家者のための法として、特に施しと戒めと忍耐と不妄語《ふもうご》（嘘をつかない）が説かれていることを述べ、これら在家者の法は慈悲を本質としているという（九九）。

ここで注目されるのは、大乗の法は無上の悟りのために説かれた解脱の法、すなわち至福の法であるが、それとともに、悟りを得る途中において幸福が得られる繁栄の法でもある、といっていることである。これは、二種の法が別々に並んであるということでなく、解脱を目指す一歩一歩の歩みに繁栄があるということであろう。いいかえるなら、繁栄の法と至福の法とは相即《そうそく》しているのである。

『勧誡王頌《かんかいおうじゅ》』――友への手紙

輪廻《りんね》の苦しみ

すでに述べたように、サータヴァーハナ王に宛てた書簡体の大変興味深い著作に、『宝行王正論』のほか、もう一つ『勧誡王頌』がある。両書を比較して読むと、ともに大乗の理論的・論理的な記述は少なく、宗教的・倫理的な実践を具体的に説いているが、『勧誡王頌』は現実の輪廻の姿と人間苦の実存にさらに一層迫るものがあり、それはたとえば地獄の描写に見ることができる。また直接王に法（ダルマ）の実践を勧め、しかもその教えを平易に語りかけている。

本書はサンスクリット本が伝わらないが、チベット訳が一本、漢訳が三本（求那跋摩《ぐなばつま》訳『龍樹菩薩為禅陀《りゅうじゅぼさついぜんだ》迦王説法要偈《かおうせつほうようげ》』、僧伽跋摩《そうぎゃばつま》訳『勧発諸王要偈《かんぽつしょおうようげ》』、義浄《ぎじょう》訳『龍樹菩薩勧誡王頌』）現存する。原名 Suhṛl-lekha は「友への手紙」を意味する。しかし、この手紙を宛てたサータヴァーハナ王朝の王が誰であったか、現在なお不明である。チベット訳によると、本書は百二十三偈からなっている。

本書を通読して特に注目されるのは、迷いの苦の世界である地獄・畜生《ちくしょう》・餓鬼《がき》の三悪道《さんあくどう》（三悪趣《さんあくしゅ》ともいう）、さらに人《にん》と天《てん》の世界（以上合わせて五趣《ごしゅ》といい、阿修羅《あしゅら》の世界を加えると六道《ろくどう》となる）についての生々しい描写であろう。迷いの苦とは六道輪廻のことであるが、ナーガールジュナはその苦の姿を実にリアルに描写していて、それはナーガールジュナ自身が現実の生における苦の実相《じっそう》を深く見つめていたからではなかったか。私にはそう思われるのである。

そこで、以下に煩を恐れず、『勧誡王頌』から輪廻の苦についての所説を引用しておこう（なお、拙著『仏教を生きる4　慈悲の光〈浄土三部経〉』中央公論新社、二〇〇〇年、三〇ページ以下参照）。

王よ、愛欲の悩み、死・病・老などの多くの苦の根源である輪廻を厭《いと》い、この輪廻の苦悩について、たとえその一部であろうと、耳を傾けてください。（六五）

父は子となり、母は妻となり、敵は味方となり、またその逆ともなります。それゆえに輪廻に属するものには、確定したものは何もありません。（六六）

各人は四つの大海の水より多い乳を飲んできました。まして凡夫《ぼんぶ》として展転《てんでん》と輪廻のなかをさまよう者が、それより多く飲むことはいうまでもありません。（六七）

各人が白骨を積み上げてきましたが、それは須弥山《しゅみせん》の高さを超えています。その底までを杜松《としょう》（ネズの木）の実ほどの大きさの玉で数えて、百万をもっても及ぶことはありません。（六八）

インドラ神の世界で尊敬されていた人であっても、業《ごう》（カルマ）の力によって再び地上に落ちてきます。また転輪王《てんりんおう》として生まれてきても、輪廻するなかには奴隷ともなりましょう。（六九）

天女の乳房や腰にふれる快楽を長時に享《う》けていても、後に地獄において、擦《す》り砕《くだ》き、切断し、引き裂く道具で耐えがたい苦痛を受けるでありましょう。（七〇）

足が地上を踏むとき少し沈むという爽快さを味わい、メール山頂に長く住んでいても、後に熱灰や屎《し》糞《ふん》の上を歩む耐えがたい苦しみを受けるでありましょう。（七一）

天女にかしずかれ、歓楽と美の園林での生活を楽しんでいても、後に刀葉林《とうようりん》の樹林で手足や耳鼻を断ち切られる苦を受けるでありましょう。（七二）

見目麗《みめうるわ》しい天女たちや黄金の蓮華に満ちたマンダーキニー河に浴していても、後に地獄の河ヴァイタラニーの熱水に入るでありましょう。（七三）

欲界《よっかい》の天の世界できわめて大きい歓楽、あるいは梵天《ぼんてん》にて離欲《りよく》の幸せを得ていても、後に阿鼻《あび》地獄の火の薪《たきぎ》となって絶え間ない苦を受けるでありましょう。（七四）

日月となって自らの身の光で世界をくまなく照らしていても、後に暗黒（死）に至ってのばした手さえも見えなくなるでありましょう。（七五）

このように死の苦に至るのですから、三つの福徳《ふくとく》の灯火《ともしび》を光として受け取るべきです。ただ独りで、日月に接することのない果てしない暗黒のなかに沈む、と説かれていますから。（七六）

このように輪廻流転する人間苦の姿を述べて、続いて地獄・畜生・餓鬼の三悪道から天界に至るまでの苦について、写実的な描写でもって次のように説き示している。

【地獄の苦】

悪い行ないをなす衆生は、等活《とうかつ》・黒縄《こくじょう》・極熱《ごくねつ》・衆合《しゅごう》・叫喚《きょうかん》・阿鼻《あび》などの地獄において、つねに苦を受けるでありましょう。（七七）

ある者は胡麻《ごま》のように押しつぶされ、ある者は粉末のように粉々にされ、ある者は鋸《のこぎり》で切断され、またある者は鋭い刃の斧で切断されます。（七八）

またある者は熔けた青銅の熱液をかぶせられ、飲まされます。ある者は灼熱《しゃくねつ》した刺《とげ》のあるとがった鉄

の杭につながれます。（七九）

ある者は鉄の牙を持った獰猛《どうもう》な狗《いぬ》に襲われて手を空中にあげ、ある者は力萎《な》えて鋭い鉄の嘴《くちばし》と恐ろしい爪を持った鷹《たか》にさらわれます。（八〇）

ある者はさまざまの虫や甲虫《かぶとむし》、また幾万という蝿《はえ》・蜂《はち》・蚊《か》などの触れると耐えがたい大きな傷を与えるものの餌食となり、転げ回って苦痛を訴えます。（八一）

ある者は燃え盛る石灰の塊《かたまり》の上で絶え間なく焼かれて口を大きくあけ、ある者は大きな鉄製の釜のなかで、実が逆さまになっている瓢簞《ひょうたん》のように煮られます。（八二）

罪があって、しかも一瞬も中断することのないはかり知れない地獄の苦を受けることを聞いても、少しも怖れを生じないなら、そのような人は最も固い石のような性質を持った〔無神経な〕人です。（八三）

地獄を描き、見、聞き、心に想い、読み、模造する人たちにさえ怖れが生じます。まして耐えがたい〔地獄の〕報いを受ける人においては、いうまでもありません。（八四）

あらゆる楽しみのなかで渇愛《かつあい》のなくなった楽しみが最高であるように、あらゆる苦しみのなかで阿鼻地獄の苦しみが最も耐えがたいのです。（八五）

この世で一日に三百回手槍《てやり》で強く打たれる苦であっても、地獄の小苦に比べるべくもなく、その一分にも及びません。（八六）

このように地獄の苦しみはとても忍びがたく、百千劫《こう》にわたってそれを受けても、罪が尽きない限り、

〔地獄の〕生をのがれることはありません。（八七）

このような悪報《あくほう》を招く種子は、身《み》と口《くち》と意《こころ》とによる悪い行ないです。御身《おんみ》はそのような種子がわずかでもなくなるように、つとめて努力すべきです。（八八）

【畜生の苦】

また畜生の世界にあっては、殺害、捕縛《ほばく》、足蹴《あしげ》りなど、さまざまの苦があります。寂静《じゃくじょう》（涅槃）に到る善の道を断じた人々は、互いに果てしなく食い合います。（八九）

ある〔畜生〕は、珠《たま》、毛、骨、血、肉、皮のために殺され、ある〔畜生〕は、哀れにも足、手、鞭《むち》、鉄鉤《てつかぎ》で打たれ、使役《しえき》されます。（九〇）

【餓鬼の苦】

また餓鬼にあっては、欲するも満たされることがなく、そのために生じた苦は耐えることができません。彼らは飢渇《きかつ》、冷暑《れいしょ》、疲労、恐れから生じた実に耐えがたい苦を受けるのです。（九一）

ある餓鬼は、口が針の穴ほどの大きさであるのに、お腹は山ほどの大きさがあって飢えに苦しみ、たえず流すわずかの不浄物さえも食べる力がありません。（九二）

ある餓鬼は、身体が骨と皮のようになり、裸のターラ樹（多羅樹《たら》。棕櫚《しゅろ》に似た樹）の頂のように枯渇《こかつ》

しています。ある〔餓鬼〕は夜中、口から火を出し、燃えている口に入ってくる蛾《が》を食べ物としてとっています。（九三）

下層に属する餓鬼は、膿《うみ》、排泄物《はいせつぶつ》、血などの不浄物さえも得られず、相互に顔を噛《か》み合い、頸《くび》に瘤《こぶ》を生じ、ただれた膿をむさぼるのです。（九四）

餓鬼にとっては夏は夜でも暑く、冬は昼でも寒く、樹には果物が実《みの》らず、河もまた、彼らが見るや、たちまちに枯渇してしまいます。（九五）

ある者は絶え間なく苦しみを受け、身体は悪行《あくぎょう》の業《ごう》の縄に固く縛られて、五千年ないし一万年を経ても死ぬことはありません。（九六）

このように餓鬼がおしなべてさまざまの苦を受ける理由は、強欲、愛欲、卑俗なる物惜しみである、と仏陀は説いています。（九七）

【天人《てんにん》の苦――天人五衰《ごすい》】

また天上の幸せにおいては、その楽しみは大きいけれど、死の苦しみはいっそう大であります。このように思念して、尊敬するにふさわしい人々は滅び行く天上の幸せを求めて執著してはなりません。（九八）

身体のつやが悪くなり、座につく楽しみが失われ、花輪は萎《な》え、衣服に垢《あか》が現われ、体からはかつて

なかった汚れが生じる、と説かれています。（九九）

この天上の死を告げる五種の衰滅のしるしが天界の人々に現われ、それらは地上にいる人間の死を告げる衰滅のしるしと同じであります。（一〇〇）

天界から転落した者は、もし善が少しも残っていないなら、哀れにも畜生、餓鬼または地獄のいずれかに堕ちることになりましょう。（一〇一）

【阿修羅の苦】

阿修羅たちも、本性からして神の栄光を憎んでいるから、心の苦しみは大きく、彼らはたとえ知性があっても、運命の暗さのために、真理を見ることはありません。（一〇二）

【まとめ】

輪廻はこのようでありますから、天、人《にん》、餓鬼、畜生、地獄などにおける生はよくなく、その生は多くの害悪の容器である、と知るべきです。（一〇三）

このような記述を見ると、従来あまりよく知られていなかったナーガールジュナの一面に接することができる。それはまた『十住毘婆沙論《じゅうじゅうびばしゃろん》』にも反映しているのであって、まことに興味深いものがある。『勧誡王頌』は原始仏典から多くの箴言《しんげん》詩や教訓詩を引用し、哲学的な表現をできるだけ避けて平易に宗教的・倫理的な実践につとめるよう教えており、特に王に対してそれを勧めているのである。ここに記されている地獄をはじめとする六道についての恐ろしいまでの描写は、それを読む者の心を戦慄《せんりつ》させるものがあるが、それとともに、この記述を見るとき、現実の人生について自己と世界を深く考えさせられる。

地獄のありさま

ここで少し地獄のことに触れておく。地獄には八大《はちだい》地獄のほか、十六小《じゅうろくしょう》地獄、さらに八寒《はちかん》地獄、孤《こ》地獄および辺《へん》地獄などがある。八大地獄はまた八熱《はちねつ》地獄ともいわれ、以下の八つを数えている。第一は等活地獄で、殺生《せっしょう》をした者が堕ちる。第二は黒縄地獄で、物を貪《むさぼ》るあまり人を殺した者の堕ちるところ、第三は衆合地獄で、邪淫に耽《ふけ》った者が堕ちるところ、第四は叫喚地獄で、殺生と盗みと邪淫に耽り、酒を飲んだ者の堕ちるところ、第五は大叫喚地獄で、殺生・盗み・邪淫・飲酒にさらに妄語《もうご》の罪を犯した者が堕ちるところ、第六は焦熱地獄で、前者の五つのほかに邪見《じゃけん》の罪を加えた者が堕ちるところ、第七は大焦熱《だいしょうねつ》（極熱）地獄で、尼僧を汚《けが》したり、行ないをつつしんでいる女性信者を犯したりした者の堕ちるところ、第八は無間地獄で、五逆罪《ごぎゃくざい》を犯したり、正法《しょうぼう》をそしったりした者の堕ちるところとされている。

源信《げんしん》の『往生要集《おうじょうようしゅう》』には、これらの地獄のことが克明に説かれている。ここではその一例として、第三の衆合地獄についての記述を見ることにする。

またふたたび獄卒《ごくそつ》、地獄の人を取りて刀葉林《とうようりん》に置く。かの樹の頭《いただき》を見れば、好《よ》き端正厳飾《たんしょうごんじき》の婦女あり。かくの如く見已《おわ》りて、即ちかの樹に上るに、樹の葉、刀の如くその身の肉を割《さ》き、次いでその筋を割く。かくの如く一切の処《ところ》を壁《さ》き割いて、已《すで》に樹に上ることを得已《おわ》りて、かの婦女を見れば、また地にあり。欲の媚《こ》びたる眼を以《もっ》て、上に罪人を看《み》て、かくの如きの言《ごん》を作《な》す、「汝を念《おも》ふ因縁《いんねん》もて、我れ、この処に到れり。汝、いま何が故ぞ来《きた》りて我れに近づかざる。なんぞ我れを抱《いだ》かざる」と。

罪人見已《おわ》りて欲心熾盛《しじょう》にして、次第にまた下るに、刀葉上に向きて利《するど》きこと剃刀《かみそり》の如し。前の如く遍《あまね》く一切の身分《しんぶん》を割く。既に地に到り已《おわ》るに、かの婦女はまた樹の頭にあり。罪人見已《おわ》りてまた樹に上る。かくの如く無量《むりょう》百千億歳《さい》、自心《じしん》に誑《たぶら》かされて、かの地獄の中にかくの如く転《めぐ》り行《ゆ》き、かくの如く焼かるること、邪欲《じゃよく》を因《いん》となす。

この地獄にある刀葉林にて受ける苦は、まさしく愛欲に溺《おぼ》れ、邪淫を犯しているために受けねばならない苦であって、愛欲地獄とはまさしく刀葉林地獄にほかならない。見目麗しい天女のような魅力的な婦女の誘惑にあい、身を切り刻まれ血だらけになっても、愛欲の炎を消すことができないと、愛欲に迷う人間の姿を示しているのである。

これら地獄に堕ちる因である罪業《ざいごう》あるいは悪行《あくぎょう》についてのナーガールジュナの所説を見ると、殺生・盗み・邪淫・虚言・飲酒の破戒《はかい》であり、殺生・盗み・邪淫・虚言・悪口《あっく》・綺語《きご》・両舌《りょうぜつ》・貪欲《とんよく》・瞋恚《しんに》・邪見の十《じゅう》不善業《ふぜんごう》である。あるいは五逆罪や謗法罪《ほうぼうざい》などであって、倫理的あるいは宗教的な罪悪観から、その結果として受けなければならない苦が地獄の責め苦として体系的に説かれているのである。しかしここには、死後の神の裁きを説く審判《しんぱん》思想は見られない。仏教では、業報《ごっぽう》輪廻の思想を受けており、地獄をはじめ六道は行業《ぎょうごう》（行為）の世界として説かれ、その罪業《ざいごう》の軽重によって受ける苦の多少から六道に分けられているのである。

『十住論』の説く輪廻の苦

さて『十住論』「序品《じょぼん》」には、まず地獄・畜生・餓鬼の三悪道における苦を描写し、さらに人・天・阿修羅の苦にも触れて、軟心《なんしん》（軟弱）の人はこのような無数の苦を長時にわたって受けるのを見て、あるいは聞いて怖れ、早く救われたいと自己の救いを求めるが、堅心《けんしん》の菩薩は、

地獄・畜生・餓鬼・天・人・阿修羅の中に諸《もろもろ》の苦悩を受けるを見れば、大悲心《だいひしん》を生じ、怖畏《ふい》あることなく、是《こ》の願《がん》をなしていわく、「是《こ》の諸《もろもろ》の衆生は深く衰悩《すいのう》に入り、救護《くご》あることなく、帰依《きえ》するところなし。我れ滅度《めつど》を得ればまさにこれらを度《ど》すべし」と、大悲心を以て勤行《ごんぎょう》精進《しょうじん》し、久しからずして諸願《しょがん》を成《じょう》ずることを得《う》る。

と述べている。このように本書のはじめに地獄・畜生・餓鬼の三悪道についての克明な記述が見られることは、その意味を考えるとまことに興味深いものがある。ここには八大地獄や小地獄などを具体的に説いているが、今それらの詳しい解説はさし控えることにする。要するに八大地獄やそれに付随する炭火《たんか》地獄などの小地獄においては、斧や刀などさまざまの恐ろしい武器や道具で切り刻まれ、打ちすえられ、鎖につながれ、釜で煮られるなどの耐えがたい苦しみを受けるのであり、また恐ろしい悪獣や怪鳥、さらに悪鬼が競って襲

いかかり、さまざまの耐えがたい責め苦を加えるというのである。

あるいはまた寒氷《かんぴょう》地獄では、ただ一人、闇のなかの、恐ろしい冷たい風が吹きすさび、声猛《たけ》く身に逼《せま》るところにいて、そのため身は吹きさらされて枯れ草のようになり、身を切り裂く苦しみは言語に絶するという。このような写実的な描写に接すると、その恐ろしさに身も心も戦慄せずにはいられない。

白隠禅師《はくいんぜんじ》（一六八五〜一七六八）は、床の間に「南無地獄大菩薩」という掛け軸をかけて日夜それを拝んでおられたという。禅師は十一歳のとき、母に連れられ『摩訶止観《まかしかん》』の話を聞き、悪業《あくごう》の報いによる地獄の恐ろしさを知ったのである。禅師はいわれる、「我れ平生《へいせい》、殺害を好み、暴悪を恣《ほしいまま》にす。永劫《えいごう》の苦輪《くりん》身《み》を避《さ》くるに処《ところ》なし。通身戦慄《つうしんせんりつ》、行止《ぎょうし》安らかならず」と。かくて十五歳のときに出家されたのである。しかしわれわれ人間の一念《いちねん》の恐ろしさ、我心《がしん》の恐ろしさが身にしみてわかるようになるまでには、相当の年月がかかるようである。

長い苦悩の末、禅師は欲念こそ地獄の元凶であると確信されたのである。禅師はその欲念をわれらの「命根《みょうこん》」と呼び、われら衆生の「無始《むし》以来の無明《むみょう》の一念」であると、これに溺《おぼ》れることを強く誡《いまし》められている。「おのれの妄念に眩《くら》まされて地獄を作るなよ。おのれを見つめよ」と誡める禅師は「地獄こそが大菩薩」と、そこに大慈悲の心を感じていかれたのである。

『十住論』の記述に戻ると、地獄に続いて畜生および餓鬼についてその恐ろしいまでにすさまじいありさまを述べ、三悪道において受ける苦悩や苦痛がいかなるものか、それを写実的に描写している。しかし人・

天・阿修羅においては、「人中《にんちゅう》においては、恩愛別苦《おんないべっく》・怨憎会苦《おんぞうえく》・老病死苦《ろうびょうしく》・貧窮求苦《びんぐうぐく》などの無量《むりょう》の苦」があり、また「天や阿修羅には退没《たいもつ》の時の苦」がある、というだけで、それ以上は詳しくは述べていない。「退没の時の苦」とは、たとえば『勧誡王頌』に見える「天人の五衰」の苦がそれである。

地獄と仏道《ぶつどう》

ところで聖衆来迎寺《しょうじゅらいごうじ》（滋賀）の「十界図《じっかいず》」は、特にそのなかの地獄の絵相《えそう》のすさまじさで名高い。これは円融《えんゆう》天皇が『往生要集』を読んで感動され、絵師に描かせたと伝える。十界《じっかい》とは、地獄から極楽まで、迷いの世界を六つ、悟りの世界を四つに分けたものである。このうち迷いの世界は、地獄・餓鬼・畜生・阿修羅・人・天の六道で、これに対して悟りの世界は、声聞《しょうもん》・独覚《どっかく》・菩薩・仏《ぶつ》の四界《しかい》、合わせて十界になる。

天台宗では、たとえば仏の世界はまた仏から地獄までの十界をそなえ、地獄もまた仏から地獄までの十界をそなえているというように、十界それぞれに十界をそなえているという、「十界互具《じっかいごぐ》」を説いている。これによると、仏の世界にも地獄の世界があり、逆に地獄の世界にも仏の世界があるということになる。これは実に深い考え方であって、たとえば仏の慈悲心は地獄の世界を自ら経験してはじめて発動するものであり、地獄の苦を知らなければ慈悲心は出てこない。また地獄の責め苦を与える獄卒《ごくそつ》の心にも仏心《ぶっしん》が生ずるのであって、それは地獄にも仏の世界が及んでいるからである。

この思想の深さは、われわれ人間の心や現実の世界を考えてみると容易に理解できる。よく人間は中間的存在であるといわれるが、仏のような慈悲深い心もあれば、鬼のような恐ろしい心もある。また他人のために尽くすこともあれば、逆に他人に不利益を与え、平気で傷つけ、命を奪うこともやりかねない。このように善人にもなれば悪人にもなるのであって、人間の心はあるときは善い心であっても悪い心に変わり、あるいはまた恐ろしい心にも優しい心にもなるというように、人間には善と悪、優しさと恐ろしさ、愛と憎しみとが同居していて、まさしく人間は仏にもなれば鬼にもなる。また人間の世界にも地獄もあれば極楽もあるのである。

一般に地獄と極楽は対句に用いられている。しかしこれは後になってからであって、もともと地獄と極楽は、別々の思想であった。地獄の思想は、もと古代インド社会に存在した業報輪廻の思想にあった説を仏教が早くから取り入れたもので、すでに原始仏教経典のなかに、悪業によって衆生が堕ちる極苦《ごっく》の世界であると説かれている。一方、極楽の思想は大乗仏教になって形成された。

この地獄が、無明・煩悩の行ないによって生み出されている世界であることを思うと、何か自分の心のなかを心底まで見通されたような恐ろしい思いが湧き起こってくる。そして「十界図」などに描かれた地獄のありさまを見て、これこそ私の現実の姿そのものではないか、と愚かなあさましい自分の姿を写し出されているように感じるのである。「いづれの行もおよびがたき身なれば、とても地獄は一定《いちじょう》すみかぞかし」（『歎《たん》異抄《にしょう》』第二章）と語られた親鸞《しんらん》聖人《しょうにん》のことが心に浮かんでくる。

このように人間の現実が穢土《えど》であり、あるいは地獄である、ということを知ることがなければ、教えを求めようとしないであろうし、また仏道の歩みも始まらないであろう――『往生要集』はそう説いているのである。そのことは『十住論』においても、また『勧誡王頌』においても同じであって、「地獄を知らずして何の仏道ぞ」という声が聞こえてくるようである。

ナーガールジュナが王を友と呼んで謙虚に語りかけ、教える内容は、まず仏・法・僧・施《せ》・戒《かい》・天《てん》の随念《ずいねん》（心に念ずること）であり、十善《じゅうぜん》であり、禁酒であり、また高潔な生活である。さらにまた六波羅蜜《ろっぱらみつ》の徳などを修めることとである。また釈尊の箴言句の教えなどである。しかし究極的には、涅槃を得るための法を説き示すのである。そのなか、特に次の三偈が注目されるであろう。

あらゆる者のすべての善を随喜《ずいき》し、あなた自身の〔身《しん》・口《く》・意《い》〕三種の善行《ぜんぎょう》をすべて仏陀となるために廻向《えこう》し、さらにこの善の集まりをもって、あなたは、　（一一九）

無量の生《しょう》に渡って、天と人のすべての世界の修道《しゅどう》を統《す》べ、さらに聖なる観世音《かんぜおん》（観音）の行《ぎょう》をもって世の多くの悩んでいる人々をたすけ、　（一二〇）

生まれ変わっては、病、老、貪《とん》、瞋《じん》などを除き、仏国土《ぶっこくど》における尊き師、無量光《むりょうこう》（阿弥陀仏）と同じように、寿命が無量である世護者《せごしゃ》とならねばなりません。　（一二一）

このようにナーガールジュナは六道の苦しみからすべての衆生を救うために、観音菩薩にならって菩薩における慈悲行《じひぎょう》の功徳を積み、ついには阿弥陀仏のごとく成仏して、世間を限りなく利益《りやく》する者となるようにと王に勧めているのである。ここに阿弥陀仏の名が出てくることも、また注目されるであろう。

終章

智慧と慈悲の実践者

いくつかの小作品

ナーガールジュナの著作として伝えられるうち、重要なものは以上に紹介してきた通りであるが、そのほか、いくつかの小作品が伝えられている。そのうち『大乗二十頌論《だいじょうにじゅうじゅろん》』と『因縁心論《いんねんしんろん》』については、梶山雄一博士との共訳である『大乗仏典14　龍樹論集』に和訳と簡単な解題とを載せているので、それを見ていただくことにして解説は省略する。

また近年、ようやく取り上げられるようになったものに『四讃頌《しさんじゅ》』(Catuḥstava) がある。讃頌とは讃歌のことで、仏徳讃嘆《ぶっとくさんだん》のことを指している。四種の讃頌については異説があるが、通常「超世間讃《ちょうせけんさん》」「不可思議讃《ふかしぎさん》」「無比喩讃《むひゆさん》」「勝義讃《しょうぎさん》」の四種を数えている。しかしこれらをすべてナーガールジュナの作に帰するには、いまだ検討を要する。これらのことについては、八力広喜教授の論文「ナーガールジュナの『四讃頌』」(『密教研究』第一五五号) および「超世間讃・不可思議讃　試訳」(『印度哲学仏教学』第一号) に要点がまとめて述べられているので、詳しくはそれを参照していただきたい。

不離一体の智慧と慈悲

釈尊から始まった仏教は、時代とともに発展し、やがて各地に造られた僧院を中心に広まっていく。仏教の修行者は出家して比丘《びく》・比丘尼《びくに》となり、托鉢《たくはつ》修行の生活をしていたが、僧院が造られるようになると、僧院で集団の修行生活をするようになる。そこで僧院における学問修行が盛んになり、教えの理解解釈をめぐって議論が行なわれて、アビダルマ（abhidharma）と呼ばれる仏教哲学研究が成立し、互いに学説を競い合ったのである。このような仏教を部派《ぶは》仏教といい、あるいはアビダルマ仏教と呼んでいる。あるいはまた僧院が中心となるので、僧院仏教ともいっている。いずれにしても、出家を前提とする出家仏教であったのである。

このような出家仏教では、修行者は世俗を捨てて出家者となり、定められた規律（これを「律《りつ》」という）にしたがう修行生活に入った。そうして自ら戒《いまし》め（これを「戒《かい》」という）を守り、教えを学んで瞑想につとめ、あらゆる煩悩を断じ尽くして阿羅漢《あらかん》（応供《おうぐ》と訳す。尊敬にふさわしい聖者のこと）の悟りを目指したのである。修行者は声聞《しょうもん》とも独覚《どっかく》（あるいは縁覚《えんがく》）ともいわれる。声聞とは、仏の声すなわち教えに耳を傾け学ぶ者という意味で、もともと仏弟子《ぶつでし》のことを指していた。また独覚とは、師につくことなく自ら独りで修行し悟りに達する者のことで、縁覚ともいわれるのは、縁起《えんぎ》の理法《りほう》を悟る者であったからである。

ところで声聞も独覚も、ひたすら自己の悟りを目指し、その完成のために修行に専念する修行者であったが、他の人々を救い、悟りに導く利他《りた》の心に欠けるところがあった。このような傾向を持った仏教に対する批判から生まれてきたのが大乗仏教であって、その成立は紀元前後の頃と考えられている。そこで大乗仏教では、特に利他の心が重んじられ、衆生すべての救いが強調されるようになる。利他の心とは慈悲であり、この慈悲にもとづく悟りこそ特に大乗仏教の目指したものであって、この悟りは自利利他《じりりた》一体の悟りであるから「無上正等覚《むじょうしょうとうがく》（最高の完全無欠な悟り）」であるとたたえられた。この悟りこそ、大乗の教えに心を傾け（信《しん》）、その教えを学んで実践し（解《げ》・行《ぎょう》）、自利利他の最高の悟りを得る（証《しょう》）、という大乗仏教の仏道を歩む者の目標であったのである。大乗仏教の修行者が声聞・独覚に対して、自ら菩薩と呼んだのはそのためである。

「菩薩」とはボーディサットヴァ（bodhisattva）の音写で、「悟り（菩提）を目指す人」を意味する。特に初期大乗経典を見ると、この菩薩は、摩訶薩《まかさつ》という語と合わせて「菩薩摩訶薩」というように用いられている。「摩訶薩」とは、マハーサットヴァ（mahāsattva）の音訳語で、大士《だいし》と訳する。大いなる心を持つ勇猛《ゆうみょう》の人という意味である。それは何を示しているのかというと、大いなる心とは、一切の衆生《しゅじょう》をすべて救わずにはおかないという心であり、勇猛の人とは、衆生を救うためにはいかなる苦難ものりこえ、決して挫《くじ》けず退くことがない人のことである。したがって「大士」とは、慈悲による利他行《りたぎょう》にひたすらつとめる求道者のことを指している。

この自利利他の最高の悟りを目指す新しい仏教は「大乗」と呼ばれた。これは文字通り大きな乗り物であって、出家・在家ということを超えて、すべての衆生を最高の悟りに導いて運んでいく教えであることを強調するためであった。そこで従来の仏教を「小乗」（ヒーナヤーナ、小さな乗り物）と呼んで批判したのである。なぜならそれは出家者の仏教であり、広く民衆の仏教ではなかったからである。

新しい仏教である大乗仏教は、すべての人々に開かれた智慧と慈悲の道を説く教えであった。その智慧は不二《ふに》を知る智慧であって、不二とはあらゆる対立を超えた平等一味《いちみ》のことをいう。われわれはこの世のことがらをすべて対立的にとらえ、相対的に区別して見ている。われわれの認識や判断はこの分別知《ふんべつち》であり、概してその分別に固執《こしゅう》するのである。たとえば自己と他者（他己《たこ》）、主体と客体、能動《のうどう》と所動《しょどう》（能《のう》と所《しょ》）、善と悪、如来と衆生《しゅじょう》、生死《しょうじ》と涅槃《ねはん》、煩悩と菩提《ぼだい》などというように、対立的にとらえ、それに固執している。

しかし自他を区別し、対立的にとらえ、自他に執着している分別的立場は捨てていかなくてはならない。この分別の立場を根底から突き破り、自他平等の真実のあり方を知るのは、この不二を知る智慧のはたらきによる。そこで大乗仏教では、出家・在家の区別や違いを超えて最高の悟りを目指す者はみな等しく菩薩であって、出家しなければ悟りに到達することができないとするのは正しくない、と出家仏教を批判した。

仏陀を讃仰する人々（アジャンター石窟壁画）

また自他平等という存在の真のあり方からいうと、自己の悟りは他者の悟りであり、他者の悟りと無関係に自己の悟りがあるのではない。救いということにおいてもそれは同じである。すべての衆生が救われることが自己の救いであり、自分だけの救いは真の救いではない。

このように智慧は不二を知る知であるのに対して、慈悲は自他不二を体感する心、すなわち共感の心であるともいえる。一切衆生を平等にいつくしみ、あわれむ心であって、自己にとらわれていてはこの心は生まれてこない。また人間生活に欠くことのできない大切な心であって、特に苦難や悩みの多い人生にあっては、暖かいこの共感の心がどんなに勇気と力強さ、さらに明るさを与えてくれることか、はかり知れないものがある。『大智度論《だいちどろん》』巻二十七には「慈悲は仏道《ぶつどう》の根本なり」といい、仏の慈悲である大《だい》慈大悲《じだいひ》について、「大慈とは一切衆生に楽《らく》を与え、大悲は一切衆生のために苦を抜《ぬ》く。大慈は喜楽《きらく》の因縁《いんねん》を衆生に与え、大悲は離苦《りく》の因縁を衆生に与う」と解説する。このように大乗仏教になると、慈悲は仏道の根本であるとし、あらゆる実践の基盤であると説くのである。そこでこの心を失うならば、もはや菩薩でないとする。

慈悲が真理を見る智慧と離れて別にあるのでないということは、自己および世界の真相を究め尽くすことと別に慈悲があるのではないことにほかならない。また智慧は慈悲と離れたものでなく、智慧は慈悲となってはたらくことがなければ、現実に生きる真の力とならない。このように智慧と慈悲とは不離一体のものであって、智慧を離れて別に慈悲があるのではないということは、自己および世界の本質である真相を深く究めていく眼を持つことが慈悲には不可欠であることを示している。

つまり慈悲は深い人間自覚と離れてあるのでない。生への執着、利己的な欲望に満ちた無明《むみょう》の現実、そのなかを苦悩をかかえて生きる自己を知るとき、われわれ人間は自己を悲しみ、歎かざるを得ない。そうしてこの悲しみ歎きこそ、慈悲の心が発動する因となるのである。すなわち、この悲しみ歎きが自己から他者へと及ぶとき、他者の苦悩を自己の悲しみとし、傷《いた》みとして受け取ることができるのである。

大乗における「道」

ところで仏道というと、仏の悟りを目指す道であり、悟りを得ればその道は完成すると考えがちである。しかしこれは、迷いから悟りへ、衆生から如来へ、生死から涅槃へ、穢土《えど》から浄土《じょうど》へ、という方向においてのみ仏道を見ている。仏道には確かにこの方向があって、これを仮に「向上門《こうじょうもん》」と呼ぶことにする。しかし、大乗仏教以前はともかく、大乗仏教になると、これのみによって仏道が成り立っているのではない。もう一つの方向があって、それは悟りから迷いへ、如来から衆生へ、涅槃から生死へ、浄土から穢土へ、ということである。これを「向下門《こうげもん》」と呼んでおこう。

浄土図の源流ともいわれる、ガンダーラの仏陀の神変像（ペーシャワル博物館）

この二つの方向のうち、向上門が迷い（穢土）から悟り（浄土）へ往《い》く面であるから往相《おうそう》、向下門が悟り（浄土）から迷い（穢土）へ還《かえ》る面であるから還相《げんそう》である。このように、この二つの方向は「往相と還相」と呼ぶこともできる。しかもこの往相と還相とは、その方向を全く逆にしているが、両者は不離一体であって、それが道というものである。

一般にも道を往還《おうかん》とも、あるいは往来《おうらい》ともいっている。往くだけとか還るだけの一方方向では、道とはいわない。往き来するところが道であって、そうであってはじめて道といえ

在家信者の信仰の中心となった仏塔（サーンチー）

るのである。このことは仏道の道についても同じであって、悟りに向かって往くだけでは仏道は不完全である。悟りに向かうだけではなく迷いに向かうことがあって、はじめて真に仏道といえるのである。悟りに向かうのが自利、迷いに向かうのは利他であって、いいかえると、衆生救済のために自らの悟りの完成を目指し、仏となって大悲のために衆生の世界に不可思議の功徳《くどく》を現わすのである。

この自利利他円満の悟りが智慧と慈悲との不二一体であることについては、すでに第五章で『菩提資糧論《ぼだいしりょうろん》』を取り上げたときに「般若《はんにゃ》と方《ほう》便《べん》」という菩薩道における法則として説かれていることを論じたので、ここでは再論をしないが、慈悲の行《ぎょう》、たとえば施与《せよ》の行ないも、般若波《はんにゃは》羅蜜《らみつ》に導かれなかったら悟りの行とはならない、と初期大乗経典を代表する般若経典に説かれていることをつけ加えておく。悟りの行にならないとは、般若波羅蜜すなわち智慧の完成がなかったら我執《がしゅう》を断ち切ることができず、それでは菩薩の行といえないということである。なぜなら自己へのとらわれがある限り、無我《むが》の行とはならないからである。

大乗仏教はまた、部派仏教のなかで最も進歩的であった大衆部《だいしゅぶ》から大きな影響を受けている。たとえば、人間の心は本来清浄《しょうじょう》で、すべての人が「仏となる可能性」を内在しているという心性本浄説《しんしょうほんじょうせつ》がそれである。

また仏陀観や菩薩論などにもその影響が見られ、大乗仏教はそれらをさらに思想的に推《お》し進めたのである。

教団史の上からは、仏塔を中心とする在家信者の集団が大乗仏教の形成に重要な役割を果たしたと思われる。仏陀の死後、仏塔が各地に造られ、仏舎利《ぶっしゃり》が安置される。これらの仏塔は在家信者たちによって守られ、やがて仏塔を中心に信者の集団が生まれる。出家者を中心とする部派仏教の諸教団が仏陀の説かれた法を基本としていたのに対して、仏塔を守る人々にとっては、教え（教法《きょうほう》）の内容よりも、仏陀への信仰帰依《きえ》が中核をなし、仏陀信仰は次第に仏陀を偉大視から絶対化する傾向を生んでいく。

そこで、仏陀の教えを尊び、定められた規律にしたがって戒めを守り、瞑想修行につとめて悟りを得ようとする従来からの伝統仏教に対して、ひたすら仏陀を尊び仏陀への信仰を強調するとともに、仏の慈悲によるすべてのものの救済が大いに鼓吹《こすい》されたのである。この仏教における信仰の道は、すでに論じたようにナーガールジュナにも受け入れられているのである。

付　ナーガールジュナ・コーンダを訪ねて

本書を終えるに当たり、ナーガールジュナとの関係が議論される南インドの遺跡、ナーガールジュナ・コーンダを昨年訪れたときの様子を紹介しておこう。

私がナーガールジュナ・コーンダを訪れる旅に出発したのは二〇〇三年一月十三日で、総勢二十名、関西空港からシンガポール経由にて無事ムンバイに到着、空港近くのホテルに一泊し、翌朝国内線空路にてアーンドラ・プラデーシュ州の州都ハイデラバードへ向かった。

ハイデラバードは南インドにある大都会、デリーのように双子都市である。町の中心にあるフセイン湖を境に、南側に古い町のハイデラバード、北側に新しい町シカンドラバードと分かれる。近年ハイテク産業が栄え、町がきれいに整備されて見違えるほど美しくなった。また、ダライ・ラマによって、「大乗仏教発祥の大切なところ」ということで、仏立像《ぶつりゅうぞう》がフセイン湖のなかに建立《こんりゅう》された。

ここで現地ガイドのバラッド・ブッシャン博士がわれわれと同行、ナーガールジュナ・コーンダの案内をしてもらった。ちなみに、全旅程のガイドはマルカス氏が引き受け、おかげで得がたいインドの旅ができた。氏は日本通で日本語にも堪能であり、深い知性と教養をそなえ、インドの文化に精通した人であったからである。ハイデラバード市内を小見学の後、午後バスにてナーガールジュナ・コーンダへ向かう。ハイデラバードからナーガールジュナ・コーンダまで南東へ約百六十キロ、午後四時過ぎナーガールジュナ湖畔近くのフンナミビハル・ホテルに到着した。

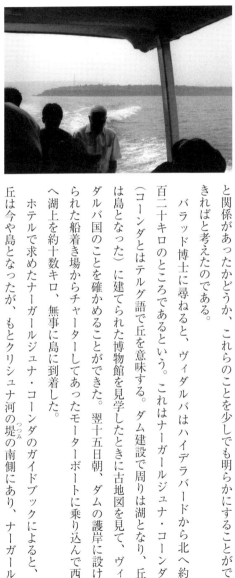

今回の旅の目的は、ナーガールジュナとゆかりがあると考えられているこの現地を、ぜひこの眼で確かめておきたいということであった。合わせて、ナーガールジュナの生地と伝えるヴィダルバとはどのあたりか、また晩年住《じゅう》したというシュリーパルバタ（吉祥山《きちじょうせん》）とはどこであり、巨大な僧院があったと伝える黒峰山《こくぶせん》と関係があったかどうか、これらのことを少しでも明らかにすることができればと考えたのである。

モーターボートで島に向かう

バラッド博士に尋ねると、ヴィダルバはハイデラバードから北へ約百二十キロのところであるという。これはナーガールジュナ・コーンダ（コーンダとはテルグ語で丘を意味する。ダム建設で周りは湖となり、丘は島となった）に建てられた博物館を見学したときに古地図を見て、ヴィダルバ国のことを確かめることができた。翌十五日朝、ダムの護岸に設けられた船着き場からチャーターしてあったモーターボートに乗り込んで西へ湖上を約十数キロ、無事に島に到着した。

ホテルで求めたナーガールジュナ・コーンダのガイドブックによると、丘は今や島となったが、もとクリシュナ河の堤《つつみ》の南側にあり、ナーガールジュナ・コーンダの名称は中世に始まるという。渓谷は周囲約二十三平方キロ、三方を周りの丘で閉ざされ、それらはすべてナッラマライ（Nallamalai 黒い丘を意味する）山脈の支脈である。もう一方はクリシュナ河に閉ざされている。またイクシュヴァーク王の碑文によると、古都ヴィジャヤプリーは、つねにシュリーパルヴァタ（吉祥山）との関係において出てくるのであって、吉祥山とは、ナッラマライ山脈の古代名でなかったか、という。

ヴィジャヤプリーは紀元後三世紀、イクシュヴァーク王国の首都として栄え、後にサータヴァーハナ（シャータヴァーハナ）王朝に引き継がれた。ヴィジャヤプリーはプラーナ碑文によると、古都ダーニャカタカと同時代で、シュリーパルヴァタの丘の西に位置した、とラオ博士はいう。この碑文はナーガールジュナ・コーンダから出たたった一つのサータヴァーハナ王朝の記録であって、ガウタミープトラ・ヴィジャヤ・シャータカルニ（サータカルニ）の碑文である。ヴィジャヤ・シャータカルニはアーンドラ国王で、プラーナ・リスト二十八番目、碑文は即位六年目のものである。この碑文からナーガールジュナ・コーンダの渓谷一帯に、イクシュヴァーク王朝以前から仏教が確立されていたことが推測される。しかし現在のところ、これ以上、シュリーパルヴァタとナッラマライとに関する資料はなく、同一と見ることのできる確実な証拠もない。同じことはナーガールジュナとの関係についてもいえるのである。

遺跡への階段を登る

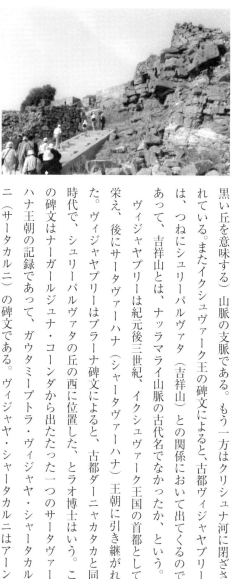

ナーガールジュナ・コーンダの渓谷に広く存在していた考古学上の宝庫は、一九二六年までその存在は全く知られていなかった。翌一九二七年から一九三一年にかけて発掘が行なわれ、多くの仏教の僧院跡をはじめ貴重な遺物、そのほか数多くの石灰岩の彫刻が発見された。一九三八年にも小規模ながら調査が行なわれたが、クリシュナ河にダムを建設する計画が立てられ、残念ながら渓谷の遺跡群はすべて水没したのである。

木立のなかに復元された大塔の遺跡

復元された僧院跡と仏立像

一九五四年には、遺跡群は島に復元し、遺物は博物館に保管されることになり、六ヶ年の短期間に百以上あった渓谷の遺跡が島に移されたのである。遺物は年代的には、初期石器時代から中世後期にまで及んでいる。

島の船着き場はまだできていず、石伝いに階段を上ると、なだらかな坂道に出る。想像以上に平地が広がり、移された遺跡があちこちに点在している。マハーチェーティヤ（大祠堂《だいしどう》）の未完成の遺跡の正面に仏立像が安置され、まるでわれ

仏立像の前で読経後、向かって右より
バラッド博士、著者、マルカス氏

出土品を収めた博物館

われ一行を迎えてくださっているようで、何ともいえない尊い姿である。一同で経文を唱えて合掌した。

遺跡には多聞部《たもんぶ》や化地部《けじぶ》ほかの僧院跡もあって、広く仏教が伝わっていたことが知られる。島の一角に博物館があり、われわれの姿を見て、館員が正面入口の扉を開けてくれた。ここで先述のように二、三世紀から七、八世紀の南インドの古地図が展示されていた。それによると、ゴーダーワリー河の南からクリシュナ河の流域までのデカン高原一帯の南インドには、中央西から東にかけて順次、ヴィダルバ国、コーサラ国、アーンドラ国があった。

博物館の見学を終えると、特別ということで、渓谷にあった大仏舎利塔《だいぶっしゃりとう》から発掘されたという仏舎利を見せてもらった。厳重に三重の箱に納められた仏舎利は約五ミリばかり、それは黄金につつまれていた。

あとがき

『大法輪』誌に「ナーガールジュナを読む」の連載が始まったのは、平成十四年三月号からである。ちょうど第一回が掲載されたとき、私は胃癌の手術を受け無事退院して間も無い頃であったので、ひとしお感慨深いものがあった。それから早くも二年半が経ち、平成十六年九月号まで、第三十一回をもって連載は終了となった。このたびこの連載をまとめて単行本として刊行することになり、私の永年にわたるナーガールジュナ研究に一応の区切りをつけることができたことは望外の喜びである。この間、大法輪閣の安元剛氏には一方ならぬお世話をいただき、氏の尽力と励ましなくしては本書はまとまらなかったと思う。ここに深く感謝とともにお礼を申し上げたい。

ナーガールジュナ研究を進めながら気づいたことは、従来のナーガールジュナ研究においては、「空の哲学者」というイメージが強いが、むしろ大乗菩薩道の修行者としてのナーガールジュナの姿に注目する必要がある、ということであった。その動機をあたえてくれたのは、当時南インドに覇《は》を唱えていたサータヴァーハナ王に宛てて書かれたという『宝行王正論《ほうぎょうおうしょうろん》』であって、これを読んで、空《くう》の論理をもって論述した『中論《ちゅうろん》』を中心にしたナーガールジュナ研究とともに、大乗菩薩道《ぼさつどう》の自利利他《じりりた》の行をはじめ、深く仏教信仰による内省、礼拝《らいはい》、懺悔《さんげ》などを説く『菩提資糧論《ぼだいしりょうろん》』『十住毘婆沙論《じゅうじゅうびばしゃろん》』などの研究を進めることの重要性を感じたのである。またそのことが哲学的・論理的なナーガールジュナ研究ではうかがうことの困難な「空の思想」

の理解にもつながるのではないか、と考えたのである。

その一例として、本書のはじめに取り上げた、『楞伽経《りょうがきょう》』懸記《けんき》における釈尊の予言によって「有無《うむ》の邪見《じゃけん》を破《は》すべし」と龍樹菩薩《りゅうじゅ》（ナーガールジュナ）を讃詠《さんえい》された親鸞《しんらん》の和讃《わさん》のことばを取り上げることができるであろう。そうしてこの和讃の一句は、「後に龍樹菩薩が出られて、有るとか無いとかととらわれる我ら人間の歪《ゆが》んだ考えを打ち破られるであろう。この有無にとらわれないということを説き明かしているのが空の思想である」というように理解することができ、このように理解するとき、難解な空の思想の論理的解明とは違って、私たちは容易にナーガールジュナの教えに近づくことができるのではないかと思う。

それはともかく、本書においては可能なかぎり、大乗菩薩道からナーガールジュナの思想を取り上げることにつとめた。その具体的な教えは『宝行王正論』『勧誡王頌《かんかいおうじゅ》』などに見ることができる。特に愛欲の苦しみや悩み、地獄をはじめとする六道輪廻《ろくどうりんね》、なかでも三悪道《さんあくどう》の描写は、『往生要集《おうじょうようしゅう》』に見るさまざまな生存の苦そのものをリアルに示していて、深く自己を省みる目を与えてくれる。自己のなかに地獄を見、その苦悩を知ることとなしには、いくら菩薩道の理想を説いても、菩薩道はわがものとはならない。ナーガールジュナが地獄を克明に描きその苦悩を説くのは、ナーガールジュナ自身が、自ら菩薩の歩みを目指しながら、心に無明《むみょう》の闇が覆《おお》っているのを見、身に煩悩が満ちているのを知られたからではなかったか、と思われる。そのことから考えても、菩薩がたの「恩愛《おんない》はなはだたちがたく　生死《しょうじ》はなはだつきがたし」の懺悔《さんげ》告白は、そのまま龍樹菩薩のものであったといえよう。

私は親鸞の教えの源流を求めようと考え、大学では仏教学を専攻した。そうしてまず、天台思想の基底である諸法実相《しょほうじっそう》の思想を学ぼうとした。そこで中国仏教の形成に大きく貢献した鳩摩羅什《くまらじゅう》について学ぶ必要があることを知り、さらに遡ってインド大乗仏教における般若《はんにゃ》思想、特にナーガールジュナの空観《くうがん》を知ることの重要性を痛感したのである。このようにして、私のナーガールジュナ研究が始まった。

大学院では、中観《ちゅうがん》派の代表的論師《ろんじ》の一人であるチャンドラキールティの中観思想を研究テーマに選んで、『入中論《にゅうちゅうろん》』の訳注に取り組んだのである。しかしその主眼は、ナーガールジュナの空の思想と実践を明らかにするためであった。特に中央公論社（現在、中央公論新社と改名）から刊行された「大乗仏典」シリーズの第十四巻『龍樹論集』（一九七四年）に、ナーガールジュナの諸著作から『六十頌如理論《ろくじゅうじゅにょりろん》』ほか主要なものを選んで（『中論』、『十住毘婆沙論』などを除く）、その和訳を梶山雄一教授（故人）と分担したことから、さらなるナーガールジュナ研究の必要性を再認識することになった。

そこでインドでは中観学派の始祖とされ、わが国では八宗《はっしゅう》の祖と仰がれるナーガールジュナであるが、広く大乗仏教を代表する論師であり、自ら大乗仏教の修行者としてその教えに生きた菩薩としてのナーガールジュナの思想と実践についてその本質を明らかにし、その実像にできるだけ迫りたいと考えるようになったのである。しかしその課題に応えることは容易でなく、今なおその入口に立って右往左往している私であることを深く恥じ入るばかりである。

幸いにもこの度「ナーガールジュナを読む」と題する連載に執筆し、さらにその連載を題を改めて一書にまとめる機会を与えられたので、日頃の怠慢を少しでも償《つぐな》うことができればと思い、筆を取った次第である。読者の叱正《しっせい》をお願いする。

平成十六年　八月末日

湖東庵《ことうあん》にて　瓜生津 隆真

瓜生津　隆真（うりゅうず・りゅうしん）
1932年、滋賀県に生まれる。龍谷大学卒業、東京大学大学院修了、文学博士。専攻は仏教学。京都女子大学教授、同学長を経て、現在同名誉教授。2015年逝去。
著書に『ナーガールジュナ研究』（春秋社）、『信心と念仏』（彌生書房）、『仏教から真宗へ』（本願寺出版部）、『真宗小事典』（法蔵館、共編）、『聖典セミナー　阿弥陀経』（本願寺出版社）、『慈悲の光　浄土三部経』（中央公論新社）、『仏教からの心の教育をめざして』（自照社出版）、訳書に『龍樹論集』（中央公論社、共訳）、『十住毘婆沙論』Ⅰ・Ⅱ（大蔵出版）、『現代語訳　蓮如上人御一代記聞書』（同）など、論文多数。

本書の図版のうち、32ページは栗田功『ガンダーラ美術Ⅱ　改訂増補版　佛陀の世界』（二玄社、2003年）、176ページは頼富本宏・下泉全暁『密教仏像図典——インドと日本のほとけたち』（人文書院、1994年）よりの転載、「付　ナーガールジュナ・コーンダを訪ねて」は著者に同行した橋本泰男氏、瓜生津隆弘氏の撮影によるものです。

【新装版】龍樹—空の論理と菩薩の道

平成16年10月10日　第1刷発行
令和　5年11月20日　新装版第1刷

EYE LOVE EYE

視覚障碍その他の理由で活字のままでこの本を利用出来ない方のために、営利を目的とする場合を除き「録音図書」「点字図書」「拡大写本」等の製作を認めます。その際は著作権者、または出版社までご連絡下さい。

著　者　瓜生津隆真
発行人　石原俊道
印刷所　三協美術印刷株式会社
製　本　東京美術紙工協業組合
発行所　有限会社　大法輪閣
東京都渋谷区恵比寿南2-16-6-202
TEL　(03) 5724-3375（代表）
振替　00160-9-487196番

ISBN978-4-8046-1447-2　C0015